天津市地方志工作办公室资助出版

天津地方史研究丛书

天津城市
书院史研究

田　涛　著

天津社会科学院出版社

图书在版编目（CIP）数据

天津城市书院史研究 / 田涛著. -- 天津 : 天津社
会科学院出版社，2024. 12. -- （天津地方史研究丛书）.
ISBN 978-7-5563-1037-1

Ⅰ. G649.299.21

中国国家版本馆 CIP 数据核字第 2024GK6357 号

天津城市书院史研究
TIANJIN CHENGSHI SHUYUANSHI YANJIU
选题策划：韩　鹏
责任编辑：刘美麟
装帧设计：高馨月
出版发行：天津社会科学院出版社
地　　址：天津市南开区迎水道 7 号
邮　　编：300191
电　　话：（022）23360165
印　　刷：高教社（天津）印务有限公司
开　　本：710×1000　　1/16
印　　张：18.25
字　　数：245 千字
版　　次：2024 年 12 月第 1 版　　2024 年 12 月第 1 次印刷
定　　价：78.00 元

总　序

　　盛世修史是中华民族的优良传统,史志文化是中华民族光辉灿烂文化的组成部分。习近平总书记指出:"要高度重视修史修志",强调"推进文化自信自强,铸就社会主义文化新辉煌",特别是习近平总书记在视察天津时提出的"在推动文化传承发展上善作善成"重要指示,为新时代史志工作指明了方向,也提出了新的更高的要求。

　　津沽丰饶,人杰地灵。天津是我国历史文化名城,是高人巨匠聚集之地,有着独特的历史发展轨迹和地域人文气质。"天津地方史研究丛书"坚持以习近平新时代中国特色社会主义思想为指导,坚持辩证唯物主义和历史唯物主义的立场、观点、方法,从社会生活不同的角度观察天津城市发展脉络和不同历史阶段特征,在不同领域的发展演进中感受天津沧桑变迁的历史逻辑。

　　天津市档案馆(天津市地方志工作办公室)将深入学习贯彻党的二十大精神,贯彻落实习近平文化思想,挖掘天津历史文化资源,助力文化强市建设,繁荣城市文化和学术研究,继续打造好更多的史志研究成果展示平台。我们愿携手广大史志工作者,以史为鉴,开创未来,坚定文化自信,讲好中国故事、天津故事,彰显天津独具魅力的城市形象,贡献更多的精品力作,丰富人民精神文化生活,弘扬中华优秀传统文化,弘扬民族精神和时代精神,为奋力开创全面建设社会主义现代化大都市新局面贡献智慧和力量。

天津市档案馆

(天津市地方志工作办公室)

2024 年 12 月

前　言

书院之制始于唐朝,延续千年之久,直到清朝末年为现代学校制度取代前,一直是中国传统教育的重要组成部分。就性质而言,书院一方面与官学系统相对应,具有私学的特点,是民间文化与教育演变的结果,也是民间文化与教育发展的重要推力;另一方面,书院在发展过程中也受到科举制度的影响,特别是明清时期,其服务科举的功能得到不断强化,随着官方对书院控制和干预的加强,也具有越来越明显的官学色彩。但无论如何,书院作为传统教育体系中的高级教育设施,在知识传播、人才培养、学术研究以及书籍刊刻与收藏等诸多方面,都发挥了重要的作用。

书院也是地方文化的载体和象征。书院的数量、规模及其知识与学术水准是衡量一个地区文教事业发展程度的指标之一。传统社会的官、绅、民之间往往存在复杂的利益冲突,但文教事业则是地方官员和士绅乃至平民最易达成共识的一个领域。扶持包括书院在内的地方文教活动,既可以给官员留下为地方作育人材的美誉,也可以扩大、巩固精英与士绅的社会影响,甚至也具有强化普通民众地方认同意识的作用。文风的起伏盛衰不仅反映着区域社会的发展状态,也与一个地方的形象息息相关。

与中国不少传统城市相比,天津的历史长度尚属有限,地方文教也无从进行更久远的追溯。但一个显而易见的事实是,与明清时期天津城市的崛起过程相一致,天津文化教育事业在数百年间迅速发展,特别是晚清开埠通商后,天津的地位更得到大幅提升,从昔日海陬之地一变而为北方新兴的文教之区,其影响甚至持续到当代。在晚近以来中国北方文化地域格局的演变中,天津的兴起是值得关注的一个现象。

如果这一理解成立的话,接下来的问题就是,哪些因素导致了晚近以来天津文教的崛起?显然,城市经济与政治地位的提高是数百年来天津文教事业发展的必要基础,天津文化地位的提升自然离不开这一点。就经济因素而言,天津地处海滨,有鱼盐之利,很早就是运河贸易和南北海运在北方最重要的节点,及至晚清开埠后,天津成为北方洋务中心、中外贸易最繁盛之区,现代工商经济的兴起,促使天津经济地位不断提高,从而为地方文化教育事业提供了重要的基础。就政治因素而言,天津在清朝雍正年间改县设府,成为区域性行政中心。开埠之后,在长期主政的李鸿章、袁世凯等人经营下,天津是晚清以至民国时期北方重要的军政中心,其影响力辐射广泛,地方文化事业的发展也借此获得了更充分的资源。这些经济、政治因素,显然为天津文教事业发展提供了支持。就文化教育本身而言,最显著的因素当然是天津较早兴起和发育的新式教育。特别是洋务运动兴起后,李鸿章在天津招揽了一批具有现代知识的新式人才,创办了北洋水师学堂等一批西式教育机构,天津由此成为重要的西学流通中心,是北方率先开创现代知识空间的一座城市。从19世纪末开始到清末新政期间,天津新式学堂的发展领先国内,北洋大学堂、南开学校等的出现,成为天津现代教育事业发展的象征和符号。凡此,都可视为天津作为北方新兴文教之区的促成因素。

不过,在近代以来中国文化教育的演变或转型过程中,除了现代或西方因素的作用外,传统因素及中国社会自身的演变逻辑也值得注意。简而言之,现代与传统并不能完全割裂,所谓现代转型或发展,并非现代取代传统的简单过程,乃是中西新旧各种因素交织的过程。在天津文化事业的兴起过程中,作为现代因素的新式教育,其意义当然十分明显,但固有的文教基础也不能忽略。本书之所以将书院作为研究对象,尝试在厘清天津城市地区书院历史的同时,考察其与天津文化变迁的内在关联,一个重要的目的即在于由此认识天津文化的近代化演变历程。

较少为人注意的一个事实是,新式教育在晚清天津兴起之际,恰是传统书院及科举事业在天津最为鼎盛的时期。在近代中国传统与现代更迭转换的背景下,这一现象颇具意味。如果进一步观察,从清末到20世纪30年代,在天津文化教育领域,出身书院与科举的知识精英堪称是最具影响力的一个群体,在近代天津城市文化中留下了独特的印记。认识晚近以来天津地方文化变迁,应对此予以注意。就此而言,对天津书院教育史的研究,对理解数百年间天津文化地位的兴起,以及晚清以来天津城市文化的演变,有其特定的价值与意义。

就天津城市书院史本身而言,这一研究也有其必要性。书院研究是中国教育史和文化史的重要课题,数十年来相关学术著作屡有出版,如陈元晖等《中国古代的书院制度》(1981)、张正藩《中国书院制度考略》(1985)、杨布生等《中国书院与传统文化》(1992)、白新良《中国古代书院发展史》(1995)、陈谷嘉等《中国书院制度研究》(1997)、王炳照《中国古代书院》(1998)、邓洪波《中国书院史》(2004)、朱汉民《中国书院文化简史》(2010)等。近年来,不同地域的书院史研究也取得很大成绩。以今天所说的京津冀地区而论,即有《河北书院史》(2011)、《河北书院史研究》(2014)、《北京书院史》(2015)等相继出版。相较而言,天津书院史研究则相对沉寂。有关天津教育史、文化史的著述中,对天津新式教育关注较多,而传统书院则受到忽略,虽然有所涉及,但往往仅作简单介绍,专门考察几归空白。尽管不少地方文化研究者对天津书院史颇具热情,在资料发掘、书院历史考察上也很有贡献,但尚不能完全弥补天津城市书院史研究的缺憾。

造成这种现象的原因,大约有两个方面:

一方面,天津城市书院的历史影响未得到充分认知。天津最早的书院出现在乾隆时期,到道光时期天津城厢共设有问津、三取、辅仁三处书院。19世纪下半叶即天津开埠之后，洋务学堂在天津兴起的同时，李鸿章等人也积极推进书院教育，除扩充、改建原有的三处书院外，还出现了一批新建书院，如会文书院、集贤书院、稽古书院、中西书院、博文书院等，此外还创设问津书院学海堂经古课，聘请张佩纶、李慈铭等著名学者主课，对天津、直隶乃至整个北方的学风变迁均产生了影响。但长期以来，天津书院的历史地位和影响一直未得到充分了解，进而导致学者缺乏对天津书院史的关注。举例而言，张正藩先生在《中国书院制度考略》中将天津学海堂与广东学海堂、浙江诂经精舍、保定莲池书院等同视为晚清之著名书院，但与对这几处书院的大量考察相比，天津学海堂则少为人知，更谈不上对其充分研究。

另一方面，相关资料缺乏，发掘不足。除地方志书的记载外，天津书院资料较为零星。有关天津书院的创兴始末、学规制度、师生与经费来源、运作情形等，都缺乏系统的文字记载。以问津书院学海堂经古课为例，其设立时间、考课内容、与课士子的状况等，各处所记十分有限，且多歧异。近年来各种文献数字化的推进，为资料检索和查找提供了便利，部分研究者也以此为手段对天津书院历史进行了发掘，但系统性的资料整理和研究仍属有限。故天津书院史研究的不足，相当程度上在于资料的限制，以往研究多以天津地方志书中的记载为依据，缺乏资料的拓展，成为影响天津书院研究的一个重要原因。

基于此，本书的意图主要有二：

其一，对天津书院的兴起、发展直至结束的历史过程进行系统考察。天津书院历史沿革面貌不清，涉及人员较多，以各书院历任山长而论，目前尚不能清晰厘定。本书在尽力发掘资料的基础上，通过较细致的考订，依照时间顺序，考察天津书院从创兴到结束的历史过程，以尽力弥补现有研究的不足。总体而言，天津城市书院的演变大致可分为三个时期。第一时期为兴起和发展阶段，从18世纪中期到19世纪中期，即乾隆初年至道光、咸丰年间，随着雍正年间天津行政地位的确立，开始举办书院事业，问津、三取、辅仁三处书院先后设立，天津城市书院体系初步成型。第二时期为天津书院的鼎盛阶段，从天津开埠和曾国藩、李鸿章先后任直隶总督，亦即同光之际开始，到1895年维新运动兴起前，天津旧有书院经历了扩充和改革，并在19世纪80年代集中创立了一批新书院，书院教育声望空前，堪称天津书院鼎盛时代。第三时期为天津书院的结束阶段，即维新运动到20世纪初年新式教育取代旧书院的几年间。从戊戌变法时期诏令书院改学堂，到八国联军侵华战争的破坏、清末新政开始后被学堂取代，天津书院的历史随之结束。本书按上述阶段阐述天津书院的演变历程，涉及的主要问题包括各书院的创立背景、发展过程，书院设施、规制如院长聘任、学规与考课制度、生徒规模、经费来源、教育成效等，以求对天津书院的历史面貌有整体的了解。

其二，揭示书院与天津城市文化变迁的内在关联。在考察天津书院演变历程的基础上，本书也以书院与城市文化变迁为主题进行初步论述。一方面，本书尝试将天津书院置于城市政治、经济、文化演变中进行理解，揭示天津书院兴衰的地方文化与社会背景；另一方面，则从书院与科举事业、书院与经世学风、书院与西学传播三个层面，考察书院对城市文化的影响以及书院在城市文化变迁中的角色与作用。书院教育的发展，为天津科举事业的持续繁荣提供了重要支持，促使天津士人群体不断扩大，也树立了天津文教之区的形象。及至清末，书院出身的知识精英借助于新旧教育转轨的历史契机，完成了从传统士人到现代新型知识群体的转换，成为天津文化教育和社会领域最具影响力的人群之一，并由此对近代天津城市文化性格产生了深刻的影响。就书院与地方学风的演变而言，19世纪80年代初问津书院学海堂设经古课，以经史及实学甄验、训练士子，并在短期内推行到本地多数书院，为天津培养了一批"渊懿博雅之材"（王守恂语），在晚清经世学风在北方兴起的过程中，天津书院有开风气之功。同时，在晚清西学东渐的背景下，天津书院较早引入现代知识内容，如集贤书院成立后，即以"天文算学时务"为考课内容，博文书院则以高水平的西学教育机构为目标,中西书院是天津第一所西学书院。在经世学风的兴起和西学流播过程中,天津书院担当了重要的角色,也是近代天津文化变迁的一条重要脉络。

此外,本书还以晚清时期天津书院人群为对象,对天津书院山长与生徒状况进行尝试性的考察。从晚清问津书院数任山长聘任过程可见,山长的聘请固然有学识标准,但也是主政大员用以进行交接与笼络的工具,背后往往有复杂的人际关系考量。一些京城官员谋求天津书院山长之席的活动,可见晚清京官生存的一个面相。对晚清书院生徒的考察,则致力于揭示生徒多面的生活状态。传统读书之士与书院关系密切,不少人在出仕之前,曾长期在书院应课,书院的应试生活实则构成其日常生活的一个重要方面,在书院史研究中颇值得关注。但需要说明的是,本书在这一方面的考察远非完善,仅意在尝试。

如前所述,目前天津书院史研究的不足,资料受限是一个重要原因。本书虽然对地方史志、日记、书信、年谱、报刊及科举文献、诗文著述等各类零散材料做了尽力汇集,但仍留下不少遗憾。尽管如此,本书的研究仍希望能够对天津书院历史做出尽可能细致的勾勒,在丰富天津教育史、文化史研究的同时,认识书院在天津地方文化变迁中的角色和影响,并由此尝试对晚近以来天津的城市文化性格进行初步的理解。

目　录

第一章

天津书院的兴起和发展

天津的兴起和发展,与传统的水运和商贸活动有着密不可分的关系。根据学者们的研究,天津在明代成为军事驻防要地前,已经是一个颇为活跃的贸易区和具有相当规模的聚居区。但与不少地区相比,天津书院教育的历史并不长久。直到天津在清代成为一个区域性的行政中心之后,才为书院的出现提供了必要的条件——事实上,尽管书院作为私学性质的读书论学讲道之地,往往给人留下隐然独立于世的印象——这或者与中国隐士文化情结有关,历史上的中国书院大多设立在各级行政中心,亦即省治、府治、县治的所在地。天津在雍正年间设州并很快升为府城之后,从清代乾隆年间到道光年间,当地先后建立了问津、三取、辅仁三处书院,以这三处书院为主,到 19 世纪中期,天津城市书院教育系统已经成型,并成为天津城市文化的重要载体。

第一节　天津书院事业的开端
——问津书院

地方文教的兴起

明朝建立后,在军事上建立固定的驻屯戍守制度,也就是卫所制。卫所与州县平行,兵士世袭军籍,平时驻屯,战时出征。在一些军事地位重要的内陆和沿海边地,则以卫所代州县,兵防兼理民政,以突出其驻防功能。明朝永乐二年(1404)大津正式筑城设卫,即天津卫,后又增设天津左卫和右卫。清朝顺治九年(1652),三卫合并,并设行政、盐务、税收等机构,初步具备了行政功能。雍正三年(1725)天津州设立,九年(1731)由州升府,下辖六县一州(即天津、静海、青县、南皮、盐山、庆云、沧州),天津由此成为华北一个区域性的行政中心。与此同时,作为漕运在北方最重要的节点,以及长芦盐的产销中心,天津的经济地位也在此前基础上得到了迅速提高,成为北方重要的商贸之区和繁华之所。康熙十三年(1674),时任天津道副使的薛柱斗为重修《天津卫志》作序称:

天津为卫,去神京二百余里,当南北往来之冲,京师岁食东南数百万之漕,悉道经于此;舟楫之所式临,商贾之所萃集,五方之民之所杂处,皇华使者之所衔命以出,贤士大夫之所报命而还者,亦必由于是。名虽为卫,实则即一大都会所莫能过也。①

尽管天津在明代之前已经是一个有规模的人口聚集地和贸易地,但天津卫的存在表明其作为驻防之地的性质。及至清朝建立,新疆域的形成基本解除了明代北方边地所面临的军事威胁,卫所制度也为八旗驻防体制取代。随着政治局势的稳定,天津作为京师门户,是漕粮必经之地,繁盛的贸易吸引了多方移民聚集,京城官员外出和南方士人进京,都以天津为中转,天津俨然成为"一大都会",从而为文教事业的兴起和发展提供了条件。此前的明朝正统元年(1436),天津开始建立官学,文教随之渐兴。不过,明代天津人文尚未彰显。近代天津著名文人高凌雯后来说:

> 三卫讲武之区,本不优于文学,然当明中叶后,士子由科甲起家,如张公愚官至巡抚,著有《蕴古书屋诗文集》,刘公焘位至总督经略,著有《浙西海防稿》、奏议、《晴川余稿》。当日武功文治,必有可观,不知何以至今无存,然则非作者无人,乃传之者无人也。②

这里提到的张愚、刘焘,均为天津人。张愚为明嘉靖十一年(1532)进士,官至延绥镇巡抚、都察院副都御史。刘焘为嘉靖十七年(1538)进士,曾在浙江、福建率兵抗倭,官至都察院左都御史、兵部右侍郎。两人以进士出身而成抗倭、戍边名将,且留有著作,高氏由此推测,其时天津文治或有可观之处,惜未能记载流传。

---

① 薛柱斗纂修,高必大协修,康熙《天津卫志》,天津市地方志编修委员会编著:《天津通志》旧志点校卷(上),南开大学出版社1999年版,第6页。

② 高凌雯:《志余随笔》,天津市地方志编修委员会编著:《天津通志》旧志点校卷(下),南开大学出版社2001年版,第725页。

无论是否因为缺乏记述导致后人了解不多,总体而言,明代时,天津的文教传统还不浓厚。如高凌雯所记,天津作为军事驻防之区,早期镇守此地的官员多系武人出身,重武功而轻文治本属自然,"卫既武置,无州县,承平之余,故习未改"。① 华鼎元《缄斋杂识》中写到:"天津设卫之初,官斯地者,武弁世职而已,其子弟率皆弓刀饰美,骄侈成风。"②万历二十九年(1601),进士出身的河南人、时在天津等地任监督粮储之责的文球在《重修天津卫学宫旧碑记》中写道:"年来人材放失,儒效阔疏,而科第寥寥减于昔。"③乾隆初年,经学家、浙江仁和人吴廷华称,天津建卫后,"时居其地者不过勋戚将弁、卒徒贩负而已,虽有前朝典故,无过而问者"。④ 作为驻防之区,军人在天津社会占有特殊地位,而凭借渔盐之利吸引而来的移民,又多属贩夫走卒,社会以商业为重,导致当地缺乏读书风气。嘉靖辛丑科(1541)进士、天津人汪来为曾任天津整饬副使的浙江江山人毛恺德政碑所撰碑文中说:"天津近东海,故荒石芦荻处,永乐初始辟而居之,杂以闽广吴楚齐梁之民,风俗不甚统一,心性少惇朴,官不读书,皆武流,且万灶沿河而居,日以戈矛弓矢为事,兵马倥偬之际……既不读书,争相骄侈为高,日则事游猎、从歌舞。"⑤盐业为当地造就了大量富商,"居则连甲第,出则联车骑,列鼎选妓,相竞为豪,故家子往往弃所业,为之握筹自效,冀获重利;诸生老于黉序者,求为之指画,奔走恐不得路

　　① 沈家本、荣铨等修,徐宗亮、蔡启盛纂,光绪《重修天津府志》,天津市地方志编修委员会编著:《天津通志》旧志点校卷(上),南开大学出版社1999年版,第963页。
　　② 华鼎元:《津门徵献诗》,《清代诗文集汇编》(717),上海古籍出版社2010年版,第683页。
　　③ 薛柱斗纂修,高必大协修,康熙《天津卫志》,天津市地方志编修委员会编著:《天津通志》旧志点校卷(上),南开大学出版社1999年版,第79页。
　　④ 汪沆:《津门杂事诗》,清乾隆刻本,吴廷华序。
　　⑤ 薛柱斗纂修,高必大协修,康熙《天津卫志》,天津市地方志编修委员会编著:《天津通志》旧志点校卷(上),南开大学出版社1999年版,第78页。汪来为天津卫人,曾任刑部主事,升任山西兵备副使,官庆阳府知府,撰有《北地记》四卷。

也,故读书者日衰"。① 雍正年间中进士的天津人王又朴也提到:"余乡重盐铁,市人趋之若鹜。"②王氏在其古文集自序中称:

> 余乡虽密迩京师,然于明成祖时始建,盖军卫地也。其俗尚勇力而椎鲁不文。又河渠南通吴越荆楚,岁漕粟而致之都,东南百里之近即海,四方客之逐鱼查者趋如鹜,以故好学能文之士,数百年卒无闻焉。③

此类言论还有不少。乾隆时期创建问津书院的长芦盐运使卢见曾后来也说,天津是百货辐辏的贸易之区,人心风俗趋于功利,"所以崇奉学宫,习祭菜、鼓箧之仪,以播弦颂之雅化,视他郡宜尤急"。④ 一直到一百年后的道光年间,金洙在《辅仁书院碑记》中还称:"津俗华缛有余,诚笃不足,其可以作模楷而培元气者,惟士为先。"⑤

上述各人的描述中,将天津文教传统的缺乏归于两点:一是驻防武人对文治的轻视,二是民间追逐商业利益的风气。这些说法虽然不无道理,但忽略了早期天津缺乏行政地位这一更重要的原因。在中国传统社会,行政权力是影响资源配置最重要的因素,明清时期,除了各级官学是随行政区划设立外,具有一定私学性质的书院,往往也设立在不同区域的行政中心。乾隆《天津府志》中列出其时天津府下设的三处书院,包括天门书院、瀛洲书院、鱼香书院,就分别位于沧州、南皮、盐山城治左近。这些地

---

① 吴惠元总修,蒋玉虹、俞樾编辑,同治《续天津县志》,天津市地方志编修委员会编著:《天津通志》旧志点校卷(中),南开大学出版社2001年版,第445页。

② 王又朴:《李大拙先生传》,《诗礼堂古文》卷五,诗礼堂存版,第2页。

③ 王又朴:《诗礼堂古文》卷一,自序,诗礼堂存版,第1页。

④ 吴惠元总修,蒋玉虹、俞樾编辑,同治《续天津县志》,天津市地方志编修委员会编著:《天津通志》旧志点校卷(中),南开大学出版社2001年版,第439页。又见卢见曾:《雅雨堂文集》,《清代诗文集汇编》(268),上海古籍出版社2010年版,第74页。

⑤ 吴惠元总修,蒋玉虹、俞樾编辑,同治《续天津县志》,天津市地方志编修委员会编著:《天津通志》旧志点校卷(中),南开大学出版社2001年版,第439页。

区的社学、义学同样大多集中设置在城治内外。① 光绪《重修天津府志》所列书院中,除了天津的几处均处于城厢内外,在天津府下属的青县,乾隆年间出现的会川书院位于城外城隍庙街,永安书院则在县城东关。静海县的瀛海书院位于县城北门外永丰街。沧州除了已废弃的天门书院外,嘉庆年间创立的渤海书院在城内张家胡同,雍正年间所设的沧曲书舍在城南运河,距城郭不过二里。南皮县除已废弃的瀛洲书院设于城东北外,清风书院位于城内北街。盐山县设于乾隆初年的鱼香书院最初设在兴文街西,咸丰年间移建到东门外大街北。庆云县的古棣书院设于乾隆年间,位置在文昌阁东。② 这些书院无一例外都依附州县治所设立。由此来看,早期天津行政地位的缺失,是书院出现较晚的一个直接原因。

书院往往位于行政中心的原因,除了城治是一个地区的文教中心、聚集了更多的士绅人口和更充分的文化资源外,也在于明清时期书院与官方越来越紧密的关系。书院本为私学性质,但元明清时期,随着官方对书院的控制不断强化,包括书院在内的传统私学教育,无论是教学内容还是在书院管理、经费来源等方面,都受到官方的制约,离不开官方资源的支持。在这种情形下,书院等私学教育机构往往只能依附各自地区的行政中心而设立。天津书院的兴起即表明了这一点。雍正时期,随着天津行政地位的提高,为天津文教事业的发展提供了重要的推力。同治《续天津县志》称:"邑向五方杂处,逐末者多,踵事增华,日趋浮靡,民气强悍,虽好斗而畏法,无敢与官长抗违者。自改县以来,文风日盛,家弦户诵,以气节相高,见义必为,饶有古遗风焉。"③"家弦户诵"当然是夸张的说法,

① 参见李梅宾、程凤文修,吴廷华、汪沆纂,乾隆《天津府志》,天津市地方志编修委员会编著:《天津通志》旧志点校卷(上),南开大学出版社1999年版,第186页。

② 参见沈家本、荣铨等修,徐宗亮、蔡启盛纂,光绪《重修天津府志》卷三十五的相关记述,天津市地方志编修委员会编著:《天津通志》旧志点校卷(上),南开大学出版社1999年版,第1137、1141、1142、1145、1147、1150页。

③ 吴惠元总修,蒋玉虹、俞樾编辑,同治《续天津县志》,天津市地方志编修委员会编著:《天津通志》旧志点校卷(中),南开大学出版社2001年版,第316页。

但天津文化教育事业在改县之后得到迅速发展则是事实。雍正三年（1725），天津卫学改为州学，九年（1731）又改为府学，十二年（1734）另设天津县学。除了官学外，天津的义学在康熙、雍正年间也开始出现。康熙二十七年（1688）建县义学四处，分别位于城内西街、北街，东门外南街，还有一处在河东。雍正十一年（1733）建府义学，位于城内西大街。① 到乾隆时期，天津文教已颇有兴发气象。乾隆四年（1739），清代著名学者、时任天津道的陈弘谋在为《津门杂事诗》作序中称："三津北接神京，东滨大海，自故明设卫，止修武备，而生齿未繁，文教未兴。今者海宇宁谧，民俗敦庞，人才蔚起，声明文物之盛，迥殊前代。"②

另外，文化事业以经济发展为基础。清代天津文教的兴起，也直接得益于当地盐业的兴盛。天津所处的地区历史上为重要的海盐产地，明清时期，政府对盐业实行分区管理，设置有都转运盐使司即运司、巡盐御史等机构和官员承其责。天津附近海盐的管理由设在沧州长芦镇的都转运司负责，长芦巡盐御史则常驻北京。清朝康熙年间，长芦巡盐御史衙门由北京迁至天津，长芦盐运使司衙门也自沧州迁驻天津，天津由此成为长芦盐生产、管理、销售的中心。盐业丰厚的利益吸引着不同人等跻身天津的盐业活动，使当地逐渐成为盐商的聚集地。富有的天津盐商们建筑私家园林，经常举办文人的宴会雅集，为一些未发迹的文士提供长期生活保障，不少名士因此成为盐商的座上常客，盐商的庄园别墅成为文人荟萃之所。③ 特别是康熙、乾隆年间，清朝举办博学鸿词科，被举荐的名士进京应试，这些盐商园林毗邻运河水系，南方文人进京和返乡之时，可为其提供短期落脚和盘桓之所，也因此成为天津文人交游的中心。如盐商张霖

① 李梅宾、程凤文修，吴廷华、汪沆纂，乾隆《天津府志》，天津市地方志编修委员会编著：《天津通志》旧志点校卷（上），南开大学出版社 1999 年版，第 186 页。

② 汪沆：《津门杂事诗》，清乾隆刻本，陈弘谋序。

③ 天津盐商与文人学士的关系以及盐商构建和经营的社会网络情形，参见关文斌：《文明初曙：近代天津盐商与社会》（天津人民出版社 1999 年版）第 97—132 页的论述。

在城东北建筑的问津园,"海内名流过津者,无不假馆"①。著名盐商查天行和查为仁父子的水西庄位于城西,"地周百亩,水木清华为津门园亭之冠"。陈元龙在雍正癸丑年所作《水西庄记》中称:查天行"喜交游,重然诺,凡四方士大夫以及文人名士偶有经过,周旋倾倒无倦色,以故贤豪长者多乐归之,而斯园亦因以得名"。此外,城东南六里的沽水草堂,所藏"金石书画甚富"。② 乾隆年间曾任天津河防同知的英廉在《津门杂咏四首》(作于丁卯己巳间,亦即 1747 到 1749 年)中云:"船上买花吴语腻,水滨修禊越人多"③,可见其时江南人士聚集天津的情形。曾盘桓天津数年的乾隆时期文人领袖钱陈群称:"析津为畿南水陆都会,四方帮展骈集于此者,擘笺分韵,投赠无虚日。"④江南文人的盘桓与活动,使乾隆时期的天津成为南方文化在北方的一块"飞地"。在某种意义上,正是这种与江南文士的互动,造就了天津地方文化发展的第一个高峰。

总之,随着天津作为区域行政中心地位的确立,盐业经济的发展,以及文人活动的兴起,天津由"讲武之区"开始转变为"声名文物"之地,书院作为地方文化的重要载体与象征也随之出现。

问津书院的创设

人文盛衰与学校相倚伏。雍正年间天津行政地位得以确立后,为创

---

① 沈家本、荣铨等修,徐宗亮、蔡启盛纂,光绪《重修天津府志》,天津市地方志编修委员会编著:《天津通志》旧志点校卷(上),南开大学出版社 1999 年版,第 941 页。

② 沈家本、荣铨等修,徐宗亮、蔡启盛纂,光绪《重修天津府志》,天津市地方志编修委员会编著:《天津通志》旧志点校卷(上),南开大学出版社 1999 年版,第 941 页。

③ 英廉:《梦堂诗稿》,《清代诗文集汇编》(309),上海古籍出版社 2010 年版,第 92页。

④ 钱陈群:《香树斋诗续集》,《清代诗文集汇编》(262),上海古籍出版社 2010 年版,第 324 页。

设书院教育提供了最重要的条件。天津历史上最早、也最有影响力的书院——问津书院,建成于乾隆十七年(1752)初,推动者为时任长芦盐运使卢见曾。在《问津书院碑记》中,卢见曾记述该书院创设经过称:

> 世宗皇帝御宇,饬天下省会各立书院……天津以百川朝宗之地,而为京师左辅,感化最先,輶轩采风者之所首及,顾阙焉未兴,心窃病之。前太平府通判查君为义告余曰:"家有废宅在运署之西南隅,其地高阜而面阳,形家以为利建学,盍筮之?"筮从。白之总督方公观承,署盐院高公恒,均报可。爰庀材鸠工,位其中为讲堂,堂三间;前为门,后为山长书室,而环之以学舍,凡六十有四间,计费白金二千四百有奇。经始于乾隆十六年辛未八月,落成于十七年壬申二月。适吉公庆来视盐政,为延名师,立教条,入学鼓箧,宵雅肄三,宾燕既成,容止有秩。越翼日,诸生踵门谒请所以名是书院者,爰进而诏之曰:"若滨海亦知夫海乎?孔子之道,犹海也,学者薪至乎道而止,今之制艺,其津筏也。学者因文见道,譬如泛海者正趋鼓楫候疾风,揭百尺维,长绡挂帆席,然后望涛远决,乘蹻绝往以徐臻乎员峤、方壶、蓬岛之胜,若自崖而返,与终身于断港绝潢而不能达者,皆不能得其津者也。余姑导使问焉,毋致炫惑于沙汭之云锦,遘迕于暂晓之蜃像,则庶乎其不迷于所往矣。"诸生再拜曰:"有是哉!夫子之诏我也,敢不顾名思义,以勉承教思!"于是伐石纪言,述事所缘起,而名之以问津云。①

为加强思想控制,清朝初年对书院予以严格的限制。不过,随着清朝政治和社会局势的稳定,雍正年间书院开始解禁。乾隆时期,在官方鼓励

---

① 高凌雯纂,民国《天津县新志》,天津市地方志编修委员会著:《天津通志》旧志点校卷(中),南开大学出版社 2001 年版,第 1010 页。卢见曾:《雅雨堂文集》,《清代诗文集汇编》(268),上海古籍出版社 2010 年版,第 76、77 页。

政策的推动下,书院在数量上和规模上都获得了迅速发展,是清朝书院的一个活跃时期。问津书院的出现即在此时。卢见曾为山东德州人,字抱孙,号雅雨,乾隆十六年(1751)始任长芦盐运使。在经过时任直隶总督方观承、署理盐院即巡盐御史高恒的认可后,卢见曾在查为义捐出的废宅上建成问津书院,包括讲堂、山长书室、学舍等,是为天津首所书院。

问津书院的创建费用二千四百余两白银,卢见曾的《问津书院碑记》中并未说明来源,但从其时情形推测,应出自长芦盐运司的银库即运库。在一定意义上,问津书院的创设,是天津盐政官员和盐商共同参与的一项重要的地方文化建设举措。问津书院由查为义捐助废宅为址,查为义之父即天津著名盐商查日乾。查日乾早年投靠由直隶抚宁迁居天津从事盐业、曾官至布政使的张霖,在康熙年间已成为富甲一方的盐商。其长子查为仁康熙五十年(1711)乡试获第一,但被人告发系作弊中式,次年被捕入狱,八年后才得释,此后长居水西庄,与文人宾客多有交往,其时水西庄名声达至鼎盛。查为义为其次子,字履方,号集堂,生于1700年,去世于1763年。查为义幼年能诗文,"及长,值国家有事西陲,投笔转饷塞上,论功授安徽太平府通判"。乾隆六年(1741)查日乾去世,查为义由此回到天津,"不再出"。查为义"才名虽逊于兄,而天性笃棐人所不及"[1],为问津书院捐助废宅即在查为义五十余岁时。

在科举教育时代,扶持地方文教是官员们获得政治声誉的一个重要方式。对科举出身的官员们来说,这也是他们最熟悉的一项事务。卢见曾系康熙六十年(1721)进士,曾先后担任过四川洪雅知县、安徽颍州知州、直隶滦州知州、永平府知府等职,长芦盐运使之后,还出任过两淮盐运使。浙江仁和人,乾隆十七年(1752)进士卢文弨在《故两淮都转盐运使雅雨卢公墓志铭》中称,卢见曾为政,"尤以兴学造士为先,在洪雅建雅江书院,在六安建赓飏书院,在永平建敬胜书院,在长芦建问津书院。扬州

---

① 高凌雯纂,民国《天津县新志》,天津市地方志编修委员会编著:《天津通志》旧志点校卷(中),南开大学出版社2001年版,第758页。

旧有安定书院,更因而廓其规制,严其教条,前后所成就者,不可枚数"①。卢氏善诗,是颇有名声的学者,举办书院的举措为其赢得了广泛的赞誉:"先生勤于吏治,所至皆有殊迹,其在津门奏课之余,修理学宫,创立书院,以身为士子表率,所以扬厉而鼓舞之者,虽文翁之化蜀郡,何武之治扬州,不是过也。"②

清代书院的经费,包括开办费、修缮费、书院执掌人员的报酬、学生津贴即膏火费、奖赏银、役夫工食等,均来自学田租金、官方拨款以及书院所获捐款发商生息所得等项,其中书院学田往往占有更重要的位置。学田的多少,甚至是一个书院是否兴旺的标志。从有限的资料看,问津书院的经济来源是长芦盐运使司的拨款。嘉庆十年(1805)修成的《长芦盐法志》载,该院"每岁掌教有束脩馔金,课艺诸生有膏火奖赏饭食,及供役舆夫工食,皆由闲款生息项内支给"③。同治年间《续天津县志》亦称,其"掌教束脩、馔金及课艺诸生膏奖、供役工食等费,皆由闲款生息项内支给"④。光绪时期《重修天津府志》称"每岁经费由闲款生息项内支给"⑤。这些记述,均表明长芦盐运使司为问津书院提供了长期的经费支持。

长芦盐运使署与书院教育早有关联,在使署迁移天津之前,其在沧州就曾设有一处天门书院。关于天门书院,雍正初年《新修长芦盐法志》载:"在长芦城东,明万历二十七年运使何继高申详盐院毕三才创建,凡附近州县士子,辖使按临校文艺于此。今废。"⑥乾隆《天津府志》引用沧州志的说法,称其规制"由屏墙而大门,而仪门,中为正堂,后为明楼,左

---

① 卢文弨:《抱经堂文集》,嘉庆丁巳刊本,卷第三十三,第26页。

② 卢见曾:《雅雨堂文集》,《清代诗文集汇编》(268),上海古籍出版社2010年版,第75页。

③ 黄掌纶等撰:《长芦盐法志》,嘉庆十年刻本,卷19,第31页。

④ 吴惠元总修,蒋玉虹、俞樾编辑,同治《续天津县志》,天津市地方志编修委员会编著:《天津通志》旧志点校卷(中),南开大学出版社2001年版,第294页。

⑤ 沈家本、荣铨等修,徐宗亮、蔡启盛纂,光绪《重修天津府志》,天津市地方志编修委员会编著:《天津通志》旧志点校卷(上),南开大学出版社1999年版,第1133页。

⑥ 段如惠总纂:《新修长芦盐法志》,学生书局影印本,第1173页。

右房各三号,每号九间,后房一号二十一间"①。就建筑规模而言,1599 年建成的这处书院似乎还大于一百多年后的问津书院。不过,在失去长芦盐运使署的支持后,天门书院就逐渐被废弃了。嘉庆时期女诗人王韫徽(长芦盐运使杨云在之夫人)在《津门杂咏》中咏问津书院云:"士风近海尽怀珍,学舍迁移建立新。最是讲堂颜额好,诸生由此问迷津。"注曰:"沧州旧有天门书院,运使移驻天津后,渐倾废。乾隆间,运使卢公捐建问津书院于天津城内。"②问津书院的设立,尽管与沧州天门书院并无直接关系,但在某种意义上可以看作是长芦盐运使署书院教育事业的延续。来自长芦盐运使署的支持,是问津书院能够一直延续到清末并在天津书院教育史上占据重要地位的主要因素。

根据《长芦盐法志》所载,问津书院在乾隆五十七年(1792)进行过重修,嘉庆六年(1801)又由"众商重加修葺"。③ 这两次重修时,在任的长芦盐运使都是嵇承志。嵇为江苏无锡举人,乾隆五十六年(1791)任长芦运使,嘉庆六年(1801)一度再任。至同治九年(1870)李嘉端出任问津院长后,又于学海堂前东南隅,捐资凿井一口。④ 另外,问津书院内原有两株

---

① 李梅宾、程凤文修,吴廷华、汪沆纂,乾隆《天津府志》,天津市地方志编修委员会编著:《天津通志》旧志点校卷(上),南开大学出版社 1999 年版,第 186 页。

② 吴惠元总修,蒋玉虹、俞樾编辑,同治《续天津县志》,天津市地方志编修委员会编著:《天津通志》旧志点校卷(中),南开大学出版社 2001 年版,第 470 页。

③ 黄掌纶等撰:《长芦盐法志》,嘉庆十年刻本,卷 19,第 31 页。

④ 吴惠元总修,蒋玉虹、俞樾编辑,同治《续天津县志》,天津市地方志编修委员会编著:《天津通志》旧志点校卷(中),南开大学出版社 2001 年版,第 294 页。

槐树,所临的一处斋舍曾因此被称为双槐书屋,后双槐为雷雨所毁。① 从《续天津县志》中的问津书院图中(图1),似依稀可辨。

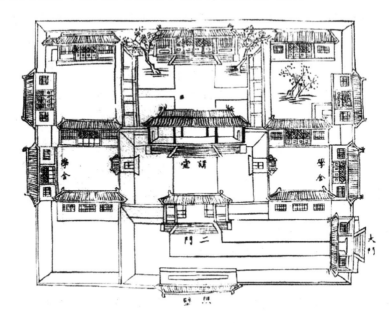

图1 《续天津县志》中的问津书院图

① 天津文人杨光仪有诗题为《问津书院双槐为雷雨所拔,已逾年矣,适有所感追而赋之》,见杨光仪:《碧琅玕馆诗钞》,《清代诗文集汇编》(689),上海古籍出版社2010年版,第683页。双槐书屋或又称"双槐堂",陆文郁在《天津地区植物栽培沿革》一文中说:槐,"旧日以其象征人文蔚起,政教发扬,所种之于'明堂''辟雍'(即古之宫室、大学),故天津文教所在如文庙,书院、教官衙门多种有槐树;那时所谓'书香人家'亦多为种槐。旧城厢鼓楼南问津书院便种有槐树两株,并额题'双槐堂'"。见《天津文史丛刊》第一期,天津市文史研究馆1983年编印,第150页。20世纪90年代出版的《南开区房地产志》称,问津书院"院内是正方形,有房64间,占地面积为2004.62平方米,建筑面积为901.47平方米,前有照壁,后有二门,中间为三间讲堂。讲堂两侧设东学舍西学舍,后面为山长书室……由于年代久远,问津书院的格局变化较大,值得庆幸的是原来保存下来的三间讲堂一度隔成六间教室,现尚存两间,后院内小操场边尚有一棵腰围2.07米的古槐,这是当年问津书院仅存的古迹"。见南开区房地产管理局编:《南开区房地产志》,天津社会科学院出版社1997年版,第175、176页。

问津书院早期之山长

　　主持书院的学者以前称为山长,清乾隆三十年(1765)谕令改为院长,但一般习惯上仍称为山长。尽管清代书院在教学内容上已经接近官学,但私学性质犹存,书院山长仍然会给书院带来不同的特点。乾隆年间,问津书院聘请的山长包括吴联珠、金文淳、姚范等。在有关问津书院历史的介绍中,一般都会提到上述诸人,但由于资料的缺乏,往往仅能列举而难以详述。这里首先对问津书院早期历任山长略作考察。

　　从可见资料看,问津书院创立后,其首任院长应为浙江进士吴联珠。卢见曾在《问津书院碑记》中提到,"适吉公庆来视盐政,为延名师",吉庆,满洲镶黄旗人,乾隆十七年(1752)亦即问津书院建成之年出任巡盐御史。据此,问津书院成立后,曾由吉庆代为延请名师主持,但具体情形不得而知。不过,《重修天津府志》有云:浙江乌程人董程勋乾隆十六年(1751)任天津道时,"聘名进士吴联珠主讲问津书院,每课士,公必同席讲贯,文风蒸蒸日上,登贤书捷南宫者接踵焉"。① 据此,吉庆为问津书院所聘之师,即应指吴联珠而言。

　　吴联珠(1701—1754),字珍兹,号铁夫,浙江归安人,乾隆元年(1736)进士,曾任吏部员外郎,刑部陕西司郎中等,工诗,著有《卧沧吟》。光绪八年(1882)刊《归安县志》介绍说:"吴联珠,字珍兹,号铁夫,归安人,乾隆元年进士,官吏部主事,擢郎中,纯孝天至……丁父艰,遂不复仕……历主天雄、岳麓书院,邃于史学,多著书。"② 以时间而论,董程勋任

---

　　① 沈家本、荣铨等修,徐宗亮、蔡启盛纂,光绪《重修天津府志》,天津市地方志编修委员会编著:《天津通志》旧志点校卷(上),南开大学出版社1999年版,第1267页。
　　② 李昱修,陆心源、丁宝书纂,光绪《归安县志》,成文出版社1970年影印本,第407页。

天津道时,适当书院建设之际,吴联珠应为问津书院首位山长。不过,吴联珠在乾隆十九年(1754)即告去世,主持问津书院的时间最晚也就到这一年。这可能是《归安县志》中未提及吴联珠与问津书院关系的原因。

在此之后,接替问津山长的应为浙江钱塘进士金文淳。关于金文淳,光绪《重修天津府志》卷四十"宦迹"沿袭了乾隆《天津县志》的说法,记称:"金文淳,字质夫,浙江钱塘人,进士。乾隆二十八年(1763)任天津知府。崇尚文士,惠政甚多。罢官后,主讲问津书院,课生童如子弟,凡所识拔者,无不腾达云。"①梅成栋亦云:"文淳,字质夫,号金门。杭州人。乾隆己未(1739)进士,知天津府事,因事罢官谴戍,后主讲天津问津书院。著《垤进斋诗草》。"②但两处记述均不明晰,金氏与问津书院的关系需要做一下清理。

金文淳系乾隆四年(1739)进士,乾隆十三年(1748),孝贤皇后富察氏去世,在奉天锦州府知府任上的金文淳因违反帝后之丧百日内不得剃发之俗,被判斩监候,获赦免后发往直隶派修城工赎罪,先后监理望都、新安、唐县、定兴、东安、清苑等城工。金氏《乾隆乙亥五月初七日五十初度诗呈津门诸公教和十首》之一云:

> 才离畚锸息劳肩,复理琴书愿假年。蜀日照人嗤下士,春风入座愧前贤。英才教育吾何敢?旧学商量尔共传。待得冰寒青又谢,老夫相对更欣然。③

在这首"呈津门诸公"的诗中,"才离畚锸"当指摆脱劳役,"复理琴

---

① 沈家本、荣铨等修,徐宗亮、蔡启盛纂,光绪《重修天津府志》,天津市地方志编修委员会编著:《天津通志》旧志点校卷(上),南开大学出版社1999年版,第1270页。

② 梅成栋纂,卞僧慧、濮文起校点:《津门诗钞》,天津古籍出版社1993年版,第950页。

③ 吴惠元总修,蒋玉虹、俞樾编辑,同治《续天津县志》,天津市地方志编修委员会编著:《天津通志》旧志点校卷(中),南开大学出版社2001年版,第471页。

书"及"英才教育"等,应指从事教读。该诗作于乾隆乙亥年即1755年金文淳五十初度时,故金氏极可能在此时受聘于问津书院。可以佐证的是,同为浙江钱塘人、后来曾主讲直隶莲池书院的汪师韩与金文淳颇有交情,当年曾撰有《问津书院晤金质夫示以五十初度诗因题》一首,收入其《上湖纪岁诗编》,①可知这一年二人曾在问津书院晤面。据此推断,此时金文淳即应接任问津书院山长。金文淳与天津进士周人麒为同年,与天津诗人金玉冈交好,两人且为同族。地方文献称,金玉冈之祖平自浙江会稽迁居天津,业盐起家,"族人金文淳谪庶辽东,孑身无依,玉冈慨然同行"②。

　　但金文淳这次主持问津书院的时间可能不长。乾隆二十二年(1757)秋,清廷重新起用了一批废员,金文淳也在其中,获得进京引见的资格,③金文淳很可能因此离开问津书院。约乾隆二十五年(1760),直隶总督方观承委托金文淳主持编纂直隶河渠水利著作,此时金文淳已在直隶顺德知府任上。同年汪师韩有诗题为《顺德太守金质夫过访》,次年则有《和金质夫隆兴寺登佛香阁韵》,④可以为证。

　　不过,金文淳与问津书院的关系并未结束。乾隆二十八年(1763),金文淳任天津知府,但为时未久,因下辖南皮知县犯事而受到牵连被革职,发往乌鲁木齐军台赎罪。按照前述光绪《重修天津府志》和梅成栋的

---

① 汪师韩:《上湖纪岁诗编》,《清代诗文集汇编》(308),上海古籍出版社2010年版,第538页。

② 高凌雯纂,民国《天津县新志》,天津市地方志编修委员会编著:《天津通志》旧志点校卷(中),南开大学出版社2001年版,第768页。

③ 《清实录》乾隆朝实录,中华书局影印本,卷542,乾隆二十二年七月甲辰,上谕:"今春南巡接驾废员内,酌量情罪较轻者,加恩分别赏给职衔,用广行庆施惠之典……金文淳,著该部行文调取来京引见"。

④ 汪师韩:《上湖纪岁诗编》,《清代诗文集汇编》(308),上海古籍出版社2010年版,第550、551页。

说法,金氏极可能在这次赎罪期满后重新主讲问津书院。① 乾隆四十九年(1784)刊刻的《杭州府志》则记称:金文淳由翰林院编修而改任知府,"屡获咎谴,蒙恩宽赦,自塞上归,殁于问津书院"。② 根据上述几种记载似可以认为,金文淳此次止步官场后,很可能再次主持问津书院直到其去世。如果这一推测属实,金文淳应该是早期问津书院任职时间最长的山长之一。

在金文淳再次主持问津书院之前,接替问津讲席的应为安徽桐城人姚范。姚范(1702—1771),字南青,号薑坞,早年沉酒经史,乾隆元年(1736)获顺天乡试第二名,乾隆七年(1742)中进士,授庶吉士,散馆授翰林院编修,乾隆九年(1744)任顺天乡试同考官,充武英殿经史馆校刊官等,乾隆十三年(1748)以疾病乞归。姚范为桐城派开创时期的重要人物,对理学和经学都有相当造诣,与方苞相知颇深,与刘大櫆为终生挚友,又是姚鼐的伯父兼业师,其《援鹑堂笔记》五十卷,反映了其治学成就。③

关于姚范主讲问津书院事,姚范曾孙姚莹撰《援鹑堂遗集后序》称,姚范"甲子分校顺天乡试,未几归里。往来天津、维扬之间,主讲书院,以乾隆三十六年卒"。包世臣为姚范撰写的《清故翰林院编修崇祀乡贤姚君墓碑》中则谓,姚范"庚午京察一等,既引见,以病自免。解组后,教授南北阅二十有一年,辛卯正月初八日卒于家"。马其昶在《姚编修传》中

---

① 乾隆三十七年(1772),天津河东山西会馆重修后,金文淳曾为之撰写《重修晋都会馆记》,似可知此际金氏应在天津。

② 郑澐修,邵晋涵纂,乾隆《杭州府志》乾隆四十九年刊本,卷94,文苑,第23页。

③ 参见方宁胜、杨怀志点校:《姚范集》整理说明,严云绶、施立业、江小角主编:《桐城派名家文集1 姚范集、方东树集、吴德旋集》,安徽教育出版社2014年版,第3、4页。

也称,姚"在翰林不十年,即致仕归,往来天津、扬州主讲"。① 姚范主持问津书院大约持续了八年,嘉庆道光时期著名学者李兆洛称其"主讲席于问津书院者八载",吴德旋称其"尝应直隶总督方恪敏公之聘,主问津书院,前后八年"②。光绪十七年(1891)范当世到天津就李鸿章家馆后,有诗作题为"天津问津书院,薑坞先生主讲于此者八年,外舅重游其地,感欲为诗,乃约当世同用山谷武昌松风阁韵"。③ 姚范在《徐鉴亭七十寿序》中也称:"寓津门几八九年。"④可见其主讲问津书院八年之说,应是可靠的。但是,姚范主持问津书院开始于何时,结束于何时,记述则不清晰。有研究认为,姚范去职后在乾隆十六年(1751)年归乡,应系主讲问津书院前安顿家人。其接受直隶总督方观承(谥恪敏,桐城人)之聘应在次年即1752年或稍前。⑤ 姚范与直隶总督方观承关系甚密,嘉庆年间姚鼐为方观承《述本堂诗续集》作序称:"鼐家与方氏世有姻亲,与家伯父薑坞先

---

① 参见方宁胜、杨怀志点校:《姚范集》,第 3、4 页。严云绶、施立业、江小角主编:《桐城派名家文集 1 姚范集、方东树集、吴德旋集》,安徽教育出版社 2014 年版,第 144、147、149 页。关于姚范去职原因,姚莹、马其昶未提及,包世臣称其系"以病自免":"居词馆数年,即膺察典,当外擢方面,遽引疾去,夫其忘于世事哉? 继读君跋《颜氏家训》曰:交道缔结,常为祸福所倚伏,文人志士,于幕府权门,贵判迹于首途,避熏灸于始灼。然则君之决退,岂亦有所不得已于中者也。"见前书,第 146 页。不过,《清实录》乾隆朝实录(卷362)乾隆十五年夏四月癸未则记曰:"吏部带领考差人员引见。谕曰:翰林院编修姚范,人平常;杨廷栋,人既衰庸,学问亦平常,俱著休致。"

② 参见卢坡:《姚范年谱简编》,《古籍研究》2013 年第 1 期,第 172 页。

③ 范当世:《范伯子诗文集》,马亚中、陈国安点校,上海古籍出版社 2003 年版,第131 页。其诗云:"有文支柱山与川,恍人有脊屋有椽。我立此语非徒然,眼下现有三千年。远矣周孔隔地天,手语目听交鸣弦。五德替代如奔泉,扫去碌碌留圣贤。此事担当在几筵,耿耿一发天宇悬。丈人家世留青毡,文字碧水流潺湲。从来不与时媚妍,薑坞先生此粥饘。百年乔木参风烟,公来再饮唐山泉。龙堂蛟室来眼前,吾今只可烂漫眠。梦里不须书缠绕,醒亦无为世教挛,眼见地塌天回旋。"范氏外舅即姚莹之子姚慕庭。1889年范当世续娶姚莹孙女、姚慕庭之女姚倚云为妻。

④ 方宁胜、杨怀志点校:《姚范集》,严云绶、施立业、江小角主编:《桐城派名家文集 1 姚范集、方东树集、吴德旋集》,安徽教育出版社 2014 年版,第 44 页。

⑤ 卢坡:《姚范年谱简编》,《古籍研究》2013 年第 1 期,第 171、172 页。

生相知尤密。"①但从前述可知,问津书院 1752 年初建成后,相继由吴联珠、金文淳主讲,姚范主讲问津书院应在两人之后,即至少在 1755 年之后。据姚鼐年谱所记,乾隆二十八年(1763),姚鼐中进士,次年(1764)春"随世父编修自天津归里"。② 按照八年时间往前推,大致可以吻合,亦即姚范应在乾隆二十一年(1756)或稍后开始主持问津书院,当然,姚氏主持问津书院的具体时间,还有待于进一步考察。

姚范诗集中有《赠卢雅雨运使》四首,可见其与创办问津书院的卢见曾有过交集。诗中有注云:"守永平日尝属宋蒙泉编修,延予主书院。予时方谋南归,未就。"③按宋蒙泉即山东德州人宋弼,字仲良,号蒙泉,与卢见曾为同乡。宋为乾隆十年(1745)进士,卢见曾则在同一年出任永平府知府,期间的乾隆十二年(1747),卢见曾在当地创办敬胜书院。据姚范所言,应系其时卢见曾通过宋弼请姚范主讲该书院。但姚范此时已有南归之心,故而未就。及至卢见曾乾隆十六年(1751)担任长芦盐运使、创办问津书院时,姚范已于此前一年去职,卢见曾也有邀请姚范主讲席的可能。

姚范的诗文中,留有他在天津活动的痕迹。姚氏有诗题为《初至津门高薑田太守枉顾翌日以诗扇见赠依韵奉酬》,此后又有《高韶州薑田病中为示儿诗五百言其子柟乞题其后》,④从诗题的内容判断,所谓高薑田

---

① 方观承:《述本堂诗续集》,姚鼐序,《清代诗文集汇编》(287),上海古籍出版社 2010 年版,第 157 页。

② 郑福照辑:《姚惜抱先生年谱》,北京图书馆编:《北京图书馆藏珍本年谱丛刊》(107),北京图书馆出版社 1999 年版,第 578 页。

③ 方宁胜、杨怀志点校:《姚范集》,严云绶、施立业、江小角主编:《桐城派名家文集 1 姚范集、方东树集、吴德旋集》,安徽教育出版社 2014 年版,第 118 页。

④ 方宁胜、杨怀志点校:《姚范集》,严云绶、施立业、江小角主编:《桐城派名家文集 1 姚范集、方东树集、吴德旋集》,安徽教育出版社 2014 年版,第 121、129 页。

太守，应为高纲，乾隆二年到六年曾任广东韶州府知府，其时应退居天津。[①] 二人此前或者即有交往，亦未可知。姚范与天津查家也有交往。姚氏作有《双芝图歌为津门查集堂赋》，其中的查集堂即查为义。赋中有云："我来羁棲渤海岸，两丸转毂三年淹"，[②]实已为了解姚范就聘问津书院的时间提供了线索，可惜难以查证姚氏之作的具体时间。姚氏又有《查俭堂太守题兰荪图》，查俭堂即查日乾三子、查为义之弟查礼。根据同治《天津县新志》的记述，查礼乾隆二十年（1755）任广西太平府知府，"母老告归"，[③]家居二年，后在四川为官，至四川布政使，乾隆四十七年（1782）授湖南巡抚，入京觐见期间因病去世。查礼在太平府任上修葺了当地的黄文节祠，姚范撰有《广西庆远故有黄文节祠芜废不修天津查俭堂来守此邦廓而新之寄所作记并诗属赋》，可知二人在此期间确有书信往来。此外，姚范与金文淳也有交往及唱和，撰有《金质夫编修出绘卣年伯先生江声图属赋》《为雪园给谏题吾庐读书图时以巡漕驻节天津》等。

姚范可见的诗文不少作于天津，如《郑孺人寿序》一文，系为天津人郑公依之母八十寿辰而作，其中提及"余之寓于津门已四年矣"[④]，惜不能

---

① 高纲，字常，奉天辽阳人，隶籍汉军。高纲伯父高其位官至文渊阁大学士兼礼部尚书，其父高其佩康熙时曾任四川按察使、刑部侍郎，雍正间擢都统。高纲曾任韶州知府，故称太守，蕫田或为其号。梅成栋云："公解组后，即侨居天津，与金金门太守文淳、刘公雪柯、查公次斋、金公芥舟联诗酒之欢，提唱风雅。一时沽上老辈如耆英社故事，壶榼樽罍，从无虚日。"见梅成栋纂，卞僧慧、濮文起校点：《津门诗钞》，天津古籍出版社 1993 年版，第 895 页。高纲乾隆二十五年（1760）去世。乾隆四十年（1775），乾隆在检阅各省呈进的应毁禁书目时，澹归禅师的《偏行堂集》因"多悖谬字句"而导致文字狱，高纲在韶州任上曾为该集"制序募刻"，因此受到牵连，其在北京、天津等地的子孙包括高棡在内都被押解刑部治罪。

② 方宁胜、杨怀志点校：《姚范集》，严云绶、施立业、江小角主编：《桐城派名家文集 1 姚范集、方东树集、吴德旋集》，安徽教育出版社 2014 年版，第 130 页。

③ 高凌雯纂，民国《天津县新志》，天津市地方志编修委员会编著：《天津通志》旧志点校卷（中），南开大学出版社 2001 年版，第 759 页。

④ 方宁胜、杨怀志点校：《姚范集》，严云绶、施立业、江小角主编：《桐城派名家文集 1 姚范集、方东树集、吴德旋集》，安徽教育出版社 2014 年版，第 46 页。

确定该文写作时间。姚范有诗题为《秋日鄂怡云以仓部赀储至津门相见话旧兼出新诗赋赠》等,均可见其当时正在天津。① 另外,姚范的《津门送王西园前辈之上江皋使任》也作于天津。② 王西园即王检,山东人,字思及、西园,雍正年间进士,上江皋使即安徽布政使。王检在乾隆二十四年(1759)曾一度担任长芦盐运使,当年十一月二十三日,上谕令其任安徽布政使。③ 诗中描述的情景似为冬将尽而春未至之际,即1859年与1860年之交,可知此时姚范正在天津。姚范卒于1771年,假设从1756年起开始主持问津讲席八年,其结束时间应在1763年,即姚范在家乡去世的八年前。这一推测在时间上应该是成立的。故大致可以说,问津书院创建后的一段时间里,先后主讲该书院的即吴联珠、金文淳和姚范。

如前所言,姚氏归乡后,在天津知府任上被罢官发配的金文淳很可能再度任教问津书院,但金氏再次主讲问津书院的时间难以确定。有资料称,乾隆年间进士出身的宛平人张模曾主讲问津书院。张为乾隆壬申(1752)进士,改庶吉士,历官吏部郎中等。乾隆二十五年(1860)任广东乡试正考官,二十七年(1862)任广东学政,乾隆二十八年(1863)十一月因直隶总督方观承参奏被交部严加议处,此后事迹不详。《光绪顺天府志》载:"模字元礼,号晴溪,宛平人,乾隆十七年进士,历官吏部积勋司郎中,红豆树馆诗话:晴溪先生主讲天津问津书院,教士读书,务为根柢之学。"④ 由上述张模宦迹看,其主讲问津的时间或在1863年之后,亦即接替姚范之席。但姚范与方观承颇有交情,张模又系方观承弹劾,何以又得入主直隶辖境的问津书院,其间或另有曲折。梅成栋《津门诗钞》中收录

---

① 方宁胜、杨怀志点校:《姚范集》,严云绶、施立业、江小角主编:《桐城派名家文集1姚范集、方东树集、吴德旋集》,安徽教育出版社2014年版,第127页。

② 方宁胜、杨怀志点校:《姚范集》,严云绶、施立业、江小角主编:《桐城派名家文集1姚范集、方东树集、吴德旋集》,安徽教育出版社2014年版,第128页。

③ 中国第一历史档案馆编:《乾隆朝上谕档》第三册,广西师范大学出版社2008年版,第368页。

④ 周家楣、缪荃孙等纂:《光绪顺天府志》卷126,光绪十五年刊本,第13页。

乾隆己亥副榜金坤《和张晴溪先生偶成长句原韵》一诗,并云:"此诗得之《问津书院吟草》。时主讲者为宛平张晴溪先生模。一时人材萃集,风雅丕振。如周公光裕、佟公大有、徐公澜、金公思义、张公党民、俊民、治民兄弟、李公玉溪、查公奕俊、冯公际盛、王公启科、吴公凤仪、包公豫观、牛公遵祖、吴公廷玫、杨公廷瑛,争自琢磨,互建旗鼓。未数年间,昂矞青云。独公郁郁未就,人尽惜之。"①一种可能是,张模主讲问津书院的时间或者在姚范之后、金文淳再次主问津讲席之前。

金文淳之后,高凌雯推测,江德量或者在乾隆末年短期主讲过问津书院,其《志余随笔》谓:

> 江德量作碑式印,后有跋语,末云:识于问津书院学海堂。事在乾隆五十七年,未一载即下世。学海堂为山长讲学之地,非他人所可托居,或者秋史曾受问津之聘,以未久物故,故无人称道之。②

江德量,号秋史,《清史稿》载:江德量,字量殊,江都人,父恂,好金石文字。伯父昱,通声音训诂之学。江少承家学,及长,与著名学者汪中相友好,"励志肄经,学益进",乾隆四十四年(1779)一甲进士,授编修,改江西道御史,"居朝多识旧闻,博通掌故。公余键户,以文籍自娱。著有古泉志三十卷。五十八年,卒,年四十二"③。《扬州画苑录》载江德量事迹称:"德量字成嘉,仪征人,拔贡生。乾隆四十五年连捷进士榜眼及第,授编修,改御史,历掌浙江、江西道。生平邃于经史、小学、金石、古文,善诗

---

① 梅成栋纂,卞僧慧、濮文起校点:《津门诗钞》,天津古籍出版社1993年版,第475页。梅成栋提到的金思义、张俊民、查奕俊、冯际盛等人均为乾隆三十三年(1768)戊子科举人,据文中"未数年间"推测,张模主讲问津书院似应在此之前数年。

② 高凌雯:《志余随笔》,天津市地方志编修委员会编著:《天津通志》旧志点校卷(下),南开大学出版社2001年版,第729页。

③ 赵尔巽等撰:《清史稿》,卷四百八十一,列传二百六十八,中华书局1977年版,第13216页。

23

工书,尤习篆、隶,天津武成王庙碑是其遗笔,所著广雅疏证诸书,未就而卒。"①

高氏虽为推测之言,但江德量确实曾经主讲问津书院。浙江钱塘举人张云璈在其《简松草堂诗集》收有《挽江秋史侍御二首》,其中写道:"不识荆州久,今年两地逢。"注曰:"今春予至津门,侍御方主问津书院,流连竟月,夏间返扬,而公亦先归。"②按江德量去世于乾隆五十八年(1793),据张氏之言,该诗即应作于该年。张云璈之兄张云官曾任职长芦盐场,张云璈当年春至天津,应系省兄之行,故有与江氏盘桓问津书院之事。

从零星资料看,江德量之后,安徽旌德人吕兆麒主持过问津书院讲席。乾隆五十九年(1794),江苏阳湖人刘嗣绾(嘉庆十三年即1808年进士)为应顺天乡试道出天津,并在问津书院小住。其记称:"甲寅春,驾幸津门应试,行在小住问津书院。"在津期间,刘有诗作题为《题问津书院壁示主人吕星泉》:"同是问津客,萧闲我不如。残碑双赑屃,破馆一蘧蒢。竹色清于水,苔荫绿上书。为君题壁好,醉墨尽消除。"③与刘嗣绾同行的,还有吕兆麒的举人同年、后在嘉庆四年(1799)获状元的清代著名学者姚文田。姚氏也提到,当年其"偕友人刘大(嗣绾)、同年吴大(文照)、戴大(聪)赴天津,寄居问津书院。同年吕二(兆麒)时主讲席"④。吕兆麒字星泉,嘉庆七年(1802)进士,后长期在四川任职,可知其主持问津讲席系在中进士之前。

按照以上考察,乾隆时期历任问津山长大致应依次为吴联珠、金文淳、姚范、张模、金文淳、吕兆麒。

嘉庆时期,出任问津山长可知者有韩崶、谭光祜两人。韩崶系江苏元

---

① 汪鋆:《扬州画苑录》,光绪十一年刻本,卷1,第18页。
② 张云璈:《简松草堂诗集》,《清代诗文集汇编》(422),上海古籍出版社2010年版,第159页。
③ 刘嗣绾:《尚絅堂诗集》,道光六年刻本,卷20,第1页。
④ 姚文田:《邃雅堂集》卷之八,上海古籍出版社1995年影印本,第19页。

和人,生于乾隆二十一年(1756),乾隆四十八年(1783)中举,次年入京应试,因留京师。其弟韩桂舲(崶)曾官至广东巡抚、刑部尚书。韩崧主讲问津书院始于嘉庆元年(1796),时年41岁。其弟韩崶自订年谱嘉庆元年条下记称:"是岁伯兄应阿雨窗都转(林保)之聘馆津门。"①阿雨窗即阿林保,满洲正白旗监生,乾隆五十九年(1794)到嘉庆元年(1796)任长芦盐运使。天津人沈峻在其自订年谱嘉庆三年(1798)条下谓:"韩听秋孝廉(崧),桂舲先生兄也,主讲问津书院,投诗过访,倡和无间。"②至嘉庆六年(1801),韩崶赴任湖南岳常醴道,韩崧当年秋奉父与家人归乡,③可知韩崧主讲问津书院最晚应结束于此时。

韩崧之后,接替问津讲席的应为谭光祜(1772—1831)。梅成栋云:"光祜,字受之。江西南丰人。主讲问津书院。著《止止室草》。"④谭光祜十七岁入京师,曾因父宦往来云南、贵州,在京期间,与张问陶、洪亮吉等时有唱和,有诗名,"读其诗者,或以为狂士,或以为奇才"。"与当代名公硕彦游,上下其议论,殊不多让也。"⑤谭光祜在其《铁萧诗稿》自序中称:"既长,游京师,交名公卿大夫……已而悔之,乃折节读书,小隐栎山下,

---

① 韩崶:《韩桂舲先生自订年谱》,清道光间刻本,第15页。

② 沈峻:《沈丹崖年谱》,道光十五年刻本,第39页。沈峻于乾隆五十二年(1787)任广东吴川知县,五十六年(1791)因案免职,次年被发往新疆效力。韩崶于五十四年(1789)任广东高廉道,期间曾署任高州知府,因沈峻案失察而受牵连,两人因此而有交集。嘉庆二年(1797)沈峻由新疆返天津,其时在京师任职的韩崶曾寄诗慰藉。沈峻回津后,与韩崧多有来往,有《述怀柬韩听秋孝廉(崧)》等多首写给韩崧的诗。其《和听秋示书院生徒作》三首:"文字如朋不厌真,陈言务去即鲜新。别裁伪体亲风雅,子美居然是解人"。"子衿辛苦阅星霜,鱼贯凫趋到讲堂。领取微言堪墨守,何休焉敢背公羊。""博雅如君得未曾,雪窗愿乞读书灯。随身竿木逢场戏,座下应容托钵僧。"另有《叠听秋示生徒韵》等,意在勉励书院生徒。见沈峻:《欣遇斋诗集》,《清代诗文集汇编》(409),上海古籍出版社2010年版,第155—158页。

③ 韩崶:《韩桂舲先生自订年谱》,清道光间刻本,第17、18页。

④ 梅成栋纂,卞僧慧、濮文起校点:《津门诗钞》,天津古籍出版社1993年版,第969页。

⑤ 谭光祜:《铁萧诗稿》,《清代诗文集汇编》(506),上海古籍出版社2010年版,第25页。

佣书内廷,讲学析木之津,夷然有著述之志焉",所谓"讲学析木之津",即指问津书院而言。① 根据谭光祜的《铁萧诗稿》,嘉庆七年(1802),谭"应聘为南书房供奉记室,旋从鄐木兰为健儿,又主讲天津书院为经师,继乃投笔入蜀"②。其诗有《总督颜公(检)杨太守(志信)有主讲天津之约,因偕巡盐夏郎中(赛尚阿)至天津》,③可知谭光祜主讲问津系颜检、杨守信等人约请。谭光祜《问津书院示诸生》一诗有云:"从游九十人,济济圭璧姿,共抱用世心,进退秉礼仪……相观共磨砺,惭愧为人师。"④沈峻《欣遇斋诗集》收有壬戌年(1802)一首诗作,题为《苏文忠公生日,子受山长悬像问津书院,招同人致祭饮福,分韵得鸿字》,⑤所提到的"子受"即谭光祜。其年谱也记云:"十二月,东坡先生生日,谭子受山长(光祜)招同人拜先生像问津书院,分韵赋诗。"⑥这次在问津书院悬苏轼像招同人致祭的活动,谭也留有诗《问津书院拜东坡生日,以泥上偶然留指爪,鸿飞那复计东西分韵,得复字飞字二首》。⑦ 不过,谭在问津书院时间不长,应该

① 谭光祜:《铁萧诗稿》,《清代诗文集汇编》(506),上海古籍出版社2010年版,第2页。

② 谭光祜:《铁萧诗稿》,《清代诗文集汇编》(506),上海古籍出版社2010年版,第54页。

③ 谭光祜:《铁萧诗稿》,《清代诗文集汇编》(506),上海古籍出版社2010年版,第58页。谭光祜在京城与韩崶、韩崧兄弟也有来往,不知其应问津之聘与二人是否有关。

④ 谭光祜:《铁萧诗稿》,《清代诗文集汇编》(506),上海古籍出版社2010年版,第58、59页

⑤ 沈峻:《欣遇斋诗集》,《清代诗文集汇编》(409),上海古籍出版社2010年版,第162页。

⑥ 沈峻:《沈丹崖年谱》,第42页。

⑦ 谭光祜:《铁萧诗稿》,《清代诗文集汇编》(506),上海古籍出版社2010年版,第60页。

在第二年就离开了,夏天入蜀。临别之际,谭还作诗与诸生话别。[①]

此后到道光、咸丰年间,有关问津书院的资料十分少见,这一时期问津书院讲席的情形还难以了解。从零星资料可知,道光年间徐杨小梅曾主讲问津书院。华鼎元《缄斋杂识》记述梅成栋等人发起梅花诗社缘起时称:"乙酉,先生得交余竹泉,时竹泉佐幕津门,因与会稽陈石生,庆云崔念堂,钱塘陆秋生,宝坻高寄泉四孝廉结砚庐诗社。丙戌冬,山阴张杏史,新建翁寄塘两孝廉侨寓津门,遂大集名流,结社于问津书院之双槐书屋,时主讲为徐杨小梅,众推先生为盟主,值梅花盛开,故号梅花诗社。"[②]道光乙酉年(1825),此际主持问津讲席的徐杨小梅即徐杨绪,江苏丹徒人,举人出身,道光年间在长芦盐政署内充当幕友多年。徐杨绪有词题为《念奴娇 问津讲院读青溪词集,倚此题赠》,[③]应作于任问津山长期间。道光二十六年(1846),徐杨绪因卷入长芦盐务弊案,被饬交刑部审讯。[④]又据《兰州史话》,徐杨绪在同治末年曾担任兰州兰山书院山长。[⑤]

清代科举考生所填履历中,除了出生时间、籍贯、家世等内容外,还有师承关系,如考生的受业师、问业师、受知师,其中问业师也称肄业师或课

---

① 《余虽欲求官,而心恋江湖,迟迟不发,时会逼迫,此事遂废。作诗自伤,即与诸生话别》:"浮萍本无根,随风为转移。去住两无著,人事亦类之。我来析木津,恬淡性颇宜。励志在经术,开卷心神怡。同堂各规勉,讲画都忘疲。窃比白沙翁,征召不可移。名山事业在,向往吾庶几。无端迫家累,出处心遂违。欲留既不能,欲往道已迷。生徒走相送,赠语心凄其。我行非得已,尔学未有涯。努力慎明德,修业今始基。移情海上琴,毋抱成连悲。"谭光祜:《铁萧诗稿》,《清代诗文集汇编》(506),上海古籍出版社2010年版,第60页。

② 华鼎元:《津门徵献诗》,《清代诗文集汇编》(717),上海古籍出版社2010年版,第785页。

③ 冯乾编校:《清词序跋汇编》第二册,凤凰出版社2013年版,第994页。

④ 奉命查办此案的宝兴等人在奏折中称:"徐杨绪游幕天津二十余年,现在书院掌教,后入院署办理文案,难免与官商人等往来应酬,实不能指出舞弊确据。"见中国第一历史档案馆等编:《清代长芦盐务档案史料选编》,天津人民出版社2014年版,第417、419页。

⑤ 邓明:《兰州史话》,甘肃文化出版社2005年版,第110页。

师,多为考生在书院期间的业师。依据目前可见的部分清代天津科举人物履历,大致可了解咸丰、同治时期问津书院山长的沿革情形。

在光绪十八年(1892)天津进士赵鸾扬的履历中,曾提到多位问津书院主讲,有两人系其他天津士子履历中未提及者:一为萧质斋(培元),"咸丰壬子翰林,前山东济东泰武临道";一为王堃(芷汀),"道光乙未进士,宗人府主事"。①

萧培元为云南昆明人,其主讲问津书院与曾任巡盐御史的文谦有关。根据其年谱所记,萧生于嘉庆二十一年(1816),道光十九年(1839)中举后,曾数次赴京参加会试。道光二十七年(1847)会试后,留京授读,旋"以馆课繁妨举业,乃为文郎中(谦)司笔札",此后数年大多数时间即馆于文谦家。② 咸丰二年(1852)萧培元中进士,改翰林院庶吉士,"是冬文六吉(谦)授长芦盐政,延先生主讲问津书院"。咸丰三年(1853),"正月赴天津书院,旋回京,课卷每月封寄"。③ 当年散馆后,萧培元被授予编修,因太平军北上,文谦在天津举办团练,调其赴津襄助营务,直到咸丰五年(1855)局势稳定后才回京城,先后任国史馆纂修等职。④ 萧培元担任问津山长到何时,年谱中未提,但到咸丰七年(1857)文谦不再担任巡盐御史,萧培元的问津山长也可能随同文谦离职而结束。到同治元年(1862)萧培元赴任济南知府,同治七年(1868)任济东泰武临道,十二年(1873)五十八岁时去世。

赵鸾扬提到的王堃,系道光十五年(1835)进士,曾任京官,但事迹尚待查证。

另外,查乘汉的履历则在廉兆纶之前列有刘崐一人,称其曾任问津书院山长:"刘韫斋夫子,名崐,辛丑进士,现任湖南巡抚,前掌教天津问津

---

① 来新夏主编:《清代科举人物家传资料汇编》,学苑出版社 2006 年版,(19),第303 页。
② 王其慎编:《质斋先生年谱》,清末刻本,第9、10 页。
③ 王其慎编:《质斋先生年谱》,清末刻本,第12 页。
④ 王其慎编:《质斋先生年谱》,清末刻本,第14 页。

书院。"①刘崐为云南景东人,道光十一年(1831)进士,入翰林院为庶吉士,散馆授编修,咸丰初任湖南学政,后又任翰林院侍讲,内阁学士,礼部、兵部、户部、工部侍郎,鸿胪寺少卿等职,同治六年(1867)任湖南巡抚。刘崐在担任湖南学政期间,曾国藩九弟曾国荃考取优贡生,拜于刘门下,故二人有师生之谊。其与问津书院发生联系,应在其任京官期间,但具体情形尚待查证。

同治时期问津书院山长,在天津科举人物履历中也有反映。光绪九年(1883)天津进士曹寓瀛履历中所列肄业师,包括四人,分别为廉兆纶、程恭寿、王继庭、李嘉端。其中廉兆纶号琴舫,系"庚子翰林,原任仓场侍郎",程恭寿字容伯,"己亥举人,前任光禄寺少卿",王继庭号筠轩,"庚戌进士,原任山东兖州府知府",李嘉端号铁梅,原任安徽巡抚。② 光绪十四年(1888)举人朱懋昌履历中所记肄业师,也提到廉兆纶、程恭寿、王继庭等人曾为问津书院主讲。③ 光绪十六年(1890)天津进士华俊声履历中则提到王继庭、程恭寿、李嘉端三人曾主讲问津书院。④

在廉兆纶、程恭寿、王继庭三人中,廉兆纶主讲问津书院事,除了还有多位天津举子提及外,也有其他记述可资佐证。廉兆纶初名师敏,字葆醇,号琴舫,1810 年生于直隶顺天府宁河县。道光二十年(1840)进士,选庶吉士,授编修。咸丰年间曾任江西学政,官至内阁学士、工部侍郎、仓场侍郎,因牵入贿案而免职。《清史稿》称其"感知遇,遇事敢言,以是多龃

---

① 来新夏主编:《清代科举人物家传资料汇编》(46),学苑出版社 2006 年版,第 146 页。

② 来新夏主编:《清代科举人物家传资料汇编》(12),学苑出版社 2006 年版,第 601 页。

③ 来新夏主编:《清代科举人物家传资料汇编》(96),学苑出版社 2006 年版,第 225、226 页。此外还列有稍后的李嘉端、张佩纶、李慈铭三人。

④ 来新夏主编:《清代科举人物家传资料汇编》(17),学苑出版社 2006 年版,第 353 页。

龉。罢官归,让产诸弟,主问津书院,以修脯自给。六年,卒"。①《宁河县志》载:廉兆纶罢官后,"主讲天津书院,怡情诗酒,优游以终。著有《深柳堂诗集》行世"。②《大清畿辅先哲传》云:廉氏"同治三年,罢归,家居。田产悉让于弟,主讲天津问津书院,藉束脯度日。六年,卒,年五十有七。身后萧然,闻者为之流涕云"。王琼撰《皇清诰授光禄大夫总督仓场户部侍郎琴舫廉公传略》云:"同治元年二月,罢职家居。家中除祖遗田宅外,并无增置,因诸弟皆未成立,尽将田亩推与之,而公则主讲天津问津书院,藉束脯以度日,食贫如故。同治六年三月十四日,卒于书院,年五十有七,身后萧然,闻者莫不酸鼻焉。"③廉兆纶有诗为《侨寓天津喜陈仲鸾同年见访》,题注云:"同治乙丑,时住天津问津书院。"④同治乙丑年(1865)。

按照其他天津科举人物履历中的说法,程恭寿很有可能也出任过问津山长。同治十二年(1873)举人倪文焌履历中将程恭寿列为课师:"程容伯夫子,名恭寿(己亥举人,前任太常寺卿,三取书院山长)。"⑤由于三取书院与问津书院同课,程恭寿应同时担任问津山长。赵鸢扬也称程恭寿为问津书院主讲。⑥程恭寿系浙江钱塘人,字容伯,号人海,道光十九年(1839)举人,长期在京任职,曾任刑部主事、光禄寺少卿、吏部侍郎等,

---

① 据载,廉兆纶于咸丰六年以病告归,七年复出,八年"授户部侍郎,调仓场侍郎",后"以交河粮商囤积谷秕,遣勇目捕治,粮商诉勇目索讹,辞连兆纶,事上闻,命刑部逮问。同治元年,京察休致。二年,谕责兆纶在任用人不当,夺职衔"。参见赵尔巽等撰:《清史稿》卷四百二十二,列传二百九,中华书局 1977 年版,第 12188–12190 页。

② 《宁河县志》,《中国地方志集成》(天津府县志辑)第六册,上海书店出版社 2004 年版,第 319 页。

③ 刘家平、苏晓君编:《中华历史人物别传集》第 50 册,线装书局 2003 年版,第 753 页。

④ 廉兆纶:《深柳堂集》,《清代诗文集汇编》(639),上海古籍出版社 2010 年版,第 518 页。

⑤ 来新夏主编:《清代科举人物家传资料汇编》(29),学苑出版社 2006 年版,第 91、92 页。

⑥ 来新夏主编:《清代科举人物家传资料汇编》(19),学苑出版社 2006 年版,第 303 页。

光绪三年(1877)去世。但程氏何时主讲问津书院,尚难确认。同治八年(1869)七月二十日,直隶总督曾国藩致信朱学勤称:"此间李铁翁既意在速去,弟又于省城另辟一礼贤馆,以处各属保荐之士,亦不可无人提唱,以邑宏奖之风,仍乞随时留意为恳。程容伯晚景萧条,秋间必妥为位置,以副雅属。"①据此可知,其时李嘉端欲离开莲池书院,曾国藩又开设礼贤馆,请朱学勤代为物色人选,朱代程恭寿向曾谋求位置,曾国藩无意以莲池山长和新设的礼贤馆付与程恭寿,但允诺为程另谋位置。此后,曾国藩请程恭寿主持正定安定书院,九月二十日其给朱学勤的复信称:"李铁梅中丞已接天津关聘矣。程容伯兄处由正定送到关聘,兹送尊处,祈即转交为荷。"②十月下旬的信中,曾国藩又提及此事称:"程容伯为弱小所累,不能远离都门,而正定书院本系乾隆之局,可以不必到馆。兹将关聘再行呈送,即恳转交容翁。"③据此推测,程恭寿担任问津山长,应在此之前,大致在同治六年(1867)廉兆纶去世后至同治九年(1870)李嘉端移讲问津之间。

王继庭,字筠轩,武清人,道光三十年(1850)进士。初任吏部文选司主事,继升员外郎郎中,记名御史。咸丰十年(1860),授山东青州府知府,次年捻军进入山东,王继庭因应援不力被参奏,交部严加议处。同治元年(1862)十月,阎敬铭任山东巡抚后,延王继庭入幕府,颇受阎的信任。同治四年(1865),王继庭又遭参奏。这次被参后,王继庭乞病归里,自课子侄,与问津书院的联系即发生在此时。在给阎敬铭的信中,王继庭曾称,他有意在家乡附近谋取书院一席,但不可得:"继庭自课子侄皆幼,

---

①　夏颖整理:《曾国藩致朱学勤手札》,上海图书馆编:《历史文献》第7辑,上海古籍出版社2004年版,103页。

②　曾国藩:《复朱学勤》(九月二十日),《曾国藩全集》,岳麓书社2011年第2版,第31册,书信10,第38页。

③　曾国藩:《复朱学勤》(十月二十八日),《曾国藩全集》,岳麓书社2011年第2版,第31册,书信10,第73页。

不能出远门,欲于近处谋一书院而不可得,盖亦需势与力焉,有由来矣。"①回乡数年后,王继庭在给阎敬铭的信中提到其讲读情形称:"继庭自五年归来,六年即馆于同里蔡村侯氏(蔡村去武清县城二十里孔道也)历三载。九年及今年又改馆于蔡村寺中,侯氏从者一人,其余五人皆近村负笈来者。继庭则携侄二人,一长一幼,幼子一(名承纲),年十二,附学其中,自课之。兼有天津看月课书院一事,合计岁有三百金,亦可敷衍。"②该信仅署"十一月初一日",但从信中"不见颜色,遂及六载"等语看,很可能作于同治十年(1871)。时间署为"壬申腊月"即1873年1月的一封信中,王继庭又提到:"继庭居蔡村寺塾,明年仍可联榻。天津兼有一校文之役,已失而复得,文相国推毂力也。"③由此可知,王继庭确曾为问津书院校阅课卷,但很可能并未担任山长。一则1871、1872年王继庭校阅课卷之职,李嘉端已由莲池转而主讲问津,二则若王为山长,以武清距天津之近,不赴院主持而居乡下,似亦不合情理。天津科举人物履历资料中,各人的说法也不一致。赵鸾扬的履历中,王继庭虽然列入肄业师,但只是"阅问津书院官课卷"。④ 高炳辰的履历中,也称王继庭"阅三取书院官课卷"。⑤ 官课是由天津各官府主持的对书院士子的考课,其命题、阅卷往往由幕僚代官长办理,王继庭在问津书院的职责,或者即是代阅官课卷。另外,在赵鸾扬的履历中,同治癸亥进士、前直隶候补道吴善

① 《清代名人书札》编写组编:《清代名人书札》中,北京师范大学出版社1990年版,第84页。

② 《清代名人书札》编写组编:《清代名人书札》中,北京师范大学出版社1990年版,第81、82页。

③ 《清代名人书札》编写组编:《清代名人书札》中,北京师范大学出版社1990年版,第84页。文相国应即同治时期的中枢重臣、大学士文祥。

④ 来新夏主编:《清代科举人物家传资料汇编》(19),学苑出版社2006年版,第304页。

⑤ 来新夏主编:《清代科举人物家传资料汇编》(29),学苑出版社2006年版,第463页。

宝(定生),也是"阅问津书院官课卷"。①

　　问津书院历任山长多为进士出身的南方名士,其中又以江浙人士为主。清代江浙为人文渊薮,出任著名书院之山长的吴越名士不在少数,加以天津原本就是江浙人士在北方的重要聚集地,这一情形并不奇怪。乾隆时期,天津科举功名迅速兴盛,与问津书院培植人才有直接的关系。民国时期有人回顾天津书院历史称:"当年醢业丰富,禺筴利赢,津门绾毂水陆,辐凑栉鳞,或筹提盐余,或借用当利,起修馆舍,广收经史,预储膏火,规模逐渐宏备,尤以雅雨先生宏奖风流,开阁延揽,南北名流,均为宾师,熏沐涵濡,文学奋起,隆礼厚聘,遂为畿南冀北首屈一指。"②文中所言,主要指问津书院,"雅雨先生"即为创建问津书院的卢见曾。高凌雯亦称,问津书院"为百余年人才从出之地"③,可见该书院在天津书院史上的地位和影响。

---

　　① 来新夏主编:《清代科举人物家传资料汇编》(19),学苑出版社 2006 年版,第 304 页。

　　② 景颐:《天津三书院记》,《大公报》,1935 年 8 月 16 日,第 13 版。

　　③ 高凌雯纂,民国《天津县新志》,天津市地方志编修委员会编著:《天津通志》旧志点校卷(中),南开大学出版社 2001 年版,第 604 页。

第二节　三取书院与辅仁书院

三取书院的设立

有关天津书院历史的介绍中,多将三取书院视为最早。这所书院位于海河东岸,同样由长芦盐运使司支持。关于三取书院,嘉庆时期的《长芦盐法志》云:

> 在天津三岔河口南岸,旧其地有废祠,康熙五十八年津邑商士修筑瞿黄口堤岸,堤尾正处于此,乃建造书院,为士子课文之所,名曰三取。乾隆二十年,庐州府同知王又朴呈请清理,与商士捐修学舍十二间,每岁束脩膏火诸费,皆由商捐领款项内支给。嘉庆六年,众商重加修葺。①

《续天津县志》的记述与《长芦盐法志》一致,其称:

---

① 黄掌纶等撰:《长芦盐法志》,嘉庆十年刻本,卷19,第31页。

在天津三汊(岔)河口南岸。其地旧为赵公祠,康熙五十八年,邑商修筑瞿黄口岸堤尾,正处于此,乃建书院,为士子课文之所,名曰三取。乾隆二十年,邑绅王又朴与商士整理捐修学舍十二间,每岁掌教束脩、生童膏奖等费,皆由商捐领款项内支付。嘉庆六年,众商重修,同治七年,移建盐官亭后。①

根据这里的记述,三取书院所在的"废祠"即赵公祠。赵公祠祀天津镇总兵赵良栋、天津道赵宏燮、长芦盐运使赵之璧。该志在记述赵公祠时,称该祠位于三岔河口东岸,"祀天津镇赵公良栋、天津道赵公宏燮、盐运使赵公之璧,祖孙三人。即今三取书院"。② 光绪时期的《重修天津府志》亦云:

在三岔河东岸,旧为赵公祠,康熙五十八年修筑瞿黄口岸,其地适当堤尾,乃建书院。乾隆二十年县人王又朴与士商捐修学舍十二间,每岁经费由商款捐领款项内支给。嘉庆六年众商重修,同治七年洋人借住于此,移置河东盐关厅后,光绪十三年经通纲商人拓地改建。③

几处记述中,虽然有东岸和南岸称谓方式的不同,实则为一地。道光年间《津门保甲图说》曾标示三取书院的位置,即在北运河与海河交汇的岸边。关于该书院,王守恂亦记称:

① 吴惠元总修,蒋玉虹、俞樾编辑,同治《续天津县志》,天津市地方志编修委员会编著:《天津通志》旧志点校卷(中),南开大学出版社2001年版,第294页。
② 吴惠元总修,蒋玉虹、俞樾编辑,同治《续天津县志》,天津市地方志编修委员会编著:《天津通志》旧志点校卷(中),南开大学出版社2001年版,第296页。赵良栋,康熙十二年曾任天津镇总兵官,为赵宏燮之父。赵宏燮康熙间两任天津道,后任直隶总督。赵之璧乾隆三十五年任盐运使。
③ 沈家本、荣铨等修,徐宗亮、蔡启盛纂,光绪《重修天津府志》,天津市地方志编修委员会编著:《天津通志》旧志点校卷(上),南开大学出版社1999年版,第1133页。

康熙五十八年,本县人在三汉(岔)河口南岸赵公祠旧址建书院,为士子课文之所。乾隆二十年,本县人王又朴劝导商人捐修学舍十二间,每岁山长束脩、生童膏奖等费,皆由商捐领款项内支给。嘉庆六年商人重修,同治六年移建盐关亭后,此所谓三取书院也。①

三取书院位于瞿黄堤尾,关于瞿黄口堤,同治《续天津县志》云:"自河东关帝庙起,到三取书院前止,长二百四十余丈。康熙五十七年,士民建书院于堤口,有碑记。"但该志又注称:"按北运河东岸堤,自香河县至天津堤头村止,堤头村以东之净土院、贾家桥、小关一带,皆无堤,岂因立有街市,不加岁修,而日久汗漫耶?"②北运河上有渡口被称为三取书院渡。

在三取书院的创建过程中,进士王又朴是重要的倡导者。1935年《大公报》"津门文献谈"一栏中有文称:"三取书院故址,在津市三岔河口南岸,原为赵公祠。清康熙五十八年,邑绅修筑崔黄口堤岸,堤尾正处于此,乃建造书院,为士子课文之所,名曰三取。乾隆二十年,无为州同知王又朴呈请清理,并捐修学舍十二间,至每岁束脩膏火等费,则由商捐支给。又朴字从先,号介山,世为天津人。诗文皆有渊源,理学名儒,赅通经史,文名重于日下,开津沽风气之先。幼以古文受知于方望溪,许以力追秦汉。康熙庚子举人,雍正癸卯进士。与王己山、张晓楼同榜,称莫逆交。由翰林院编修任河东通判,无为州同知,所到之处,政有惠声,尤精水利,返潴为田,江南宿儒多称之。著有诗礼堂诗文稿、读史、读孟、易翼诸书。晚致仕家居,尝著劝学五古三十四韵,以励后学,将个人生平经历发之于

——————————

① 王守恂:《天津政俗沿革记》,天津市地方志编修委员会编著:《天津通志》旧志点校卷(下),南开大学出版社2001年版,第46页。

② 吴惠元总修,蒋玉虹、俞樾编辑,同治《续天津县志》,天津市地方志编修委员会编著:《天津通志》旧志点校卷(中),南开大学出版社2001年版,第313页。

诗,固非徒托空言可比。"①

王又朴生于扬州仪征,六岁时迁居天津,康熙五十九年(1720)庚子科举人,雍正元年(1723)癸卯科进士,与著名学者王步青(号己山)、张江(号晓楼)交好,王擅长古文,为桐城派创始人方苞所欣赏,且精于易学,"言易学者多称之"。②后来以治水闻名、官至两江总督和大学士的名臣高晋在乾隆十六年(1751)为王又朴《易翼述信》撰序文称:"介山天津名宿,成进士,历仕中外,所至有声。往与予宦秦中,见其风尘鞅掌间,手不释卷,生平著述等身。晚更成《易翼述信》一编,呜呼!醇乎醇矣。"③王又朴在外为官,乾隆二十三年(1758)归乡,"兴复三取书院,延师训课",④年八十余而卒,是乾隆年间天津本籍最有影响力的绅士之一。

根据上述几处记载,三取书院设立于康熙五十八年(1719),如果此说属实,三取书院应早于问津书院,理应视为天津第一所书院。现有的一些关于天津书院的介绍,往往依据上述几处记述将三取视为天津最早的书院。但相关记述也有不一致之处。张焘在《津门杂记》称,三取书院由王又朴于乾隆二十年(1755)"捐修地基建立",⑤显然将王又朴劝捐学舍之举视为书院之始。高凌雯则另有说法,他称,该书院系由郁文学社改设而来,时间是在乾隆二十五年(1760),是年盐政亦即巡盐御史为满洲镶黄旗人官著,运使为江苏华亭举人王图炳。⑥高氏虽未揭明这一说法由何而来,但应有所据。王又朴自订年谱中称:乾隆庚辰年(1760)其八十岁时,"静念余生平所未了者,止河东三取书院未及延师训课……于是年

① 隽如:《三取书院与王又朴》(上),《大公报》1935年11月12日,第13版。
② 沈家本、荣铨等修,徐宗亮、蔡启盛纂,光绪《重修天津府志》,天津市地方志编修委员会编著:《天津通志》旧志点校卷(上),南开大学出版社1999年版,第1330页。
③ 王又朴:《易翼述信》,高晋序,诗礼堂藏版。
④ 高凌雯纂,民国《天津县新志》,天津市地方志编修委员会编著:《天津通志》旧志点校卷(中),南开大学出版社2001年版,第764、568页。
⑤ 张焘:《津门杂记》,文海出版社1970年影印本,第39页。
⑥ 高凌雯:《志余随笔》,天津市地方志编修委员会编著:《天津通志》旧志点校卷(下),南开大学出版社2001年版,第734页。

秋呈请盐运长芦王公谕商捐资,与城内问津书院一事,蒙报允。"①从中可知,此前三取书院并没有设立山长之席。不妨推测,即使三取书院之名称此前即已存在,但很可能尚不具备书院的形式,直到 1760 年,才经长芦盐运使王图炳的同意,"与城内问津书院一事"。所谓"与城内问津书院一事",应该是指三取书院由此获得了来自长芦盐运使署稳定的经费支持,也因此而具备了书院的形制。这一时间与高凌雯的说法一致,高氏将 1760 年视为三取书院的正式起点,或者即缘于此。前引卢见曾《问津书院碑记》中称,在问津书院兴建前,书院在天津还"阙焉未兴",如果三取书院在此前已经成立,卢氏似不能有如此说法。

由于资料的限制,三取书院创办之际更细致的情形已无从了解。暮年的王又朴在年谱中说,三取书院尚未能延请山长,是他生平唯一未了之事,透露出该书院最初筹办与运行中经费上的困窘。王氏很可能因此受到困扰,但他没有向天津府、县官员和本地士绅求助,而是呈请盐运使王图炳转谕商人捐资,是否表明当地行政官员与士绅还没有能力为书院这样的公益事业提供必要的支持? 对于当时士绅来说,在天津这样的一个商业性都会,他们缺乏的可能不是财力,而是对地方文化的认同感。尽管乾隆时期天津经济和文教获得了迅速发展,但作为一座移民城市,活跃在天津的商人大多是从外地迁居而来。康熙年间《天津卫志》云:"本卫土著之民,凋零殆尽。其比闾而居者,率多流寓之人,是津门虽属商贾凑集之地,而土著者不得获其利焉。"②不仅商人来自他处,文人也是如此。其时最有代表性的水西庄文人中,大多属于寓居或短期盘桓的南方人士。王又朴本人也是在幼年随其父亲由江苏仪征北迁天津。姚范也曾经提

---

① 王又朴:《介山年谱》,第 32 页,诗礼堂存版。
② 薛柱斗纂修,高必大协修,康熙《天津卫志》,天津市地方志编修委员会编著:《天津通志》旧志点校卷(上),南开大学出版社 1999 年版,第 27 页。

到,他在天津主持问津书院之时,"津门寓士多江浙诗人"。① 对这些原籍他地的人士而言,他们尚未建立起对天津的文化认同感,或许这是王又朴不得不寻求盐政官员支持的原因之一。

根据地方文献的记述,曾主讲三取书院的有高喆其人。《续天津县志》称:"高喆,字浚谷,乾隆辛巳进士,任宣化教授,天才机警,淹通经史,目偏眇,浏览绝速,过辄不忘。晚年主讲三取书院,裁成后进,教以古文。每成一文,人皆传钞(抄),其见重如此。"②《天津县新志》亦称,高喆号琅村,乾隆二十五年(1760)举人,次年成进士,"受知于仁和赵佑、青浦王昶,文名大著。晚主三取书院,裁成后进,必以法度,学者宗仰。卒后诸子继亡,诗文散轶,至同治间始搜得遗文刊行之"。③ 赵佑为 1752 年进士,曾任顺天学政。王昶为 1754 年进士,官至刑部右侍郎,也是著名学者。不过,高喆与二人交往的情形,尚难以了解。

此外,与三取书院发生联系的还有杨怿曾,《续天津县志》载:

> 杨怿曾,字介坪,安徽六安州人,乾隆壬子举人,寓天津,主讲三取书院,课士以经术,人才日盛,兼喜赒恤寒士,成嘉庆辛酉进士,仕至湖北巡抚。④

不过,根据杨怿曾自订年谱的说法,杨怿曾字成夫,号介坪。杨于嘉庆四年(1799)入都会试未中,留京入户部官员李肄颂家馆,杨受聘三取

①　方宁胜、杨怀志点校:《姚范集》,严云绶、施立业、江小角主编:《桐城派名家文集 1 姚范集、方东树集、吴德旋集》,安徽教育出版社 2014 年版,第 94 页。

②　吴惠元总修,蒋玉虹、俞樾编辑,同治《续天津县志》,天津市地方志编修委员会编著:《天津通志》旧志点校卷(中),南开大学出版社 2001 年版,第 373 页。

③　高凌雯纂,民国《天津县新志》,天津市地方志编修委员会编著:《天津通志》旧志点校卷(中),南开大学出版社 2001 年版,第 774 页。

④　吴惠元总修,蒋玉虹、俞樾编辑,同治《续天津县志》,天津市地方志编修委员会编著:《天津通志》旧志点校卷(中),南开大学出版社 2001 年版,第 387 页。

书院是在嘉庆五年(1800),当年杨三十八岁:

> 是年春季仍馆李斋。秋中家兰如前辈官天津太守,为余受三取
> 书院之聘约,至津门寓长洲宋(思恺)处。时壬子同年郑(佐廷)、辛
> 酉同年邹(家燮)、浙江朱孝廉(师望)皆馆津门,并本邑徐孝廉(通
> 久)昆仲常相聚晤焉。①

这里提到的"兰如前辈",即杨志信。杨志信,字行可,号兰如,安徽
六安人,乾隆四十九年(1784)甲辰科进士,嘉庆五年(1800)任天津府知
府,后曾任直隶按察使、山东布政使。

在 19 世纪中期以后有关三取书院的记述中,都提到该书院与问津书
院"并课",由问津山长代为主持讲席。但高喆、杨怿曾是否同时也主持
问津讲席,尚无准确的资料。天津临近北京,不少南方举人在入京会试、
得中进士之前,往往以天津为盘桓之地,故而有主持天津书院之事。杨怿
曾即是如此,受聘三取书院的次年即 1801 年,杨会试得中进士。杨在年
谱中提到郑佐廷、邹家燮、朱师望三人,郑为安徽人,邹为江西人,朱为浙
江人,其时"皆馆津门",即任教于天津,与杨怿曾的情形类似。

道光十五年(1835)举人殷序之履历中所记课师也有杨怿曾:"介坪
杨老夫子(讳怿曾,安徽六安州人,乾隆壬子科亚元,嘉庆辛酉恩科进士,
前任湖北巡抚)。"殷序之在履历中自称生于嘉庆癸亥年(1803),其入书
院当在道光年间。若其所记准确,或可就此推测,除了嘉庆初年主讲三取
书院外,杨怿曾在道光十三年(1833)因病解湖北巡抚之职后,还曾在天

---

① 杨怿曾:《杨介坪先生自叙年谱》,第 17、18 页,道光间刻本。

津书院主课。①

　　另外,前面提到的曾任问津山长的程恭寿以及王继庭也与三取书院有关系。由于三取书院与问津同课,曾任问津山长的程恭寿也出任过三取山长。光绪二年(1876)举人苏兆沄履历中列三取书院课师为程恭寿、李嘉端、王继庭,称"程容伯夫子名恭寿",系"道光己亥举人,前太常寺卿,主讲三取书院"。关于王继庭,则称王"道光庚戌科进士,前山东兖州府知府,阅三取书院官课卷"。② 从中可知,与其在问津书院的角色一样,王继庭虽有阅官卷之责,但并未担任山长。

　　根据《长芦盐法志》的说法,三取书院在嘉庆六年(1801)曾由天津盐商重新修葺。从《续天津县志》的三取书院图可见,与问津书院相比,三取书院的建筑规模明显要小不少,但三取书院在天津书院史上也占有重要地位,与问津书院一样成为地方文化的象征。出身于天津府庆云县望族的诗人崔旭有云:"书院初传学海名,问津三取课诸生。休将朱陆分同

---

　　① 殷所列课师为:"紫垣张老夫子(讳向辰,福建闽县人,嘉庆丁卯科亚元,辛未科进士,河南温县知县,嘉庆戊寅恩科河南乡试同考官,候选直隶州知州);介坪杨老夫子(讳怿曾,安徽六安州人,乾隆壬子科亚元,嘉庆辛酉恩科进士,前任湖北巡抚);松石王老夫子(名掌丝,同邑人,嘉庆丁卯科举人,河南候补知府,署彰卫怀兵备道);邵安寍老夫子(讳文锦,江苏嘉定县人,嘉庆辛未科进士,翰林院编修,前任河南南阳府卫辉府知府,署南汝光等处水利道,嘉庆丙子戊寅顺天乡试同考官,道光辛巳恩科江西大主考);苍门杨老夫子(讳峻,云南太和县人,嘉庆癸酉科解元,己卯恩科进士,前翰林院编修);达夫李老夫子(讳如璋,顺天通州人,嘉庆庚申恩科举人,前任湖南辰州府知府)。云舫郑老夫子(名煊,福建永春州人,嘉庆癸酉科举人,即选教谕);芸圃李老夫子(名光涵,顺天大兴县人,道光己丑科进士,翰林院编修,甲午科河南乡试大主考);耕俞何老夫子(名焕经,山西灵石县人,道光壬午科举人,现任国子监助教);孔脩文老夫子(名庆,满洲镶红旗人,道光壬午恩科进士,现任礼部侍郎,乙未科会试大总裁);忍荨秦老夫子(名世浤,山西阳曲县人,道光壬午科举人,候选知县);谦谷萧老夫子(名元吉,江西高安县人,嘉庆庚申恩科举人,现任河南许州直隶州知州,即升知府,历署归德、南阳府知府)"。除杨怿曾外,其余各人或者也在天津主课者,列出供参考。见来新夏主编:《清代科举人物家传资料汇编》(26),学苑出版社 2006 年版,第 160-163 页。

　　② 来新夏主编:《清代科举人物家传资料汇编》(98),学苑出版社 2006 年版,第 296页。

异,鹿洞鹅湖不世情。"①天津本地诗人、精熟乡邦掌故的华鼎元咏三取书院云:"鹿洞鹅湖敬静殊,须知异派本同途。请君试看门前水,绝不分流判陆朱。"又咏问津书院云:"儒家衣钵孰传薪,学海堂前教诲频。不薄程朱尊马郑,先生只合作调人。"②几首诗中的"学海"系问津书院讲堂名,"朱陆"则指宋代大儒朱熹、陆九渊,"鹿洞""鹅湖"即白鹿洞书院和鹅湖书院,朱熹与陆九渊曾在两书院讲学、论辩。大意是说问津书院与三取书院乃同一本源,并无区分。

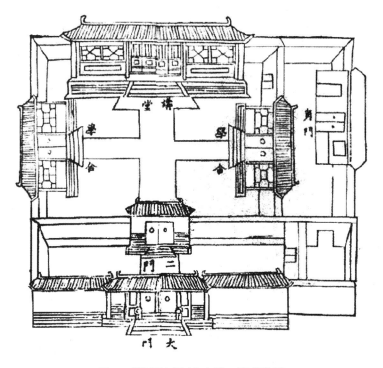

图 2 《续天津县志》中的三取书院图

---

① 崔旭:《津门百咏》,来新夏主编:《梓里联珠集》,天津古籍出版社 1986 年版,第137 页。

② 华鼎元:《津门征迹诗》,来新夏主编:《梓里联珠集》,天津古籍出版社 1986 年版,第 176 页。

辅仁书院的设立

在天津较早出现的问津书院和三取书院,都是由长芦盐运使署提供支持。在一定意义上,可以看作是长芦盐运使署主导下的地方文化事业。经过乾隆、嘉庆时期的积聚和发展后,天津地方士绅也开始在文化教育领域显示他们的存在,成为书院事业的积极参与者。道光七年(1827),在武举侯肇安、进士王天锡、举人梅成栋等人的努力下,天津第三处书院即辅仁书院设立。关于辅仁书院的肇始,《续天津县志》记载:

> 在郡城外西北文昌宫,道光七年,邑绅侯肇安捐资,与进士王天锡、举人梅成栋创立,运使金公(洙)借拨库款发质库生息,郡守陈公(彬)、邑侯沈公(莲生),各捐地亩取租,为山长束脩、生童膏火饭食等费。①

这里提到参与辅仁书院创建的几位地方官员,分别是金洙、陈彬、沈莲生。金洙,字文波,山东历城人,进士出身,道光七年(1827)始任天津道。陈彬,字谦斋,河南商丘人,进士,道光七年(1827)任天津知府,或至道光十八年(1838)始告结束。沈莲生,字远亭,浙江平湖人,监生,道光四年(1824)任天津知县。金洙所撰《辅仁书院碑记》叙其原始云:

> 道光七年,岁在丁亥之春,余自保阳奉命观察天津。下车未久,值郡人士重修文昌宫落成,二月三日恭奉帝君诞辰,率属设祭,周视殿庑,规模焕若。时董其役者为邑绅侯君肇安、王进士天锡、梅举人

---

① 吴惠元总修,蒋玉虹、俞樾编辑,同治《续天津县志》,天津市地方志编修委员会编著:《天津通志》旧志点校卷(中),南开大学出版社2001年版,第294页。

成栋,适来白曰:"庙宇既成,拟将聚士林会文其中,以立月课。"余闻之欣然,善其意之有当也。为酌立朔、望两课,朔日斋课,郡人公捐公办;望日官课,分道、府、县三衙门轮流阅文,随意捐廉,以为奖赏饭食之用,黎明齐集,日暮交卷。行之期年,人数络绎加增,其中二三翘楚学有进境,转岁列优等者七,游泮者九,未可谓无成效也。因思不有经费,终难垂久,细为筹画,拨借库款大制钱捌千串发质库生息,每岁息钱半归库本,半充课用。时郡守陈公捐施地九百余亩,邑令沈公捐施地二百余亩,岁入其租,用助膏火,就庙旁海潮庵立为辅仁书院,甄定生童额数八十名,酌议条规八则,学规十六则,交执事人等遵照办理。①

从金洙的记述中可知,辅仁书院最初设在经过修葺的文昌宫内,每月初一为斋课,十五为官课,斋课由天津士绅公捐支持,官课则由天津道、府、县轮流命题并给予奖赏银。书院办理一年后颇见成效,于是将书院正式设在海潮庵,确定生童数额为八十名,制定了相应的学规和管理规则,又由官方划充学田及息银作为书院运行的经费,辅仁书院由此逐渐走上了正轨。

辅仁书院借文昌宫侧的寺院地设立,民国年间高凌雯撰《天津县新志》记文昌宫云:"在城西北隅,乾隆间建,东曰天安寺,原名板桥寺;西曰海潮庵,有总兵蓝理题额曰'南海行宫',皆旧刹。道光间重修文昌宫,因就其旁海潮庵为辅仁书院;光绪初复并入天安寺地,拓为东西两斋舍,分课生童;今改初级师范学堂。"②关于海潮庵,乾隆《天津县志》载:"在城外西北隅,板桥西。""板桥"即板桥寺,"在西门外西北隅,明季建,康熙二十

---

① 高凌雯纂,民国《天津县新志》,天津市地方志编修委员会编著:《天津通志》旧志点校卷(中),南开大学出版社2001年版,第1015页。又见天津市红桥区文化和旅游局编:《天津市红桥区碑石铭刻辑录及释文》,天津社会科学院出版社2011年版,第56页。

② 高凌雯纂,民国《天津县新志》,天津市地方志编修委员会编著:《天津通志》旧志点校卷(中),南开大学出版社2001年版,第1055页。

年重修"。①《续天津县志》记天安寺云："在城外西北壕岸，旧名板桥寺，明季建，康熙年重修。"②从中可见，辅仁书院最初借文昌宫西侧的海潮庵设立，到光绪初年又将文昌宫东侧的天安寺并入，形成两舍，分课生员和童生。借寺庙地兴学，在天津各书院创建过程中并非个案，后来的稽古书院也是如此。

据《辅仁书院碑记》，该书院创办时，司事人包括侯肇安、黄泽亮、石元璞、黄绍濂等二十余人，山长则列有王天锡（进士，国子监学正）、金瓯（进士，莱芜、蓬莱知县）、王进翰（举人，顺义县训导）、梅成栋（举人，候选知县）四人，天津知府所施地亩位于城南庞家庄，共九顷十九亩，知县所施地亩位于城北双口村，共二顷六十四亩九分。③

辅仁书院创设九年后，道光十六年（1836）十二月，时任天津道的王允中为书院再次筹集经费。其所撰《辅仁书院立山长薪水并筹斋课经费碑记》云："文波师于丁亥岁膺简任观察津门，创立书院，颜之曰辅仁，黜虚文崇实行也。越八载，余来兹土，公余之暇课诸生院中，见其规模严肃，诸生亦鱼鱼雅雅，争自琢磨，余欣且慰，夫乃叹文波师之乐育津门……既而诸生来请于余，谓斋课乏经费、山长无薪水，二者均不能无憾……爰筹库款大制钱三千千文发质库一分生息，以百五十千归款，以五十千拟添经费，而以百千作山长薪水。"④立碑董事人为黄绍濂（嘉庆己卯科副榜，候选州判）、梅成栋等十二人，当为书院董事人。

在辅仁书院的创办过程中，以侯肇安、王天锡、梅成栋为代表的本地

---

① 吴廷华总修，汪沆分修，乾隆《天津县志》，天津市地方志编修委员会编著：《天津通志》旧志点校卷（中），南开大学出版社2001年版，第87、86页。

② 吴惠元总修，蒋玉虹、俞樾编辑，同治《续天津县志》，天津市地方志编修委员会编著：《天津通志》旧志点校卷（中），南开大学出版社2001年版，第296页。

③ 高凌雯纂，民国《天津县新志》，天津市地方志编修委员会编著：《天津通志》旧志点校卷（中），南开大学出版社2001年版，第1016页。

④ 高凌雯纂，民国《天津县新志》，天津市地方志编修委员会编著：《天津通志》旧志点校卷（中），南开大学出版社2001年版，第1016、1017页。

士绅,成为最积极的推动力量。侯肇安字泰阶,乾隆四十八年(1783)武举人,官至山东武定营守备,告养回里,"慷慨多义举"。① 高凌雯记称:"侯公武人,喜亲文事,与梅先生同创辅仁书院。会课之日,亲视饮馔,待士周挚。光绪初有张公秉钧,字允衡,阛阓中人也,以蔡孝廉润雨介为书院董事,一惟侯公是效。余十六岁时,试书院,曾亲见之,惜未久引嫌自退,故人罕知者。"②辅仁书院创建后,侯肇安"身亲经理,不辞劳瘁",③一直到去世之际,仍然在为辅仁书院谋划:"八年二月三日,例为祀神之期,道以下官咸集,祀事既毕,肇安进言当道,乞增书院岁费,神智如常。迨各官登舆去,而肇安跌地怛化矣。年七十有一。"④梅成栋在《武毅都尉侯公泰阶诔词》中称:"去年夏,奉观察金文波先生意,创立辅仁文社,公约同志者六七人,捐囊聚生童百余人,于旁殿中月朔望两课,延栋主讲。每五更,公先来期集,亲司茶水、汤火、饭食等琐务,委曲周备,如恐不及,已而入泮者九人,列优等者七人。公虽武人,而加意于文学者如此,非道义充然,洞达是非,能趋向如是乎?"⑤

金洙在《辅仁书院碑记》中提到书院设王天锡等四名山长,但真正负责书院课读的很可能只有梅成栋一人。梅成栋字树君,号吟斋,是道光年间天津文人中颇有名气的一位,被视为这一时期天津诗坛领袖。地方志介绍说,梅成栋嘉庆五年(1800)中举,与崔旭同出于乾嘉时期著名诗人张船山(嘉庆五年顺天乡试同考官)门下,"晚岁家居,创辅仁书院,立莲

---

① 沈家本、荣铨等修,徐宗亮、蔡启盛纂,光绪《重修天津府志》,天津市地方志编修委员会编著:《天津通志》旧志点校卷(上),南开大学出版社1999年版,第1335页。

② 高凌雯:《志余随笔》,天津市地方志编修委员会编著:《天津通志》旧志点校卷(下),南开大学出版社2001年版,第720页。

③ 吴惠元总修,蒋玉虹、俞樾编辑,同治《续天津县志》,天津市地方志编修委员会编著:《天津通志》旧志点校卷(中),南开大学出版社2001年版,第382页。

④ 高凌雯纂,民国《天津县新志》,天津市地方志编修委员会编著:《天津通志》旧志点校卷(中),南开大学出版社2001年版,第783页。

⑤ 吴惠元总修,蒋玉虹、俞樾编辑,同治《续天津县志》,天津市地方志编修委员会编著:《天津通志》旧志点校卷(中),南开大学出版社2001年版,第457页。

花诗社"。① 梅成栋对辅仁书院的贡献堪称卓著。道光壬辰年(1832),友人余堂(余阶升,嘉庆举人)为梅成栋《欲起竹间楼存稿》作序云:"先生弱冠登贤书,常志在济世匡时,树不朽之业,而藉手无由""抱不世才,未得奋见于一时,隐居求志,仰屋著书,胸襟浩落,终年砚田,所入不过百余金,糊口以外,撙节其用,悉以济人,凡矜孤恤寡赒亲故而振贫乏者,见无不为,未尝有一毫难色。"②有记载称,辅仁书院设立后,"公主讲十有余年,不但自备薪水,即诸生膏火,皆倡首捐给,非宏奖后进者,其谁能之"。③"公主讲席十余年,成就甚众""津门后进,多所造就"。④ 沈兆沄为其作传称,梅成栋中举后,多次春闱不售,"遂息意名场,藉砚田为生活。家无儋石,而济人之急无难色,亲党中孤寡赖以举火者若干家,故交子弟赖以存活者若干人。津邑士子多寒素,无力从师,戊子,公与同里侯公肇安,请于金文波观察,立辅仁书院,课生童百余人,并倡捐膏火、奖赏费,以赡贫士,公主讲十年,成就甚众"。梅成栋后来被选为永平府训导,在任七年,1844年卒于任上。沈兆沄称:"犹忆公清癯口吃,喜吟咏,广交游,不设城府,不矜己长,不言人过,貌严而心慈,见义必为,推食解衣不少吝,盖文苑而兼义行者也。"⑤高凌雯亦称:"成栋主讲席十年,不受修脯,而时捐膏火奖励士子。"⑥可见在辅仁书院的创办和早期运行中,梅成栋是投入颇多的人物。

如果把问津书院和三取书院看作是盐政官员与盐商办学的成绩,辅

---

① 沈家本、荣铨等修,徐宗亮、蔡启盛纂,光绪《重修天津府志》,天津市地方志编修委员会编著:《天津通志》旧志点校卷(上),南开大学出版社1999年版,第1336页。

② 梅成栋:《欲起竹间楼存稿》,《清代诗文集汇编》(518),上海古籍出版社2010年版,第381、382页。

③ 华鼎元:《津门徵献诗》,《清代诗文集汇编》(717),上海古籍出版社2010年版,第781页。

④ 华鼎元:《津门徵献诗》,《清代诗文集汇编》(717),上海古籍出版社2010年版,第782、785页。

⑤ 吴惠元总修,蒋玉虹、俞樾编辑,同治《续天津县志》,天津市地方志编修委员会编著:《天津通志》旧志点校卷(中),南开大学出版社2001年版,第448页。

⑥ 高凌雯纂,民国《天津县新志》,天津市地方志编修委员会编著:《天津通志》旧志点校卷(中),南开大学出版社2001年版,第787页。

仁书院的建立则是当地行政官员与文人士绅合作的结果。本地士绅创建辅仁书院的努力,一方面表明天津本籍士绅力量的成长和影响的扩大;另一方面也说明其地方文化认同感的建立。在此后辅仁书院的发展过程中,当地士绅一直是主要的支持者。在辅仁书院历任山长人选上,表现得尤为明显。与问津书院聘请外地名士主讲不同,辅仁书院的讲席始终由天津士人主持。在梅成栋之后,先后主讲辅仁书院的包括吴士俊、吴惠元、沈兆沄等几位天津进士。

吴士俊,"世为北仓人",字傅岩,道光五年(1825)举人,十三年(1833)进士,历任湖南各处知县、知州,二十六年(1846)谢病归,此后居家三十年之久,咸丰三年(1853)以在籍办理团练有功,晋知府衔。其间"乡人聘主讲辅仁书院"。① 原籍宛平、寄籍天津的查乘汉系同治六年(1867)丁卯科举人,其履历中肄业师即包括吴士俊,并称吴"现掌教辅仁书院"。② 可知吴士俊主讲辅仁书院或持续至1867年。

吴惠元字仲孚,号霖宇,道光十一年(1831)举人,二十四年(1844)成进士,其父吴景周系嘉庆十八年(1813)副榜贡生。吴惠元曾任翰林院编修、山东道监察御史、云南盐法道等职,"休致归,主讲辅仁书院,续修《县志》"。③ 在部分天津科举人物的履历中,也提到吴惠元系辅仁书院主讲。如曹寓瀛履历中列有吴士俊和吴惠元,④刘彭年履历中也列有吴惠元。⑤

沈兆沄字云巢,号拙安,是天津著名绅士。其父沈峻为乾隆三十九年

---

① 高凌雯纂,民国《天津县新志》,天津市地方志编修委员会编著:《天津通志》旧志点校卷(中),南开大学出版社2001年版,第791页。

② 来新夏主编:《清代科举人物家传资料汇编》(46),学苑出版社2006年版,第146页。

③ 高凌雯纂,民国《天津县新志》,天津市地方志编修委员会编著:《天津通志》旧志点校卷(中),南开大学出版社2001年版,第788页。

④ 来新夏主编:《清代科举人物家传资料汇编》(12),学苑出版社2006年版,第601页。

⑤ 来新夏主编:《清代科举人物家传资料汇编》(16),学苑出版社2006年版,第323页。

(1774)副榜贡生,字丹崖,号存圃,曾在广东任知县。后因事遭戍遣,嘉庆二年(1797)释回,二十三年(1818)卒。沈兆沄为嘉庆十五年(1810)举人,二十二年(1817)进士。此后长期在外任职,官至按察使、布政使,咸丰十年(1860)归乡后,"致仕家居,足迹未尝至公门,然乡里有大故,又未尝不慷慨进言……主讲辅仁书院,成就者众。其讲学壹守程朱,凡所著述兵燹后或存或不存,要其旨归皆主劝诫。生平视听言动必循礼法,即独居亦整冠兀坐,人有就而问道者,娓娓以义理为勖,虽耄老不倦,耆德硕望,远近宗仰者数十年"。① "每以敦品励学诱掖诸生,文风蔚起,从游之士薰其德教,皆读书植品,以学行相切磋。"②沈兆沄主持辅仁书院的时间起于何时,难以确认,但至少到1870年,辅仁书院讲席仍由沈兆沄主持。③

另外,部分天津科举人物履历中所记肄业师或课师,还提到冯向荣、辛家彦、王文锦等人也曾担任过辅仁书院的山长,几人也均为天津籍人士。同治十二年(1873)举人倪文焌履历中所记辅仁山长为吴士俊、冯向荣、吴惠元。④ 光绪二年(1876)举人王铭恩履历中也称冯向荣曾主讲辅仁书院。⑤ 光绪十八年(1892)进士赵鸾扬所记辅仁书院课师为吴士俊、冯向荣、吴惠元、沈兆沄,称冯系"道光壬辰举人,前新河县教谕,主讲辅仁书院"。⑥

---

① 高凌雯纂,民国《天津县新志》,天津市地方志编修委员会编著:《天津通志》旧志点校卷(中),南开大学出版社2001年版,第770、771页。

② 李鸿章:《沈兆沄请祀乡贤折》(光绪四年五月十四日),戴逸、顾廷龙主编:《李鸿章全集8》,安徽教育出版社2008年版,奏议八,第87、88页。

③ 李鸿章称:"及来天津,沈兆沄适主讲席",见《沈兆沄请谥折》(光绪二年九月初六日),戴逸、顾廷龙主编:《李鸿章全集7》,安徽教育出版社2008年版,奏议七,第191页。

④ 来新夏主编:《清代科举人物家传资料汇编》(29),学苑出版社2006年版,第91、92页。

⑤ 来新夏主编:《清代科举人物家传资料汇编》(97),学苑出版社2006年版,第182页。

⑥ 来新夏主编:《清代科举人物家传资料汇编》(19),学苑出版社2006年版,第302、303页。

关于辛家彦,光绪十四年(1888)副榜贡生刘恩鸿履历记称:"辛蔗田夫子,讳家彦,甲戌翰林,主讲辅仁书院。"①光绪十四年(1888)举人、二十四年(1898)进士陈骧称,辛蔗田(家彦)系其表兄,"甲戌科进士,翰林院编修,国史馆纂修,前主讲辅仁书院"。②光绪八年(1882)举人、九年(1883)成进士的严修在其履历中,所列辅仁书院肄业师除了吴惠元、沈兆沄等人外,也包括辛家彦。③有关辛家彦的另一则资料是,光绪二年(1876),天津著名绅士张锦文去世后,辛家彦曾联名请求将张锦文附祀于因抵抗太平军而死的前天津县令谢子澄的专祠,④可见辛家彦在天津地方社会也是一位具有号召力的人物。

王文锦系天津进士,其墓志铭云:王文锦生于道光十五年(1835)六月初十日,卒于光绪二十二年(1896)五月二十五日。王"少有大志,喜谈兵,通天文占验,然慎密不轻言"。同治三年(1864)举于乡,同治十年(1871)成进士,改庶吉士,十三年(1874)授编修。张之洞任山西巡抚时曾拟调王,王以词臣"义不当往"而拒绝。光绪十年(1884)入值上书房,"授读之余,间以天文、兵法相问答。是时,皇太后方垂帘训政,皇上勤求治理,召对养心殿,垂询天文测验诸义,出内府仪器示之,命立御案前敷奏,公因天变详陈时政,每漏下数刻乃出,由是受朝廷特达之知。十八年,由祭酒擢内阁学士,不数月迁兵部左侍郎兼署工部右侍郎,皆异数也"。⑤除了陈骧、严修等人外,光绪十四年(1888)举人、十五年(1889)进士陈泽

---

① 来新夏主编:《清代科举人物家传资料汇编》(95),学苑出版社2006年版,第221页。

② 来新夏主编:《清代科举人物家传资料汇编》(95),学苑出版社2006年版,第329、330页。

③ 来新夏主编:《清代科举人物家传资料汇编》(98),学苑出版社2006年版,第503页。

④ 李鸿章:《一品封职张锦文附祀片》(光绪二年十月初四日),戴逸、顾廷龙主编:《李鸿章全集7》,安徽教育出版社2008年版,奏议七,第200页。

⑤ 高凌雯纂,民国《天津县新志》,天津市地方志编修委员会编著:《天津通志》旧志点校卷(中),南开大学出版社2001年版,第1047页。

霖、光绪二十三年(1897)举人陈文炳等人的履历中,也都称王文锦曾主讲辅仁书院。① 上述各人任辅仁书院主讲的顺序,光绪十七年举人(1891)杜联陞在履历中所列或者可资参考,即吴士俊、冯向荣、吴惠元、沈兆沄、辛家彦、王文锦,此后则为杨光仪。②

　　"津邑居民,自顺治年以来,由各省迁来者约十之七八。"③天津地方文化的兴起,与外地文人的移居有直接关系,嘉庆进士、曾长期在直隶任职的陶樑在为梅成栋诗钞所作序言中称:"津门人文之盛,甲于畿辅,又为南北水陆通衢,湖海名流,率多莅止。"④如果说18世纪移居而来的天津文人还缺少地方认同的自觉意识,其本土文化身份还未得到确认,那么到19世纪上半叶,随着天津城市的发展和外来移民的不断扎根,天津本土文人社会已经形成。从乾隆时期开始,天津科举功名的数量持续保持在较高的水平,士人规模获得了显著增长。由富有的商人支持的各种交游、雅集与唱和活动,文人士绅之间频密的互动与往来,表明天津士人的社会网络及其特有的生活方式已经形成。与此同时,一批文人世家在天津兴起,这些家族不同世代的成员往往都有科举功名在身,他们以父子、兄弟等血缘及姻亲关系为纽带,扎根于当地社会,成为地方文教的积极倡导者,表现出对地方文化的自觉意识。一个颇具象征性的例子是1831年梅成栋编成的《津门诗钞》。这部诗歌汇编收录元代以来天津乡人、官宦及流寓之士400余人的诗作近三千首,既是天津的诗歌总汇,也呈现出天津地方文化的脉络。这种自觉的地方文献编纂活动,是构建天津地方文化谱系的一个重要举措,也是天津士人地方文化意识兴起的重要象征。

---

　　① 来新夏主编:《清代科举人物家传资料汇编》(95),学苑出版社2006年版,第356页;《清代科举人物家传资料汇编》(94),学苑出版社2006年版,第229页。
　　② 来新夏主编:《清代科举人物家传资料汇编》(98),学苑出版社2006年版,第109页。
　　③ 徐士銮著、张守谦点校:《敬乡笔述》,天津古籍出版社1986年版,第1、2页。
　　④ 陶樑:《红豆树馆逸稿》,《清代诗文集汇编》(507),上海古籍出版社2010年版,第714页。

就此而言,天津本地士绅创建辅仁书院的努力,事实上也体现了这种地域文化认同意识的形成。

辅仁书院"嗣后历经修筑,规模宏大",①造就人才众多,是天津历史上最有影响的书院之一。另外,从零星资料中可见,辅仁书院还从事书籍刻印,天津学者王又朴著述的流传,该院即有贡献。根据沈兆沄为《王介山先生全集》所撰序文,王又朴去世六十余年后,"樊鉴堂茂才捐资重刊全集,版庋辅仁书院。又阅六十余年被窃不全,杨春农、姚斛泉两茂才谋补其阙,恰于书肆中获所失部分,严仁波、李筱林适董院事,爰印多部以广流传"。辅仁书院刻本系在光绪元年(1875)。②

总之,到道光年间,在不到八十年的时间里,天津先后出现了问津、三取、辅仁三处书院,天津的书院教育体系由此略具规模。这三处书院属于两个不同的系统。问津和三取书院主要是盐政官员与盐商合作的结果,大体上可以看作是盐商的书院。辅仁书院则是地方行政系统与当地士绅的尝试,大体上可以视为文人的书院。由于缺乏更详细的资料,除了山长选任原则的明显不同外,这一时期问津、三取与辅仁书院在诸如生徒来源等方面是否有所偏重或区别,目前尚无法得知。当然,无论是来自盐商的支持,还是基于士绅的努力,这些书院的出现,完善了天津的地方文教系统,也成为当地士子的公共空间——嘉庆年间谭光祜在问津书院召集同人纪念苏东坡生日的活动,以及道光时期梅成栋等人在双槐书屋发起成立的梅花诗社,都表明了这一点。这使得天津书院不仅作为衡文校士之所而存在,也成为天津地域文化的载体。

---

① 王守恂:《天津政俗沿革记》,天津市地方志编修委员会编著:《天津通志》旧志点校卷(下),南开大学出版社2001年版,第46页。

② 徐成志、王思豪主编:《桐城派文集叙录》,安徽大学出版社2016年版,第23页。

第二章

天津书院的鼎盛时期

从乾隆到道光年间,随着问津、三取和辅仁书院的相继创建和持续运行,书院成为天津地方文教的重要组成部分。但就天津书院的历史而言,这一时期仍是天津书院事业的初步发展阶段。直到19世纪60年代亦即天津开埠以后,随着天津作为北方通商中心和洋务中心地位的确立,城市规模和人口迅速增长,各项事业趋于繁荣。在李鸿章等主政官员的推动下,天津文教系统也得到了前所未有的扩充,除了原有书院外,一批新书院在短时期内出现,提升了书院教育的规模与影响,成为晚清天津文化发展的一个重要表现,天津书院教育由此进入鼎盛时期。

第一节　书院教育规模的扩充

城市文教事业的演变

　　天津在明清时期的兴起,得益于盐业和漕运的兴盛,而道光以至咸丰、同治时期西方殖民势力的侵入和国内政治形势的演变,则在客观上为天津历史角色的变化提供了契机。鸦片战争期间,英军一度北上天津海口,京师为之震动,天津社会感受到西方列强最初的冲击。咸丰三年(1853),太平天国北伐军进逼天津城下,在随后几年间,其活动区域也没有远离天津。到 19 世纪 60 年代,北方的捻军也曾经一度威胁天津。这些连续发生的事件,构成了清代天津历史上空前的危机。"津郡自二百余年以来未尝被兵,而咸丰以后,粤捻二逆横扰南北,遂有陷城杀戮之惨。"[①]第二次鸦片战争期间,天津城被英法联军占领。战争结束之后,按照条约规定,天津开埠通商,并成为三口通商大臣的驻地,崇厚担任首任三口通商大臣。同治六年(1867)崇厚创办天津机器局,是洋务新政在天津的起点。同治年间续修天津县志的编者曾在后序中表示,崇厚到任天

---

　　① 沈家本、荣铨等修,徐宗亮、蔡启盛纂,光绪《重修天津府志》,天津市地方志编修委员会编著:《天津通志》旧志点校卷(上),南开大学出版社 1999 年版,第 1485 页。

津后，"十载以来，招携怀远之余，简军实、训士卒、制机器、垦水田，加书院课以勖寒畯，增延生社以济贫民，良法美意，洪纤俱举"，①尽管这部志书有吹捧崇厚的嫌疑，但不容否认的是，西方殖民势力的东渐，使地处沿海、毗邻京师的天津的重要性得以凸显，开始逐渐成为沟通中外和南北的政治、军事和外交舞台，成为京师之外北方的军政中心。

通商口岸的开辟和洋务运动兴起，促使天津呈现出新的城市面貌，各项新事业也由此勃兴，天津一跃而成为开风气之区。同治九年（1870）李鸿章出任直隶总督兼北洋大臣之后，奉令裁撤三口通商大臣，新设津海关道，对天津机器局加以整顿和扩充，并进行了一系列人事调整。与李鸿章关系密切、曾长期活动于直隶地区并一度担任天津知府的吴汝纶后来说："是时，天津一换上下故官。"②李鸿章作为直隶总督，事实上大多数时间都驻扎天津。除天津机器局之外，19世纪七八十年代李鸿章还在天津兴办了大沽船坞、军械局、海防支应局、水师营务处、官电局等洋务设施和机构，开启了电报、铁路、开矿等新事业，设立了水雷学堂、电报学堂、水师学堂、医学馆、武备学堂等新式教育机构。吴汝纶称，与海外通商以来，"上海、天津最为南北都会"，"卅年来，中国取资西法，开新造大事，咸集于天津"。③1938年仲春，天津藏书家金钺为已去世的王守恂的《天津政俗沿革记》一书作序，文中写到：

> 天津地处偏僻，昔非冲要。自与海外列国通商以后，于此为往来出入之门户。轮楫交驰，冠裳骈集，遂蔚然成一巨埠。而时局之推迁代谢，亦因以千奇百变，每出寻常想象之外，方诸往迹，迥不相同。故

---

① 吴惠元总修，蒋玉虹、俞樾编辑，同治《续天津县志》，天津市地方志编修委员会编著：《天津通志》旧志点校卷（中），南开大学出版社2001年版，第484页。

② 吴汝纶：《马太夫人寿序》，《吴汝纶全集》（一），施培毅、徐寿凯校点，黄山书社2002年版，第26页。

③ 吴汝纶：《潘藜阁七十寿序》，《吴汝纶全集》（一），施陪毅、徐寿凯校点，黄山书社2002年版，第141页。

一切政治风俗,势皆不得不改弦更张,以随机而应务矣!若夫数十年来,国家维新之大计,擘画经营,尤多发轫于是邦,然后渐及于各省。是区区虽为一隅,而天下兴废之关键系焉。①

　　开埠之后,天津城市规模快速扩大。以城外的紫竹林为中心,各国相继设立租界,客观上带来了城市格局与面貌的变化。随着中外贸易和经济的活跃,天津人口不断增长,特别是士绅人口的增长,成为文教事业发展的促进因素。"直隶总督既移节津上,百城冠盖,四至趋风。"②官员与士人数量的增长,在某种意义上成为书院教育发展的直接推动因素。

　　与文化昌盛的东南地区相比,清代南方士人往往将包括天津在内的北方地区视为"荒陋"之地。有鉴于北方学术之不兴和学风之疲弱,同治七年(1868)曾国藩调任直隶总督后,曾撰《劝学篇示直隶士子》,以振兴学术,转移士风。李鸿章主政直隶后,也以提倡文教、培养人才为要务。吴闿生后来称:"当前清同治中,曾文正、李文忠先后来督畿甸,咸毅然有振兴文教之意。"③在天津文教发展中,地方官员和行政衙门担当了重要的角色。以天津义学为例。《津门杂记》曾称,"天津义学,向不多见",贫家子弟读书者少,"无以读书为当务之急者"。④ 同治、光绪之际,在地方官员们的推动下,天津义学系统得到了显著扩充。据《天津县新志》记载,其时义塾有五处总塾,其中三处为津海关道所立,一名崇正,由首任津海关道陈钦设立;一名崇敬,一名崇文,是此后由黎兆棠设立;一名会文,隶属于盐运使,由马绳武设立;一名兴让,隶属于天津知府,系经天津举人娄举信和芦商总纲严克宽禀请,由马绳武设立。五处总塾外,义学分塾设

---

① 金钺:《天津政俗沿革记序》,天津市地方志编修委员会编著:《天津通志》旧志点校卷(下),南开大学出版社2001年版,第5页。

② 王守恂:《天津政俗沿革记》,天津市地方志编修委员会编著:《天津通志》旧志点校卷(下),南开大学出版社2001年版,第21页。

③ 吴闿生:《吴门弟子集》,序,中国书店2009年版。

④ 张焘:《津门杂记》,文海出版社1970年影印本,第106页。

于城内外者二十处:其中盐运使设立的有十处,海关道设立的有九处,天津知府设立的有一处。① 由官方设立的义学总塾,"制视官学,择寒家秀异子弟肄习其中,课以举业,为之师者率皆卓有文誉之人"。② 光绪《重修天津府志》也记述了长芦运司、津海关道、天津道、天津府、天津县各署设立义学的状况:长芦盐运使司设立的义学共有十处,其中同治四年(1865)运使克明创建八处,光绪九年(1883)运使额勒精额又有增设。其总署设在会文书院,即名会文。关道署义学九处,其中崇道一处,设在稽古书院,总塾三处,曰崇文、崇正、崇敬,均设在会文书院。均为同治十年(1871)津海关道陈钦创设。府署义学二处,也有一处设在会文书院,即兴仁义塾。③ "总塾收贫寒子弟已能做应试文者",为科举教育提供了后备生源,"自设总塾二十余年,塾中应试文童,科、岁两试,进学者或五六人,或三四人,虽入泮后例不留塾,而有志向上者求良师益友,并肄业辅仁书院,暨问津、三取书院,发名成业者盖綦众焉"。④ 光绪十三年(1887)冬,盐运使贺良桢、海关道刘汝翼还对义塾进行整顿,"董事不职者罢之,旧章宜循者复之","上以广造士之恩,下以获正蒙之效"。⑤ 一些民间慈善组织也从事义学活动,如光绪年间济生社曾经开设过义塾,总塾名为成德,分塾包括育才、崇实、蒙养、启蒙、尚德五处,光绪十八年(1892)成立的引善社也有义学三斋:崇儒、崇正、务本,前者"专课成童",后二者"专诲童蒙"。⑥ 城厢地区这些学塾的发展,不仅对民间读书风气起了倡导作

---

① 徐士銮著、张守谦点校:《敬乡笔述》,天津古籍出版社 1986 年版,第 138、139 页。

② 高凌雯纂,民国《天津县新志》,天津市地方志编修委员会编著:《天津通志》旧志点校卷(中),南开大学出版社 2001 年版,第 795 页。

③ 沈家本、荣铨等修,徐宗亮、蔡启盛纂,光绪《重修天津府志》,天津市地方志编修委员会编著:《天津通志》旧志点校卷(上),南开大学出版社 1999 年版,第 1135 页。

④ 王守恂:《天津政俗沿革记》,来新夏、郭凤岐编:《天津通志》旧志点校卷(下),第 45 页。

⑤ 《小子有造》,《时报》(天津)1888 年 3 月 3 号,第 3 页。

⑥ 参见王守恂:《天津政俗沿革记》,天津市地方志编修委员会编著:《天津通志》旧志点校卷(下),南开大学出版社 2001 年版,第 60、61 页。

用,使天津文教呈现出空前的繁荣景象,也成为天津书院发展的基础。光绪二十一年(1895)的一则报道称:"本郡文风甲于他省,而今学塾林林总总,有十步一楼五步一阁之势,猗欤盛哉。"①

在这一背景下,书院作为天津文教系统的重要组成部分,也获得了发展的契机。李鸿章在举办洋务学堂的同时,除了重修、整理原有书院外,还在天津创立数处新书院,使天津书院教育规模得到前所未有的扩充。

旧有书院的整理与扩充

19 世纪中期,绵延十余年的太平天国革命运动对江南地区的文化事业形成了强烈的冲击,包括书院在内的文教设施遭到了巨大的破坏。战争结束后,清政府在江南地区进行文化重建,一个重要的举措就是恢复各级书院。一直到同治十三年(1874)八月,有言官在胪陈时务利弊时,仍以振兴学校为重,"现今中额日广,举贡较多,闻福建、广东均于省会添设书院,专课举贡,意美法良,应请饬各直省督抚一体照办,延名儒训课,厚其膏火奖赏,似此甄陶鼓励,庶真才辈出矣"。朝廷就此要求"各直省督抚酌度情形,实力筹办"。② 天津的书院教育虽然没有受到太平天国的直接影响,却在第二次鸦片战争期间遭受了英法联军的破坏。"咸丰庚申,海气不靖,郡城内外多被蹂躏,泮水芹香之地亦有不忍言者。"③战争结束后,从 1862 年开始的数年间,天津士绅和盐商修复了府学和县学。1870年李鸿章到任直隶后,也以振兴文教为事,同治十年(1871)年的一封信中,李鸿章表示"畿疆民俗静谧,士林惜少师承。下车以来,各属振兴文

①　《馆师欲讼》,《直报》1895 年 3 月 13 日,第 2 页。

②　《附胪陈时务利弊折》(同治十三年八月初一日),戴逸、顾廷龙主编:《李鸿章全集 6》,安徽教育出版社 2008 年版,奏议六,第 127、128 页。

③　高凌雯纂,民国《天津县新志》,天津市地方志编修委员会编著:《天津通志》旧志点校卷(中),南开大学出版社 2001 年版,第 1021 页。

教,或有读书讲学,善继孙、鹿诸公后者,固吾道之幸也"。① 1870 年马绳武任天津知府后,与长芦盐商重修了天津试院考棚,1874—1875 年间又对天津府县学进行了重修。同时,地方官员和士绅也对天津各书院进行了修缮和扩充。位于文昌宫西的辅仁书院,"地址湫隘,规制阔略""简陋相仍,观瞻未肃",天津道丁寿昌在 1874 年因丁忧去职前,在文昌宫以东择地,"筹款二千金为辅仁书院肄业生童添造文廨"。随后接任天津道的吴赞诚与津海关道孙士达等继续这一工程,为辅仁书院增建了大门、讲堂、学舍,还包括山长及执事者的憩息之所,以及斋庖用房多楹,并再次厘定书院规制。光绪元年(1875)天津道吴赞诚撰《增修辅仁书院记》述其事云:

> 同治甲戌,前兵巡道丁公将加修葺,亲度地于文昌宫东得天安废寺一所,改而设之,移佛像于涌泉寺,而以其地畀书院,又为出节省官缗得白金二千两,首为之倡,乃议辟故址建为东西二舍,鸠工庀材经营方始,会丁公以忧去。余承乏是邦,踵而成之,权津海关道孙公复饮千金,事八阅月而蒇。凡增建大门三楹,讲堂三楹,学舍五楹,山长及执事者憩息之所为南北屋六楹,其他斋庖之属又十余楹,寺之原额则仍悬于院门之西,示不忘旧也。工既竣,分舍课试,生童就列,秩序森然,礼仪不愆,复为参考旧章,厘定新制,规模于是乎始备。②

辅仁书院的这次扩建,是在天津道和津海关道的支持下进行的,按照吴赞诚的说法,累计投入的资金为三千两白银。"综其成者知县事萧君

---

① 李鸿章:《复杨孝廉》(同治十年二月二十七日),戴逸、顾廷龙主编:《李鸿章全集 30》,安徽教育出版社 2008 年版,信函二,第 198、199 页。
② 高凌雯纂,民国《天津县新志》,天津市地方志编修委员会编著:《天津通志》旧志点校卷(中),南开大学出版社 2001 年版,第 1026 页。

之力为多,而郡人士实襄其劳",①萧君即时任天津知县萧世本。萧曾在
天津教案后署任天津县,李鸿章称其"事事筹顾大局,不激不随,复能尽
心民事,措置悉当,才力裕如,实属不可多得之员"②。高凌雯记称:

> 旧时文昌宫东有天安寺,西有海潮庵……后两庙俱并于文昌宫,
> 拓为辅仁书院,东为大门讲堂,其后为生员斋舍,再东为客厅,为董事
> 室,皆天安地。西为童生斋舍,其后有殿五楹,榜曰南海行宫,犹是海
> 潮遗构。

这次重建后,知县萧世本题写了辅仁书院额。高凌雯称,"南海行宫
额,康熙间总兵蓝理书,圆厚有力;辅仁书院额,知县萧世本书,字径二尺,
柳体绝佳,遭乱皆不知所在"。③ 张焘记称:"辅仁书院,在城西北文昌宫,
每月二次课生童文艺,山长由本籍延请,膏奖需费有捐化生息银两,至官
课奖银一项,由道府分府知县四衙门轮流备发。"④1898 年天津《国闻报》
的一则报道也称"辅仁书院课期,定章一斋三官,周而复始,统计一年二
十课"⑤。

辅仁书院这次扩建,将天安寺并入。光绪年间稽古书院创办时曾提
到,"天安寺旧并辅仁书院之时,将佛像移请涌泉寺内,当经声明,此后涌
泉寺僧不许到书院募化,并不得藉称两庙一事,以防觊觎招摇等弊,勒有

---

① 高凌雯纂,民国《天津县新志》,天津市地方志编修委员会编著:《天津通志》旧志
点校卷(中),南开大学出版社 2001 年版,第 1026 页。

② 李鸿章:《萧世本仍请补天津知县折》(光绪元年五月初十日),戴逸、顾廷龙主
编:《李鸿章全集 6》,安徽教育出版社 2008 年版,奏议六,第 308 页。

③ 高凌雯:《志余随笔》,天津市地方志编修委员会编著:《天津通志》旧志点校卷
(下),南开大学出版社 2001 年版,第 736 页。

④ 张焘:《津门杂记》,文海出版社 1970 年影印本,第 30 页。

⑤ 《辅仁斋课》,孔祥吉、村田雄二郎整理:《国闻报》(外二种),国家图书馆出版社
2013 年影印本,第二册,1898 年 3 月 27 日,第 25 页。

碑记可证,是所以为伊等防者至深且远"①。可知辅仁书院借寺院地拓展时,为防纠葛,曾立碑为证,但此中详情已难以了解。

在此期间,三取书院也进行了两次重建和修缮。一次是在同治七年(1868),该书院被洋人借住后,移置河东盐关厅后重建。一次是光绪十三年(1887),天津盐商对该书院进行了修缮和扩建。其时上海《申报》有报道称:"三取书院为长芦通纲捐资设立,培植阖郡人才,但讲堂学舍年久失修,殊不足以安弦诵。前经贺幼甫都转谕饬纲总筹款兴修,现在委员勘估,鸠工庀材,大兴土木,将来大厦落成,正寒士欢腾时也。"②文中的"贺幼甫"即时任长芦盐运使贺良桢。数月完工后,"美轮美奂,较前大扩规模"。③

光绪二年(1876)旗人如山担任长芦运使后,也对问津书院进行了整顿,重新厘定章程,以激励人才。张焘记称:"问津书院,在古楼南大街,掌院山长二位,分官、斋两课,每月考生童二次,膏奖需项由运库支发,年终报部。""三取书院,原在三岔河口南岸,今移于东浮桥之东,乾隆二十年,庐州同知王又朴捐修地基建立。每岁束脩膏奖,皆由芦商捐资支给,嘉庆六年重加修葺,今同归运库支发,生童课与问津同,额数稍次。"④高凌雯称,问津书院原有的"学海堂"额,在咸丰年间失去。"同治九年院长李嘉端补书之,而志其缘起于后。光绪二十六年兵劫,书院被毁,斯堂幸存,厨丁王恩荣知额字可贵,撤而藏之,故存至今焉。"⑤在19世纪下半

---

① 《天津府正堂稽古书院告示碑》,天津市红桥区文化和旅游局编:《天津市红桥区碑石铭刻辑录及释文》,天津社会科学院出版社2011年版,第94页。

② 《津沽琐记》,《申报》1887年9月12日,第2版。贺幼甫任长芦运使是在1887年,其时上海《益闻录》有报道称:"新简长芦运宪贺幼甫都转近已到津,于上月廿六接印视事"。《津门春屑》,《益闻录》,1887年第九册,第189页。

③ 《丁沽寒汛》,《申报》1887年12月24日,第2版。

④ 张焘:《津门杂记》,文海出版社1970年影印本,第29、30页。张氏记问津书院有掌院山长二位,但不知所据。

⑤ 高凌雯纂,民国《天津县新志》,天津市地方志编修委员会编著:《天津通志》旧志点校卷(中),南开大学出版社2001年版,第1052页。

页,问津书院的名声已超出天津一地,甚至被视为当时最具代表性的书院之一。① 从上述记述中,都多少可见天津地方官员振兴书院教育的努力,这也可以被看作是第二次鸦片战争后天津的文化重建过程。

新建之书院

在整理、重建原有书院的同时,天津还新建了数处书院。除了同治十三年(1874)设立的会文书院外,这些新设书院都出现在19世纪80年代,表明天津书院系统在这一时期的迅速扩充。光绪二十二年(1896)天津《直报》有报道称:"海禁大开以来,京师而外,天津除旧设书院名目不计外,复增设……集贤、稽古、学海、博文、中西各书院。"②上述书院与原有的问津、三取、辅仁三处书院一起,成为这一时期天津文教发展的重要象征。分别介绍如下。

1. 会文书院

会文书院设于同治十三年(1874),由附贡生娄举信禀请,盐运使祝垲(光绪元年即1875年任)、天津知府马绳武创办。马绳武《建立会文书院碑记》云:

---

① 1885年初,会办朝鲜事宜大臣吴大澂在汉城上书朝鲜国王高宗,向朝鲜提出政策建议,其一系开设书院。吴大澂以中国书院情形为例称:"今苏州、湖州及各省大都会,皆有书院……如京师之金台书院,苏州之正谊书院、杭州之诂经精舍、上海之龙门书院、天津之问津书院,诸生住院最多,虽与安定先生之教授不可同日而语,而规模课艺,皆有可观。"见《钦差会办朝鲜事宜吴大澂上朝鲜国王高宗策论(1885.2.7)》,权赫秀编著:《近代中韩关系史料选编》,世界知识出版社2008年版,第229页。

② 《书直省变通书院肄业章程事》,《直报》1896年6月20日,第1页。

书院为造就人材之地,我国家崇儒重道,文教诞敷。其自通都大邑以及偏僻退陬,莫不奉为良法,俾多士肄业其中,人文于斯称盛焉。天津地滨东海,土沃泉甘,邑人士麟麟炳炳,倜傥风流,至今推为文薮。予庚午来守是邦,公余之暇,课士于辅仁书院,佳文林立,美不胜收,此外尚有问津、三取两书院,与辅仁鼎峙为三,数十年来科第之盛甲于他邦,大抵得力于书院居多;然皆为生童而设,孝廉不与焉。甲戌冬,邑绅娄贡生举信禀请,于文庙之后议建会文书院,专课举人,余深嘉其意,为促成之。惟事经创始,经费颇难,适祝观察埏署任运盐司篆,情殷乐育,准由运库杂款内岁拨津蚨千缗著为常例,作每年膏火杂费之用,并倡率同寅捐廉资助,除建造课士学舍、制院中器具外,其余资发质库生息,以备不急之需,如再有不敷,仍由本府筹款补足。一岁课试日期,按运司、津海关道、天津道、本府及分府县令轮转,每课奖赏,各官自备;至院内一切应办事宜,查该贡生娄举信公正廉明,堪以经理,并约举人、教习知县陈垲,宗学教习陈法篆,举人杨光仪,候选训导王锡恩,廪贡李金海,附贡缪嗣龙,轮流值年,协同帮办。斯举也,萃兴廉举孝之英贤,成敬业乐群之盛事,尤愿诸群子顾名思义,互相观摩,行见通经致用,凌古铄今,不特为闾里幸,实足为邦家光也。是为记。①

除了署任盐运使祝垲、知府马绳武的经济支持外,在会文书院创办过程中,本地士人娄举信是积极的推动者。天津名士赵元礼记称,该书院"一切规制皆娄君手订,娄君终年宿院中,以院为家"②,可知其对书院事务的热衷。该书院专门面向举人,为他们参加会试提供训练,由天津官员

---

① 沈家本、荣铨等修,徐宗亮、蔡启盛纂,光绪《重修天津府志》,天津市地方志编修委员会编著:《天津通志》旧志点校卷(上),南开大学出版社1999年版,第1134页。
② 赵元礼:《藏斋诗话》,杨传庆整理:《津门诗话五种》,天津古籍出版社2018年版,第170页。

轮流命题。① 张焘在《津门杂记》中记称：

> 会文书院在城内义仓前，系举人考课之处，光绪初年立，由署运司祝公垲倡议始，实任运司如公山酌定由运库每岁支领京蚨二千吊以为经费，历任津海道并运司、天津道捐资，除修造工程外，余钱六千吊，发典六厘行息，为士子每月膏火之用，无山长，通城现任官轮流月课，皆捐廉备奖，历任司道施存书卷甚富。经理书院及义塾董事，为邑绅娄君，每岁立薪水三百六十金，由运库支发。②

从上述记述可知，会文书院创办经费和日常运行经费由盐运使署提供，不足则由天津知府补充。长芦盐运使、津海关道、天津道、天津府、天津县轮流命题课士，并分别预备奖赏银。娄举信为该书院经理人，每年薪水银三百六十两，由盐运使署支给。另有陈垲、陈法箓、杨光仪、王锡恩、李金海、缪嗣龙六人轮流值年，协同帮办。③ 光绪二十四年（1898）天津《国闻报》报道会文书院开课消息称："查该院创于同治十二年，由署运司正任天津府马太守松圃慨捐巨资，越岁告成。院内并建四大义塾，培植贫家子弟。其司事则选廉正八人，轮流值年。定章除大比之年，由督宪亲诣宾兴外，其常年则由运司开课，次津道，次关道，次府、次分司，次分府，次县，逐次挨考，周而复始。奖银由官自捐廉，膏火院费均出盐纲项下，此会文书院之始末也。"④

王守恂记称，会文书院在东门内儒学后，"改儒学后院房为讲堂，又建学舍三楹于西，嗣应课人数增盛，光绪五年，经马绳武详请运使如山，责

---

① 《会文书院课艺初刻》，光绪七年刊，如山序。

② 张焘：《津门杂记》，文海出版社 1970 年影印本，第 30、31 页。

③ 光绪七年（1881）刊《会文书院课艺初编》载，其时会文书院由四人轮流值年，即贾炳元、华械、梅宝辰、李书麟。

④ 《会文开课》，孔祥吉、村田雄二郎整理：《国闻报》（外二种），第一册，1898 年 2 月 16 日，第 457 页。

成商人严克宽、黄世熙履勘地基,就儒学后院开拓,买民房数处,添建房舍,有池、有桥、有藏书之室,院门北向,在旧仓廒东,经费由运库杂款支拨,不设山长,官斯地者轮值主课"。① 光绪元年(1875)到三年(1877)间,会文书院应课者有 73 人。② 书院设于"文庙后隙地,仿扬州孝廉堂成式",由李鸿章于"盐课杂项下岁拨津蚨千缗为肄业膏火"。光绪五年(1879)天津官员及各方捐资进行了扩建,"计得白金二千四百有奇,阅五月而工告成"。③ 扩充后,"每月司道府县,分府轮课,应课者计五六十人,会试年份,督宪宾兴,应课多至百余人。二十年来,造就人才不少"。④ 马绳武去世后,天津著名绅士、四品衔吏部主事李世珍率天津举贡生监 56人,联名禀请附祀马绳武于丁寿昌天津专祠,其所列举的马绳武的功绩,就包括"捐廉修葺文庙贡院,创建会文书院专课举人,添设大小义塾",并称天津"近科人文蔚起,皆该故守培养而成"⑤。

2. 集贤书院

集贤书院是光绪十二年(1886)李鸿章为"广育人才,造就实学"而设,⑥该书院系籍隶外省的天津官员捐建,由时任盐运使季邦桢、津海关道周馥等筹备,设于三岔河口水师营,是官员子弟和幕友侨寓者的肄业之

---

① 王守恂:《天津政俗沿革记》,天津市地方志编修委员会编著:《天津通志》旧志点校卷(下),南开大学出版社 2001 年版,第 46 页。

② 《会文书院课艺初刻》,光绪七年刊,例言。

③ 《会文书院课艺初刻》,光绪七年刊,马绳武序。

④ 徐士銮著、张守谦点校:《敬乡笔述》,天津古籍出版社 1986 年版,第 138 页。

⑤ 《光绪九年八月二十二日京报全录》,《申报》1883 年 10 月 3 日,第 12 版。李慈铭在光绪九年(1883)八月三十日记称,御史邓承修以知府不得滥膺祀典,奏请取消马绳武附祀。见李慈铭:《越缦堂日记》,广陵书社 2004 年影印本,第 10021 页。邓承修与李慈铭关系密切。

⑥ 《应课须知》,《时报》(天津)1886 年 8 月 30 日,第 3 页。

所。次年正式建成。① 光绪《重修天津府志》记称:

> 在天津三岔河口水师营东,光绪十二年运使季邦桢、津海关道周馥、天津道万培因,会详总督兼盐政称,津门地当孔道,冠盖云集,凡随任子弟与夫幕友侨寓者宜加培植,俾成有用之材,拟创建书院一区,颜曰"集贤",为外省举贡生监肄业之所,每月两课,于制艺、试帖外,兼课经文、经解、策论,并诗赋骈散杂文以及天文、算学、时务,每年除正、腊两月停课外,由督院、运司、关道、天津道各课两月,天津府、县各课一月轮应,何署主课即由何署筹发奖银,其建造经费由籍隶外省各官集捐建成。②

光绪十三年(1887),上海《申报》有消息称:"集贤书院创于去春,专为培植外省人材而设。于时经费未敷,暂假问津书院命题课试。今岁由司道各宪筹捐巨资,于河北购地一区,鸠工庀材,起盖书院。现在规模粗就,加以丹垩,设以藻缋,便可焕然一新矣。"③

集贤书院以侨居天津的外省官员子弟、幕友等为教育对象,在晚清书院中颇为特殊。在一定意义上,这所书院是为李鸿章淮系势力和侨寓天津的洋务官员子弟等提供学习机会的一所专门书院。其创办经费系由籍隶外省的天津官员集捐,直隶总督、长芦盐运使、津海关道、天津道每年轮流主课,各课两月,天津府、县各轮课一月,奖赏银则由各主课官署自行筹备。除正月、腊月停课外,每月两课,其一课为制艺试帖,另一课以"天文算学时务"为内容。在集贤书院应课的,多为南方江浙一带人士。如高抡元系浙江嘉兴平湖人,在集贤书院官课中多次被取为超等,戊子科顺天

---

　①　《津门杂志》,《申报》1887 年 10 月 12 日,第 2 版。

　②　沈家本、荣铨等修,徐宗亮、蔡启盛纂,光绪《重修天津府志》,天津市地方志编修委员会编著:《天津通志》旧志点校卷(上),南开大学出版社 1999 年版,第 995 页。

　③　《津门杂志》,《申报》1887 年 10 月 12 日,第 2 版。

乡试得中举人。① 金兆蕃系嘉兴秀水人(18 岁时在天津拜同乡赵铭为师),后来也在顺天乡试中举。② 民国初年,金兆蕃曾任清史馆总纂。言有章系顺天府宛平人,曾肄业保定莲池书院,除集贤书院外,还在学海堂应课,为辛卯科正取优贡第四名。③ 陆是奎是江苏苏州府吴县人,其父陆保善为直隶候补知县。④ 近代著名藏书家、教育家傅增湘少年时代也曾应集贤书院月课,但其时尚不突出,不过"往往得中等"。⑤

3. 稽古书院

稽古书院设立于光绪十三年(1887),位于天津城西北稽古寺。其时上海《申报》有消息称:"城西稽古寺住僧不守清规,经绅士杨君襄成等禀逐该僧,拟将该寺所建稽古书院专课策论,讲求实学……嗣经厘定章程,禀明道宪胡云楣观察,札令宽筹经费,方可开办。现经绅士自行兴建学舍十三间,为诸生弦诵之所。并募礠商黄振德店捐银千两,此外,或捐百两,或数十两,指不胜屈。一俟款项齐集,即当动工,书院之成,可拭目以俟矣。"⑥光绪十五年(1889)十一月,时任天津知府汪守正《创建稽古书院碑记》中云:

---

① 参见来新夏主编:《清代科举人物家传资料汇编》(24),学苑出版社 2006 年版,第 451、460 页。

② 来新夏主编:《清代科举人物家传资料汇编》(24),学苑出版社 2006 年版,第 463 页。

③ 来新夏主编:《清代科举人物家传资料汇编》(48),学苑出版社 2006 年版,第 567、570 页。

④ 来新夏主编:《清代科举人物家传资料汇编》(51),学苑出版社 2006 年版,第 531、536 页。

⑤ 傅增湘:《藏园居士六十自述》,卞孝萱、唐文权编著:《辛亥人物碑传集》,凤凰出版社 2011 年版,第 374 页。

⑥ 《津沽杂纪》,《申报》1887 年 11 月 30 日,第 2 版。

天津郡城西北隅稽古寺,向为文人会集之所。自光绪五年寺僧沙圆不守清规,变产浪费,经绅士崔铨等公同禀送前署府吴讯明,勒令沙圆还俗,一切庙产拨归书院,事不果行。岁丁亥春三月,寺僧普泽复蹈沙圆故辙,盗典庙产,该绅士崔铨等遵照前案禀府核办。维时普泽闻而潜逃,寺已无僧,崔铨等遂约邑绅杨云章等十余人,沿该寺稽古之名,为设立书院之请。又以津郡各书院均课制艺试帖,不及经古,虽北学海堂有经古课,亦只寓于问津书院中,从无专课经古书院,因请以此项书院专课经古,将以讲明正学,实事求是于是乎在焉。惟当创建伊始,经费未充,每月只考官课,未立师课,俟日后经费渐裕,延聘山长,务以主讲为先,月课次之,肄业者听其住斋,日给膏火,俾得专心绩学,养成远到之才。盖众绅讲明正学、实事求是之本心有如此,纵未能刻期集事,然始基既立,踵而行之,不十年必有可观者矣。议既定,拟就章程若干条,禀请核示。余嘉其立法之善而用意之深且远也,爰就所拟章程量为更定,详请各宪立案轮课,于以表彰实学、培养真才,甚盛事也。惜未及开课甄别,而杨君云章遽返道山,嗣经众绅和衷商榷,事事秉承于余,复以经费待筹,向余一再请,余为筹捐千金,令邑绅集捐各款共三千金,发质库生息,俾充月课经费,又于羊行经纪盈余项下,岁拨津钱一千二百串,作为建造讲堂、学舍及岁时修葺等需,经久之模,略具于此。至于续筹款项,逐渐扩充,则后之官斯土者,当有能力任之者耳。抑余尤有望者,凡事易于图始难于成终,是书院既以山长主讲、肄业住斋为务,则自今以往,经画正非易易,愿众绅一乃心力,共底成功,毋稍即于因循,毋苟安于阙略,即尔肄业人等亦各宜读书立品,毋或囿于时趋焉,斯则余之所厚望也。夫是役也,折衷群议,有开必先者杨君云章也;首捐巨赀为众绅倡者,黄君篱翰、单君文、王君自新也;始终区画,必躬必亲者,张孝廉绅、王孝廉承勋、张茂才淑艾也,其协力赞助相与有成者,则崔茂才铨、吴茂才蔚文、胡茂才向枢、王茂才世樾、王君士俊、朱君士铠也。并勒贞珉,用示来者,是为记。①

按照这里的说法,早在光绪五年(1879),崔铨等人就有将稽古寺改为书院的想法,但直到光绪十三年(1887)春才最终得以实现。稽古书院创设期间,僧人对寺产被剥夺颇为不满,依据当年(1887)六月初一日所立告示碑,杨云章等"禀明不用僧人后,忽有人到书院,口称伊闻有外来僧人查办此事,且有正印、副印等语",为防止书院受到骚扰,禀请汪守正出示禁谕:"示仰津郡各庙住持,以及外来游僧知悉,自示之后,毋许进庙阻扰,倘敢故违,定即拘案严究,照例惩办,绝不宽贷。"②不过,从光绪十五年(1889)十二月所立另一告示碑看,书院设立后,仍然"时有僧人来院搅扰,且有造言威吓情事",为此,经参与书院事务的杨向华等人禀请,由天津知府、天津道、天津知县三位官员联名出示谕禁:"示仰附近居民及各庙住持并外来游僧人等知悉,尔等须知稽古寺业已改为书院,永远不准住僧,毋得再行借口寺基,入院搅扰。倘敢不遵,许该绅董等鸣同地方指名禀送,以凭察惩,决不宽贷,懔之。"③由此似可推知,在稽古书院创建的背后,地方士绅和寺僧之间曾有过围绕寺产的争夺过程。

光绪十四年(1888)春,上海《申报》又报道称:"天津府城西稽古寺住持僧,不务清修,惟以嫖赌吸烟为事。去岁绅董公议逐出寺门,旋禀诸道府各员,将寺改为稽古书院,专课策论,以崇实学。胡云楣观察谕令宽筹经费,妥议章程。现经绅董捐建学舍,规模大备,于二月二十三日请李傅相命题开课。傅相俯如所请,课以经文策论各一,委观察领题诣院,点名

---

① 沈家本、荣铨等修,徐宗亮、蔡启盛纂,光绪《重修天津府志》,天津市地方志编修委员会编著:《天津通志》旧志点校卷(上),南开大学出版社1999年版,第1134页。碑文据天津市红桥区文化和旅游局编:《天津市红桥区碑石铭刻辑录及释文》,天津社会科学院出版社2011年版所录碑文及拓片校,第102、104页。

② 《天津府正堂稽古书院告示碑》,天津市红桥区文化和旅游局编:《天津市红桥区碑石铭刻辑录及释文》,天津社会科学院出版社2011年版,第94页。

③ 《天津府正堂告示碑》,天津市红桥区文化和旅游局编:《天津市红桥区碑石铭刻辑录及释文》,天津社会科学院出版社2011年版,第100页。

给卷,限三日内缴纳,逾限不收。是日应课者共二百余人。"①当年天津《时报》也有消息称:"西城外新设稽古书院,已定于本月二十日恭请傅相主课,开场考试。"②可知稽古书院的正式运作始于当年初。王守恂记称,该院"专课经古,不设山长,仿会文书院请官署轮流主课,应试者均生员、举人。建设经费为数甚鲜。天津府知府汪守正倡率集捐约三千金,发典铺生息,俾充月课经费"。③

根据现存《稽古书院各宪捐款碑》所记,为稽古书院捐款的官员包括天津道宪胡、津海关道宪刘、天津府宪汪,即时任天津道胡燏棻、津海关道刘汝翼、天津知府汪守正。胡燏棻捐修讲堂银一百两,并筹捐三百两,刘汝翼捐修讲堂银一百两,汪守正筹捐经费银一千两。为书院捐款绅士 27人,其中黄寯翰捐银五百两,杨耀曾三百两,其余各人自二百余两至十两不等。创建稽古书院绅士题名记中,则列有 29 人名单。另外,1889 年所立稽古书院田房地基各产碑,则详细记载了稽古书院田地、房产和范围、数量等,以及书院每年入款情况,包括地租"津钱五佰陆拾吊零""又分粮合钱拾吊零",房租"津钱肆佰肆十吊零",地基租"津钱叁拾吊零",当行"发典本银叁仟两,按长年柒厘行息",即每年银贰佰壹拾两,另外还有羊行经纪"岁拨津钱壹仟贰佰吊"。④ 从稽古书院捐资绅士列名中可见,天津盐商是这所书院最重要的支持者。发起人之一杨云章及为书院捐资三百两的杨耀曾都来自著名的"聚通恒杨家",捐款五百两的黄寯翰来自民间"天津八大家"之一的振德黄家,捐银一百两的三品衔刑部郎中严振系严修之兄,捐银五十两的候选同知李文熙则应为李叔同之兄,严家和李家同样都是颇富资财的天津盐商。

---

① 《七十二沽观海记》,《申报》1888 年 4 月 16 日,第 2 版。
② 《书院甄别》,《时报》(天津)1888 年 3 月 29 日,第 2 页。
③ 王守恂:《天津政俗沿革记》,天津市地方志编修委员会编著:《天津通志》旧志点校卷(下),南开大学出版社 2001 年版,第 46 页。
④ 参见天津市红桥区文化和旅游局编:《天津市红桥区碑石铭刻辑录及释文》,天津社会科学院出版社 2011 年版,第 105-109 页。

光绪十八年三月初七日(1892年4月3日),稽古寺发生火灾,"琳宫贝宇,尽付劫灰"。① 这次火灾之后,稽古书院并未停止运作。② 一直到1900年八国联军占领天津后,稽古书院的历史才与天津其他各处书院同时终结。

4. 津东书院和崇文书院

上述各书院均设在天津城厢内外。除此之外,在天津县所辖地区,还有津东书院和崇文书院需要提及。这两处书院也出现在19世纪七八十年代天津书院的鼎盛时期,是晚清天津书院兴办热潮的组成部分。津东书院设于天津城东偏南约60里的葛沽,这里自明代开始就是一处著名的水旱码头,人口稠密,号称"巨镇"。根据光绪三年(1877)所立碑记,津东书院于同治十三年(1874)设立,议定章程、经上宪批准立案后,一面由绅士苏善恒、赵延弼、郭沛等人筹集经费,一面召集生童,延请山长,照章课试,"数年来肄业诸生童争自琢磨,蒸蒸日上",李鸿章为津东书院题写了匾额。该书院碑记云:

> 辖天津海防军民府加级记录□十次□□□
>
> □为详建津东书院勒石以垂久远事照得葛沽为津郡巨镇人文荟萃代有逸才本防府下车伊始即□文教□□首务□愿兴进取诸贤力图振作惜无统汇之所殊不足以广甄□□于同治十三年议在文昌阁内设立津东书院所需经费定于本镇公议斛局收款项下动支筹议妥协□谋签同旋饬据绅董苏善恒赵廷弼郭□□沛张金藻张鹤龄刘志□于□苏

---

① 《劫火余闻》,《申报》1892年4月19日,第1版。

② 李世瑜先生1999年撰《铃铛阁中学沿革碑记》云:"惜乎仅历五载,光绪十八年,该寺失慎,殿宇大半焚毁,书院乃停办"(李世瑜:《社会历史学文集》,天津古籍出版社2007年版,第692页),似不确。

式勋杨□郭□山等覆称遵谕举行本防府当即据□议章程详情　上宪批准立案并□令绅士苏善恒赵廷弼郭延沛等督同铺董经理斛捐□经费一面遴集生童延请□长照章课试数年来肄业诸生童争自琢磨蒸蒸日上□泮宫颂乡荐者不乏人士气聿新儒风丕振复蒙爵中堂撰赐额楹联优加奖励诸生童感□兴□励前修行见□楠杞梓蔚为

国华本防府之厚望亦都人士之厚幸也第恐日久废弛除将公议章程另行抄示外谨录

宪批敬勒诸石永垂久远合行示谕为此仰本镇绅著□庶一体知悉务各恪遵勿负本防府乐育人材之至意焉切切特示

天津道宪丁□批据详公议斛局抽收粮捐之□存数目拟在葛沽文昌阁内设立津东书院延请□长课□□试生童□以端正教□□举也所议章程□妥候详□督宪核示立案缴藩宪孙批据详已悉所议条款尚属妥洽缴

道宪详奉

督宪　批如立案缴

阁爵督宪李　　批据请匾联撰写发去仰即查收转给摹刻悬挂缴

光绪三年岁次丁丑仲春上瀚①

津东书院设于葛沽文昌阁,有研究者称,新中国成立后曾被聘为天津文史馆馆员的葛沽人徐兆光,早年即曾在津东书院学习。② 到 1903 年,该书院改为蒙养学堂。当时报道称:

天津县葛沽津东书院,经前海防厅时司马宝璋禀请改为西沽蒙

---

①　碑文参见田湘文:《津东书院与葛沽第一小学　附津东书院建院碑记》,中国人民政治协商会议天津市南郊区委员会文史资料研究委员会:《津南文史资料选辑》,第1—3辑,第116页。

②　曲振明:《葛沽名士徐兆光》,鲍国之主编:《古镇葛沽》,天津古籍出版社2014年版,第147页。

养学堂,援案插立标杆收捐以充经费,已由袁宫保饬据学校司详复该厅。所禀系为培植人才起见,所定章程十六条亦尚周妥,应请如禀办理。仍俟试办六个月后,再行妥定章程,详明立案,当奉宪批允准。①

崇文书院则设于天津城西三十余里的杨柳青。杨柳青为天津著名市镇,王守恂记称:"杨柳青地方繁富,几与从前城治相埒……科举未废时,杨柳青在文昌阁设崇文书院,成就人材,其文艺见称于时,尤为乡镇中所罕见者。"②从有限的资料中可知,这所同样设在当地文昌阁的崇文书院建立后,曾先后聘请天津进士华金寿和王恩湉主讲。天津举人杜彤世居杨柳青,其朱卷履历中所列课师即为上述两人:"华竹轩夫子,印金寿,前主讲崇文书院","王晋贤夫子,印恩湉,前主讲崇文书院"。③ 同为杨柳青人的刘学谦在其朱卷履历所列课师中也有这两人:"华竹轩太夫子,印金寿(同治甲戌科传胪,翰林院编修,武英殿纂修,国史馆纂修,现任河南学政)""王晋贤夫子,印恩湉(丁丑科进士,翰林院检讨)"④。华金寿原名铸,字铜士,号竹轩,同治十三年(1874)进士,后来还曾担任过山东学政,翰林院侍讲学士,工部侍郎等职,1900年去世。地方志中说:"金寿性行端谨,未达时束身潜修,不预外事,然遇乡里后进奖励提撕惟恐不尽。"⑤王恩湉则系同治六年(1867)举人,光绪三年(1877)进士。

此外,这一时期天津创设的书院还有博文书院和中西书院,这两处书院以西学为主,将在后面具体介绍。

---

① 《时政纪要》,《北洋官报》,1903年第61期。

② 王守恂:《天津政俗沿革记》,天津市地方志编修委员会编著:《天津通志》旧志点校卷(下),南开大学出版社2001年版,第10页。

③ 来新夏主编:《清代科举人物家传资料汇编》(98),学苑出版社2006年版,第437、438页。

④ 来新夏主编:《清代科举人物家传资料汇编》(98),学苑出版社2006年版,第468页。

⑤ 高凌雯纂,民国《天津县新志》,天津市地方志编修委员会编著:《天津通志》旧志点校卷(中),南开大学出版社2001年版,第804页。

第二节　书院之管理与运行

书院之规制与经费

刘成禺《世载堂杂忆》云："清代制,各省设书院,官、师分课,省有省书院,督抚聘请名师为山长,其资格为大儒或各省还籍一、二、三品之巨官,如张裕钊、吴挚甫等,其一例也。府有府书院,州、县有州、县书院,月分两课,上半月为官课,下半月为师课,省书院官课由督、抚、司、道轮流考之,师课每下半月出山长掌之。府、州、县则官、师每月分课。凡书院皆有号舍,住宿读书,曰住书院。除省书院专课诸生外,府、州、县书院则生员、童生分课。此清末各省书院之大略也。"[1]天津各书院的管理,与其他书院大同小异。各书院均有规制,现可见者有稽古书院的管理条规,共计十六则:

──是书院专课本邑举贡生监,凡寄籍者概不入课。

──延请山长必择品学兼优者主讲经史,不必拘定本邑人,其每

---

① 刘成禺:《世载堂杂忆》,文海出版社影印本,第20页。

年师课酌立二次,无庸多课,总以主讲为先。

——举贡生监无论贫富,有愿住斋者听之,其住斋一切章程临时酌拟。

——书院发典生息银三千两,以后经费即形支绌,永远不准提用本银。

——轮流执事人多则分四季,人少则分二季,一季二人,挨次递接,较轮流值年章程甚为简便。

——每年新正,同仁于元宵前约期齐集书院,在至圣先师神位前衣冠拈香,平日则司帐焚香,院丁洒扫,每日著为常规。

——同仁正月齐集之日,于拈香后,将一年出入银钱帐目核算清楚,设有疑窦,万勿徇隐不言。

——书院银钱及存取银钱各折,均在书院收存,由司帐人经营,凡遇大小用款,须先通知执事,然后动用,司帐者不得擅专。

——司帐之人,不准用执事者本族子弟,以防徇私舞弊之渐。

——执事者无论久暂,概无薪水,以免视为利途,兼全体统。

——书院起租房产,执事之人,不准租住,以远嫌疑,且防流弊。

——执事之人务宜常到书院稽查照料,实事求是,庶可免生弊端。

——如遇更换司帐及修造大工程,必须同仁公议,不得由一二人主张。

——续邀执事之人,总以公正廉明,不避劳怨者为准,万勿拘以贫富功名。

——书院厨茶夫及瓦木等工,随时审择,不专用一人,以防日久把持舞弊。

——书院理宜肃静,此后附近街邻因婚丧借地行事坐客者,一概不准。①

上述规条中,除规定书院生徒资格外,还涉及山长、执事人以及厨夫、茶夫、工匠人等的选用,以及经费管理、工程修造等书院公共事务的处理原则。

关于书院生徒的资格,问津、三取、辅仁、会文、稽古书院,"皆本县人应试地也,辅仁书院、会文书院间有外籍者,皆本府及本省也"。② 其中会文书院专课举人,稽古书院以举贡生监为对象,其余三处书院均招收生员和文童。面向外省士子的集贤书院也以举贡生监为资格。

天津各书院以山长制为主,在各处书院中,辅仁书院规模最大,其山长一直由天津本地人士担任,问津、三取两书院同课,其山长则由一人担任。会文书院最初创办时未设山长,王守恂在《天津政俗沿革记》亦称会文书院、稽古书院均不设山长,这应该是初创时的情形。从片段资料看,会文书院和稽古书院后来都曾设有襄校之席,不用山长之名,但有山长之实。集贤书院则自创办起即设山长。

山长的主要职责是考课生徒,书院的日常事务则由执事人负责。执事人又称值年,从稽古书院管理条规中可见,执事人轮流交接,对书院经费、用人、日常运行等都负有责任。集贤书院的做法类似。光绪二十三年(1897)《国闻报》报道称:"集贤书院值年,向从候补州县中遴派正途出身者四员分任其事。今年已派定李大令兆珍,吴大令畬,孙大令家声,蔡大令咏裳,俟该院开课即当入值也。"③从中可知,集贤书院每年值事人为四名。此外,前述会文书院创立后除了以娄举信为经理人外,也设执事人,

---

① 《稽古书院课试章程六则碑》,天津市红桥区文化和旅游局编:《天津市红桥区碑石铭刻辑录及释文》,天津社会科学院出版社2011年版,第110、111页。

② 王守恂:《天津政俗沿革记》,天津市地方志编修委员会编著:《天津通志》旧志点校卷(下),南开大学出版社2001年版,第46页。

③ 《书院值年》,孔祥吉、村田雄二郎整理:《国闻报》(外二种),第一册,1898年2月12日,第436页。

由陈垲等六人轮流值年。辅仁书院初创时,除设有董事 12 人外,还有司事人 20 余人,可知此类执事人或司事人为天津多数书院共通的做法。在可见的问津书院和三取书院的资料中,没有提到董事人或司事人的名目。或者因为这两处书院为长芦盐运使司负责,日常事务由运司下属机构处理,其运作与管理有所不同。

书院日常运行,经费为最要。依据前述,天津各书院经费来源不同。问津书院的建设经费来自运库,其日常运营经费按照地方志中的记述,"由闲款生息项内支给",换言之,其经费由长芦盐运使司负责提供。三取书院获得盐运使司的支持后,其日常费用包括山长束脩、肄业生童膏火、奖励等项,则"由商捐领款项内支付",与问津书院一样,均由运库支发。辅仁书院创立之后,除了天津府、县共拨充学田千余亩,先后任天津道的金洙、王允中也拨库款生息银,此外,按照张焘的说法,其日常膏奖需费由捐化生息银两,官课奖赏银则由主课衙门轮流备发。会文书院创办经费和日常运行经费包括膏火银由盐运使署提供,不足则由天津知府补充,另外主课各官署也须提供奖赏银。稽古书院的收入则包括地租、房租、息银以及羊行经纪岁拨款等。集贤书院由直隶总督、长芦盐运使、津海关道、天津道每年轮流主课,奖赏银则由各主课官署自行筹备。不过,直隶总督署轮课时其奖赏银分别由盐运使和海关道负责。光绪十二年(1886)有报道称:"集贤书院定章,以二、七两月应傅相甄别,例不点名。二月由运司请题备奖,七月由海关道请题备奖。"[1]

藏书、印书是传统书院的一项重要功能,天津各书院也有藏书,王守恂曾提到,会文书院设有藏书之室。王早年以教读家塾为生,光绪甲午年(1894)三十一岁时,王"移馆王氏,其家距会文书院最近,得借读书院藏书",[2]惜资料缺失,难知其详。

---

① 《集贤甄别》,《时报》(天津)1886 年 8 月 2 日,第 2 页。
② 王守恂:《阮南自述》,《北京图书馆藏珍本年谱丛刊》(187),北京图书馆出版社 1999 年版,第 691 页。

课试管理

晚清天津书院均以考课制为主,命题课士是书院最重要的活动。山长及各官署轮流命题,生徒按期应课。书院课试有相应的管理规定。晚清曾主课问津书院的李慈铭日记称,其光绪十年(1884)首次来津主课时,曾在问津书院"写学规两纸谕诸生",①其内容虽不得知,但大体上应以考课规则为主。目前可见的是稽古书院课试章程六则:

——是书院专课经古,每年前半年课经文、策论,后半年课经解、诗赋。春秋两季请督宪甄别以后,道宪、关道宪、府尊、县尊各轮课二次,以每月二十日为课期,二月开课,十二月停课,俟日后延请山长再加师课二次,临时酌定课期。

——春秋甄别录取八十名,计正取十五名,副取二十五名,次取四十名外,备取二十名,遇有扣除者挨补。

——每课奖银由官发给,膏火、课卷由书院发给。正取第一名膏火津钱三吊文,第二名至第五名各二吊文,第六名至十五名各一吊五百文,副取第一名膏火津钱一吊五百文,第二名至二十五名各一吊文,次取第一名膏火津钱一吊文,第二名至二十名各八百文,余无膏火。

——每课交卷后,揭去浮签,于卷面盖用弥封戳记,将卷箱送本课官署评阅。甲乙既定,先将课卷送书院拆封填名,再送署中填榜。榜发,张挂书院,榜底留署存案备查,日后师课仿此。

——每课发榜后,将正取课卷订成一本,留书院共览,俾获观摩

---

① 李慈铭:《越缦堂日记》,广陵书社 2004 年影印本,第 10275 页。

之益,到下课再为分领。

——书院之立,原为培养真才,凡应课之举贡生监,务宜禀经酌雅,各出心裁,幸勿剿袭雷同,贻笑大方,违者扣除。①

从上述课试章程中可知,参加课试者试卷密封,由主课官署评定等级后张榜公布,前列者分别给予数额不等的奖赏银,并严格要求与课者不得抄袭。按照规定,书院生徒应按期参加考课,禁止点名不到或冒名顶替的现象。如果领取课卷而不交回,也要受到处罚,情节严重的会被书院除名。光绪十二年(1886)天津道胡燏棻、津海关道周馥、盐运使季邦桢联名示谕集贤书院举贡生监称:"照得创设集贤书院,课试外省士子,系为广育人才、讲求实学起见。前因每课领卷未作并不将试卷呈交者至数十名之多,殊属不成事体,当经牌示:嗣后如有领卷未作,并不交还试卷,应予扣除,以示儆戒。查该七月十五奉督宪考试望课,领卷册内举贡生监中赵炳林等十四名或领三卷呈交一二卷,或领二卷呈交一卷,均属违玩,姑从宽暂缓扣除,仍将白卷即日交还方准应课。至洪槃、王炳、陈鑅、程传裘、吴亮功、潘葆恩、陈锡周、李澎年均系领卷未作,亦不呈缴白卷,应行一并扣除,毋庸课试,懔遵特示。"②

书院课试不允许冒名顶替,但此类现象很难禁绝。光绪十四年(1888)天津《时报》报道称:"本埠集贤书院前经李傅相以课期有冒名顶替,不免喧宾夺主之嫌,因札令关道宪局门试士,以袪弊端。曾将宪示列报。兹悉宪意以朔课示期太迫,或恐外省士子未及周知,若竟以不到除名,难免有向隅之士,因复出示于昨日,望课仍准前次临点不到各生报名投考,照章扃试。列宪培植人才之意,洵乎蔑以加矣!惟是日仍有津属生

---

① 《稽古书院课试章程六则碑》,天津市红桥区文化和旅游局编:《天津市红桥区碑石铭刻辑录及释文》,天津社会科学院出版社2011年版,第110页。

② 《应课须知》,《时报》(天津)1886年8月30日,第3页。

童顶名混入,当时多被人觑破,立即扶出。"①光绪二十一年(1895)春,天津道黄(应为黄建莞)为集贤书院考课发布告示时,还特别申明集贤书院"系专为外省士子而设,其天津本籍之人原有问津各书院课考,不得冒名滥入。如查有籍贯不符及点名不到者,定即扣除"。② 从上面两则示谕中可知,这样的违规事件应不少见。光绪二十一年(1895)三月初二日,盐运使主课集贤书院官课,有余超群、鲍友仁、方居正、黄永祥四名士子领卷未交、携带出场,亦由长芦盐运使示谕予以除名,"不准再行应课",③可见此类情形实属常见。

书院士子被除名后,其所遗名额按照次序由备取人员填补。如山任长芦盐运使期间,曾重订问津、三取两书院条规,其中有"官、斋课生、童如有接连三次不到者即行扣除"的规定。1895 年盐运使季邦桢曾出示晓谕称:"查本年问津书院生员内有沈书年一名,于三月初五日补试二月十六日斋课、三月十六日斋课、四月二日官课接连三次不到,自应照章扣除,其所遗之额,以备取生员乔瑞平一名挨补。"④如果有自愿退出书院考课的士子,其所遗名额也由备取人员填补。此后不久,问津书院肄业生员张登选以"年老多病,步履艰难,又兼道路遥远"为由要求退考,其所遗之缺即由备取第二名赵介祥顶补。三取书院肄业生员李树楠也请求退考,按照定章以备取第一名李德存顶补。⑤

奖赏银与膏火银

书院日常支出中,除了山长与司事人等的薪金、工食,以及肄业士子

---

①　《集贤课士》,《时报》《天津》1888 年 6 月 22 日,第 3 页。

②　《宪示照登》,《直报》1895 年 4 月 23 日,第 2 页。

③　《集贤课规》,《直报》1895 年 4 月 8 日,第 3 页。

④　《升降平允》,《直报》1895 年 5 月 14 日,第 3 页。

⑤　《补缺拾遗》,《直报》1895 年 7 月 25 日,第 2 页。

课试期间的饭食等费外,奖赏银和膏火银也是书院日常运行的一笔重要费用。对于书院生徒而言,奖赏银和膏火银则是其应课的一个重要目的。各书院每次取中者名额不定,生徒按应课成绩分为不同等第,分别给予奖赏银和膏火银。

就奖赏银标准而言,各书院数额大致接近,仅略有区别。如光绪十二年(1886)问津书院五月官课,取内课生二十名,外课生二十名,附课生六十九名;内课童十五名,外课童十五名,附课童三十二名。其奖赏银和膏火标准为:"内课生第一名奖赏银一两五钱,加奖银一两五钱,共三两。二名三名各奖银一两,加一两,共二两。四名五名各奖银一两,加八钱,共一两八钱。六名至十名各奖银八钱,十一名至二十名各六钱。外课生第一名至十名各奖赏银四钱,内课童第一名八钱,加八钱,共一两六钱,二名三名各六钱,加四钱,共一两。四名五名各六钱,六名至十名各四钱,十一名至十五名各三钱。外课童第一名至五名各奖赏银二钱。内课生二十名每名膏火银八钱,外课生二十名每名膏火银六钱,附课生前二十名两次又加四十九名,共六十九名,每名膏火银五钱,内课童十五名每名膏火银六钱,外课童十五名每名膏火银五钱,附课童前十名两次又加二十二名共三十二名,每名膏火银三钱。"①合计本次官课奖赏银共三十三两九钱,膏火银八十八两六钱,共计一百二十二两五钱。

下面根据《时报》《直报》的相关报道,对天津各书院奖赏银及膏火银情形作一介绍。

三取书院。光绪二十一年(1895)一次盐运使课试奖赏银和膏火银的标准是:"内课生十名……第一名奖银一两五钱加奖一两五钱,二名三名各奖银一两加奖一两,四名五名各奖银一两加奖八钱,六名至十名各奖银七钱加奖三钱,每名各膏火银八钱。外课生十名……第一名至五名各奖银四钱,余无奖。每名各膏火银六钱。附课生三十九名……每名各膏

---

① 《问津课榜》,《时报》(天津)1886年9月6日,第3、4页。

火银五钱。内课童七名……外课童七名……附课童二十六名……内课童
一名奖银八钱加奖八钱,二名三名各奖银五钱加奖五钱,四名五名各奖银
五钱加奖三钱,六名七名各奖银三钱加奖二钱,每名各膏火银六钱,外课
童一名至三名各奖银三钱,余无奖。每名各膏火银四钱"。① 本次奖赏银
共二十四两七钱,膏火银共四十两五钱,总计发放银六十五两二钱。在该
年有关三取书院官课和斋课的报道中,奖赏银和膏火银大体上都按照这
一标准发放。

问津书院。光绪二十一年(1895)五月初二日问津书院官课,取"内
课生二十名……外课生二十名……附课生七十四名……内课童十五
名……外课童十五名……附课童四十五名……内课生一名奖银一两五钱
加奖一两五钱,二名三名各奖银一两加奖一两五钱,四名五名各奖银一两
加奖一两,六名至十名各奖银八钱加奖八钱,十一名至二十名各奖银六钱
加奖六钱。外课生一名至十名各奖银四钱加奖四钱,十一名至二十名各
奖银四钱。内课童一名奖银八钱加奖一两,二名三名各奖银六钱加奖六
钱,四名五名各奖银六钱加奖四钱,六名至十名各奖银四钱加奖四钱,十
一名至十五名各奖银三钱加奖三钱。外课童一名至五名各奖银二钱加奖
二钱,六名至十五名各奖银二钱。内课生各膏火银八钱,外课生各膏火银
六钱,附课生各膏火银五钱,内课童各膏火银六钱,外课童各膏火银四钱,
附课童各膏火银三钱。"②本次奖赏银共六十一两二钱,膏火银共九十三
两五钱,合计发放一百五十四两七钱。

斋课的奖赏标准与官课基本一致。当年五月十六日问津书院斋课的
奖赏银和膏火银数目是:"内课生廿名……第一名奖银一两五钱加奖二
两,二名三名各奖银一两加奖一两五钱,四名五名各奖银一两加奖一两,
六名至十名各奖银八钱加奖八钱,十一名至二十名各奖银六钱加奖四钱,
每名各膏火银八钱。外课生二十名……第一名至十名各奖银四钱,余无

---

① 《三取开榜》,《直报》1895 年 7 月 23 日,第 3 页。
② 《问津榜示》,《直报》1895 年 7 月 15 日,第 2、3 页。

奖。每名各膏火银六钱。附课生六十三名……每名各膏火银六钱。内课童十五名……一名奖银八钱加奖一两,二名三名各奖银六钱加奖六钱。四名五名各奖银六钱加奖四钱,六名至十名各奖银四钱加奖四钱,十一名至十五名各奖银三钱,加奖二钱,每名各膏火银六钱。外课童十五名……一名至五名各奖银二钱,余无奖。每名各膏火银四钱。附课童四十三名……每名各膏火银三钱。"①本次奖赏银共四十八两二钱,膏火银共八十两八钱,合计一百二十九两。

辅仁书院。光绪二十一年(1895)二月甄别考试录取超等十六名,"第一名奖银三两,二名至五名各奖银二两,六名至十名各奖银一两六钱,余各奖银一两二钱"。特等三十六名,"前十六名各奖银一两,余各八钱"。一等六十名,"前十名各奖银五钱,余无奖"。上取童十四名,"前三名各奖银二两,四名至六名各奖银一两六钱,余各一两二钱"。中取十八名,"前五名各奖一两,余各奖银六钱"。次取四十八名,"前十名各奖银四钱,余无奖"。"生童概无膏火。"②共计奖赏银九十九两八钱。

本年辅仁书院一次月课的奖励情况是:"超等生员八名……第一名奖银一两二钱,二名三名各奖银一两,四名至八名各奖银八钱。特等十二名……一名奖银八钱,二名至十二名各奖银五钱。一等七十一名……俱无奖。上取童十名……第一名奖银一两,二名三名各奖银八钱,四名至十名各奖银五钱,中取童十六名……一名奖银四钱,二名至十六名各奖银三钱。次取童五十六名……俱无奖。"③上述合计,本次奖赏银共计二十五两五钱。与三取、问津两书院相比,辅仁书院不设膏火银,奖赏银数额大致也要稍少一些,可见其经费条件略逊于由长芦盐运使司支持的上述两书院。

1881年,问津书院学海堂设经古课,专以经古课士,是天津书院课试

① 《示奖问津》,《直报》1895年8月22日,第2、3页。
② 《业精于勤》,《直报》1895年3月30日,第3页。
③ 《辅仁领奖》,《直报》1895年8月30日,第2页。

内容的一大改革。学海堂经古课同样不设膏火银，但奖赏银标准较高。光绪十二年(1886)夏，天津《时报》报道当年三月学海堂经古课考课等第称：

计开内课生十一名：陈泽霖、张大仕、张昌言、孟继搏、李凤池、赵庆颐、刘嘉瑞、孟自坡、陈自珍、顾恩荣、杨凤藻。第一名奖银五两，第二、三名各四两，四名、五名各三两，余各二两五钱。外课生十二名：王守恂、吴瑞庭、于文彬、李恩绶、李开第、李庆辰、张淑艾、费登泰、陈法良、吴蔚文、黄澍、崔铨。第一名奖银二两，第二、三名各一两八钱，余各一两五钱。内课童三名：陈泽寰、董焜、陆金声，第一名奖银三两，二、三名各二两。外课童六名：乔保谦、王树昌、孟广怡、沈耀奎、赵冠臣、钟建云。各奖银一两。①

本次奖赏银合计六十六两一钱。当年四月官课经古卷，取内课生九名，外课生八名，附课生二十六名，内课童八名，外课童六名，附课童十四名。奖赏标准为："内课生第一名奖励银五两，二名三名各银四两，四名五名各银三两，六名至九名各银二两五钱。外课生第一名奖励银二两，二名三名各银一两八钱，四名至八名各银一两五钱。附课生第·名至五名各奖励银七钱，六名至十名各银五钱，内课童第一名奖励银三两，二名三名各银二两五钱，四名至八名各银二两，外课童第一名奖银一两五钱，二名至六名各银一两，附课童第一名至五名各奖银四钱。"②合计发放奖赏银七十四两六钱。

学海堂一直沿用这一奖赏标准，有时还会提高。光绪二十一年(1895)由北洋大臣兼直隶总督王文韶主持的一次经古课试中，曾大幅度提高奖赏银数额："内课举贡生十二名……第一名奖银八两，二名至五名

---

① 《学海堂榜》，《时报》(天津)1886 年 8 月 9 日，第 2 页。
② 《问津课榜》，《时报》(天津)1886 年 9 月 16 日，第 2 页。

各奖银六两,六名至十二名各奖银四两。"外课举贡生奖励标准变化不大,"外课举贡生二十四名……第一名奖银二两,二名至五名各奖银一两六钱,六名至十五名各奖银一两二钱,十六名至二十四名各奖银一两"。童生的奖励数额则增加较多,内课童六名,"第一名奖银四两,二名三名各奖银三两,四名五名六名各奖银二两"。外课童十名,"第一名奖银一两六钱,二名至五名各奖银一两二钱,六名至十名各奖银一两"。附课童二十名,"一名至五名各奖银八钱,六名至十名各奖银六钱,余各奖银四钱。"①学海堂较为优越的奖赏标准,或者是因为与制艺试帖课相比,经古课题目多,较一般课试为繁难,需要士子花费更多的时间和精力,但较高的奖赏标准显然也对士子更具有吸引力。

会文书院专课举人,其考课内容为制艺试帖。光绪二十一年(1895)初天津知府沈家本课试会文书院举人,正取四名,副取六名,次取六十五名,"正取一名奖银三两,余各二两,副取一名奖银一两五钱,次取一名至十名各奖银一两,余无奖"。②年中另一次课试,"正取四名……前二名奖银五两,三名四名各奖银四两。副取六名……一名奖银三两,余各奖银二两。次取四十四名……第一名奖银一两五钱,二名至十名各奖银一两,余无奖"。③由天津知县主持的课试中,"超取举人六名……第一名奖银四两,二名三名各奖银三两,四名奖银二两六钱,五名奖银二两四钱,六名奖银二两二钱,特取举人六名……第一名奖银二两,二名三名各奖银一两六钱,四名至六名各奖银一两。次取举人三十五名……俱无奖"。④大致可见,会文书院最高奖赏银数目在三两到五两之间,但名额较少。

稽古书院专课经古,光绪二十一年(1895)甄别考试正取十五名,"前二名各奖银三两,三名四名各奖银二两五钱,五名至七名各奖银二两,八

---

① 《学海开榜》,《直报》1895年10月31日,第2页。
② 《会文榜示》,《直报》1895年3月8日,第2页。
③ 《会文榜示》,《直报》1895年11月7日,第2页。
④ 《会文开榜》,《直报》1895年7月30日,第2页。

名至十名各奖银一两五钱,余各奖银一两"。副取二十五名,各奖银五钱。次取四十名,各奖银三钱。[①] 当年天津知府沈家本主持的月课中,"正取八名……第一名奖银三两,二名三名各奖银二两五钱,四名五名各奖银二两,余各奖银一两五钱。副取十二名……一名二名各奖银一两二钱,三名至七名各奖银一两,余各奖银八钱。次取三十名……一名至六名各奖银七钱,七名至十四名各奖银五钱,余无奖"。[②]

集贤书院以举贡生监为对象,考课内容除了制艺试帖外,还包括经史策论等。光绪二十一年(1895)二月初五日署理北洋大臣兼直隶总督王文韶甄别集贤书院制艺试帖,超等二十名,"第一名至五名各奖银四两,六名至十名各奖银三两,十一名至廿名各奖银二两"。特等四十名,"一名至廿名各奖银一两五钱,廿一名至四十名各奖银一两"。一等六十名,"一名至三十名各奖银五钱,三十一名至六十名各奖银三钱"。[③] 本年四月初二日,津海关道课试集贤书院。经解史论卷取超等十名,"第一名奖银三两,二名至五名各奖银二两,六名至十名各奖银一两五钱",特等十五名,"一名至五名各奖银一两,六名至十五名各奖银八钱",一等四十三名,"一名至三名各奖银五钱,余无奖"。[④] 制艺试帖卷,取超等二十名,"第一名奖银四两,二名至五名各奖银三两,六名至十名各奖银二两五钱;十一名至廿名各奖银二两"。特等四十名,"第一名奖银三两,二名至五名各奖银二两五钱,六名至十名各奖银二两,十一名至廿名各奖银一两五钱,廿一名至四十名各奖银一两",一等四十八名,"第一名奖银二两,二名至十名各奖银一两,十一名至二十名各奖银五钱,二十一名至四十八名各奖银三钱"。[⑤] 经文策问卷取超等八名,"第一名奖银三两,二名至五名各奖银二两,六名至八名各奖银一两五钱",特等十二名,"一名至三名

---

① 《稽古榜示》,《直报》1895 年 4 月 10 日,第 3 页。
② 《荣分稽古》,《直报》1895 年 8 月 23 日,第 2 页。
③ 《集贤榜示》,《直报》1895 年 3 月 22 日,第 2 页。
④ 《英才乐育》,《直报》1895 年 5 月 15 日,第 2 页。
⑤ 《集贤榜示》,《直报》1895 年 5 月 17 日,第 3 页。

各奖银五钱,余无奖"。① 其他如天津道、长芦盐运使、直隶总督等课,其奖赏标准亦大抵如此。

在特殊情形下,奖赏标准也会提高。光绪二十一年(1895)为会试之年,当年会文书院二月盐运使课提前到正月十八日举行,所取名额为正取四名、副取六名、次取三十名,又次取五十九名,奖赏标准为:"正取第一名奖银八两加奖二两,副取第一名奖银五两加奖二两,次取第一名奖银二两加奖二两,又次取第一名至十名,各奖银二两加奖一两五钱。又每名送给会试卷资二两。"②

书院奖赏银和膏火银一方面在于激励士子进取,一方面也在于为部分寒士提供经济来源。在书院的日常开支中,奖赏和膏火是一个重要的部分。天津享有鱼盐之利,同时也是运河贸易在北方最重要的节点,晚清时期又成为通商大埠和洋务新政的中心之一,这种较为优越的经济基础,使得当地书院能够为士子提供必要的奖赏和膏火,也是书院得以持续发展的重要条件。

---

① 《集贤榜示》,《直报》1895 年 5 月 18 日,第 3 页。
② 《会文榜示》,《直报》1895 年 3 月 8 日,第 2 页。

第三章

天津书院的结束时代

甲午战争之后,随着维新运动的兴起,科举改革的呼声越来越高,书院变革问题受到朝野上下的关注。光绪二十四年(1898)戊戌变法期间,清政府颁布诏令,要求将各地书院改为学堂,天津也依照上谕对各处书院进行了改革和裁并。但由于戊戌政变的发生未及推行,书院随之又恢复旧制。光绪二十六年(1900)八国联军侵华战争期间,天津首先遭到侵略军的蹂躏,各书院事实上已停止教学。次年,清政府开始推行新政,倡办新式教育,诏令书院改为学堂。在这数年间,天津成为国内新式教育的先行地区,原有的书院迅速被学堂取代,是为天津书院之结束时期。

第一节　戊戌新政期间的书院改革

城市文化氛围的变动

甲午战争之后,随着维新运动的兴起,时人追究中国致弱之由,往往归因于时文取士之弊。科举制和传统教育成为维新派批判的对象,废科举的传言已不绝于耳。在维新派看来,国家不振在于人才不兴,人才不出在于科举之弊。在不同地区,主政官员们开始对科举考试内容进行调整和改革。与此同时,书院改制蔚然成风,成为这一时期教育变革的重要内容。天津地区也不例外。光绪二十三年(1897)天津县学的童生考试中,一道策问题目就是"论废八股兴学论"①,可见其时风气的变化。

在维新运动的背景下,西学教育在天津得到了进一步发展。除了水师学堂、电报学堂等洋务学堂仍在延续外,这一时期天津还出现了北洋大学堂、育才馆、俄文馆等新式教育机构。光绪二十一年(1895),时任津海关道的盛宣怀建议在天津设立一所西学教育机构,由王文韶奏请,获得清廷批准,当年下半年正式开办,此即北洋大学堂。光绪二十二年(1896),

---

① 林子青编著:《弘一法师年谱》,宗教文化出版社1995年版,第9页。

由津海关道李岷琛和孙宝琦禀请、经王文韶批准设立的育才馆,则由孙宝琦总管其事,"分课中西经史策论及天文地理格致图算一切根本之学,以期拔取真才,渐收得人之效"。该馆定额六十名,每人每月自备膳银六两。[①] 上海《申报》就此报道说:

> 天津西学,向未盛行,除机器局东局设立水师学堂,教习兵船驾驶管轮、武备学堂教习兵法外,惟美国人丁君嘉立设塾一所,教聪颖子弟学习西国文字语言,造就人才,深堪嘉尚。去岁自中日议和之后,前任津海关道盛杏荪观察复设立头二等西国学堂,今秋又经孙观察宝崎(琦)禀请上游准设育才馆,从此华人之于西国政教礼刑不至如隔十重簾幙矣!不禁喜而纪之。[②]

光绪二十三年(1897)《申报》在天津的访事人又称:

> 津地于西学向来不甚讲求,自甲午之役,升任津海关道盛杏荪观察以西学为当务之急,爰有大学堂之设,而孙观察宝琦又有育才馆继之。迩来私塾林立,研究语言文字以及声光化电之学者颇不乏人。嗟乎!时事多艰,人才难得,窃为馨香祝之矣。[③]

甲午之后天津设立的新教育机构还有以潘子静为总办的俄文馆。光绪二十三年(1897),王文韶在俄文馆开办矿学,挑选优生学习,开办经费

---

① 《光绪二十三年九月十三日京报全录》王文韶片,《申报》1897 年 10 月 22 日,第12 版。王守恂称,育才馆"课程采取西学,语言文字、格致算术,分科教授,馆中肄业生约三百人"。见王守恂:《天津政俗沿革记》,天津市地方志编修委员会编著:《天津通志》旧志点校卷(下),南开大学出版社 2001 年版,第 47 页。
② 《渔阳归雁》,《申报》1896 年 10 月 11 日,第 2 版。
③ 《西学盛行》,《申报》1897 年 12 月 2 日,第 3 版。

四五千两,常年经费定为六千两。① 此外,在王修植主持下,天津还设立了西学官书局,成为这一时期当地重要的西书流通机构。这些新的教育和文化设施,加上《国闻报》等报刊,成为维新时期天津社会文化氛围变动的重要表现。除了官办的西学机构,民间的西学教育也有新发展。光绪二十四年(1898)河北望海寺设英文书馆,"凡格致测量代数之学无不精通,如欲肄业者,祈来馆报名面定。每日早学十点至午六点,每晚学八点至十一点"。② 中西新学馆的告白则称:"本馆专课中西新学。中则经史时务策论,西则英文天算测量,愿学者请到梁园门外大学堂取阅章程可也。"③设在紫竹林的扩英书室"每晚七点至十点教读英文、算学、翻译,并代办翻译合同、章程、禀启等件"。④ 水师学堂一位名为刘斡南的洋文教习也在紫竹林设馆,"教授英文、算法、几何、代数、三角、地理、格物、绘图、汽机等学,每日功课自下午七点钟起至九点半钟止"。⑤ 天津城东门内的西学馆"专课英文、数学、格致、测绘等学",⑥等等。与此同时,各种西学和时务书籍开始流行,除了西学官书局"专售译成汉文西学各种图书,以及近人游历日记、中土西儒议论、时务等书"外,⑦设在城内的各报分寄处寄送各种新学报刊和书籍,报纸上时常可见的新书发售广告中,也以时务和西学相标榜。王守恂称,光绪丁酉(1897)他三十四岁,"移馆济

---

① 《光绪二十三年九月十三日京报全录》王文韶片,《申报》1897 年 10 月 22 日,第 12 版。

② 《告白》,《直报》1898 年 5 月 9 日,第 7 页。

③ 《中西新学馆》,孔祥吉、村田雄二郎整理:《国闻报》(外二种),第三册,1898 年 8 月 26 日,第 315 页。

④ 《扩英书室》,孔祥吉、村田雄二郎整理:《国闻报》(外二种),第一册,1897 年 11 月 6 日,第 58 页。

⑤ 《英文夜馆》,孔祥吉、村田雄二郎整理:《国闻报》(外二种),第三册,1898 年 8 月 31 日,第 349 页。

⑥ 《西学馆》,孔祥吉、村田雄二郎整理:《国闻报》(外二种),第三册,1898 年 9 月 15 日,第 475 页。

⑦ 《西学官书局告白》,孔祥吉、村田雄二郎整理:《国闻报》(外二种),第一册,1897 年 10 月 26 日,第 8 页。

生社义塾,编辑《时务通考》,得读西洋各种科学译本书"。① 士人对时务与西学的关注,可见天津城市文化氛围的变化。

甲午之后,在时人竞言变法的情形下,陆续有官员奏请变通书院章程,建议将西学纳入考课内容。光绪二十二年(1896),翰林院侍讲学士秦绶章建议在科举考试中增加时务内容,礼部遵议后表示:"嗣后乡会试策问,应准考官兼问时务","如有精通中外各学,而议论恢宏,实能自抒所见者,即首、次场文字稍平,亦准酌量取中"。② 光绪二十三年(1897)各省乡试中,沿用了光绪十三年(1887)总理衙门与礼部议定的算学科取士办法。③ 此后,一些地方的岁、科考试及书院开始兼考时务策论。如光绪二十三年(1897)英人山雅谷在文中提到,福建督学使"颇知崇实黜浮","余友有应科试而归者,为余言,王宗师按临兴化府,于考试经古一场,兼以时务、算学命题,凡能倡论时务,确有见地,研精算学,已有心得者,生则荣膺选拔,童则喜咏采芹,以视向之重视揣摩八比,刻划五言者,殊有上下床之别"。④ 时务策论成为考试内容,表明甲午之后取士标准的变动。在这一情形下,天津书院的考课风气也发生了变化。天津人李廷玉提到,他在 1897 年"以选文朝夕流览,觉得颇合近时风气,因此书院月考,常列前茅,或为诸生之冠"。⑤ 所谓"选文",即指萧统选编的《文选》之类的著述,与制艺试帖相比,此类文章没有固定格式的要求,与甲午后破除八股的取士趋向有吻合的一面,故而在书院考课中能得到赏识。

甲午之后西学的兴起,对传统书院教育形成了冲击。随着变法运动

---

① 王守恂:《阮南自述》,《北京图书馆藏珍本年谱丛刊》(187),北京图书馆出版社1999 年版,第 692 页。

② 《议准乡会岁科各试兼考时务策论疏》,《万国公报》第 99 卷,1897 年 4 月。

③ 光绪十三年(1887),总理衙门与礼部曾议定科举增设算学科办法,各省有通晓算学及格致之学者,由学政取容送总理衙门考验后,参加顺天乡试,每 20 人取中一人。

④ 山雅谷:《中国略有转机说》,《万国公报》第 103 卷,1897 年 8 月。

⑤ 李廷玉:《李实忱回忆录(节录)》,中国人民政治协商会议天津市委员会文史资料研究委员会编:《天津文史资料选辑》第 43 辑,天津人民出版社 1988 年版,第 53 页。

的日渐高涨,科举制受到广泛的批评,教育变革的呼声,成为维新派最重要的变法主张之一。及至百日维新期间,书院改革成为一项重要的变法举措。随着科举改试策论和书院改学堂的变法上谕的颁布,在书院教育体制最终结束之前,天津各书院也经历了一场改革。

书院改革及反响

光绪二十四年(1898)百日维新开始十余日后,光绪帝于五月五日(6月23日)诏令自下一科起,乡会试及生童岁科各试,废止八股一律改试策论。五月十二日(6月30日),维新派以御史宋伯鲁名义再次上奏,要求生童岁科等即行改试策论,毋庸候至下一科,光绪帝随即下诏允准。《直报》报道说,上谕下达后,天津县试第三场就增加了策论题:"自月之十三日奉上谕,略谓改试策论,用觇实学,着各省学政奉到此次谕旨,即行一律改试策论,毋庸候至下届等因,钦此。已见邸钞。本为速成人才起见。昨十六日为天津县试第三场,邑尊已遵此示谕,即于此场添设策论。惟闻谕后有'不能作者听'五字,想因骤改新章,恐诸童未易学步矣。"①次日,该报刊登了县试二覆题目,其论题为"管仲晏子合论",策题为"问时文取士源流利病",另外还有赋、诗题,"惟论题之下注云:不能作论者,即以此题作时文"。② 在随后府试天津县文童正场四书五经论题中,首题为"行己有耻使于四方不辱君命论",次题为"乾始能以美利利天下论"③当年八月初七日,直隶学政按临天津府,初九日考完天津府文童经古题,"所试约为经术史事掌故格致","皆须参证时事"。"按津郡人才向称蔚萃,且楼台近水,改试策论,似较他属得月为先,惟以风气犹未大开,与考士子未觇

---

① 《添试策论》,《直报》1898 年 7 月 5 日,第 3 页。
② 《二覆题目》,《直报》1898 年 7 月 6 日,第 3 页。
③ 《府试题目》,《直报》1898 年 8 月 12 日,第 3 页。

济济,约俟来届,定当蒸蒸日上也。"①

此后,直隶总督兼北洋大臣荣禄转饬长芦盐运使司,要求天津各书院从六月初二日官课起,"一体改试策论",当日,长芦盐运使万培因即告示各书院肄业生童。② 五月二十八日《直报》发表消息称:

> 前奉谕旨,本届岁考即行改试策论,毋庸迟至下届,故天津县试初覆已经遵照更改。兹闻二十六日阁督宪札饬运司转饬所属各书院,即于六月初二日官课起,一体改试策论,以昭划一。方都转接札后,随即示知肄业各生童遵照矣。③

第二天,《直报》更详细介绍:

> 昨报登书院改课:运宪奉督宪遵旨札饬运司,转饬所属各书院于六月初二日一体改试策论一则。兹悉运宪示谕略云:光绪二十四年五月十八日,蒙阁督盐宪荣札开:"五月十六日准总理各国事务衙门电开:五月十二日奉上谕,御史宋伯鲁奏请将经济、岁举归并正科,并各省生童岁科试迅即改试策论一折。前因八股时文积弊太深,特谕令改试策论,用觇实学。惟是抡才大典,究以乡、会两试为纲,乡、会试既改策论,经济、岁举亦不外此,自应并为一科考试,以免纷歧。至生童岁科,着各省学政奉到此次谕旨,即行一律改试策论,毋庸候至下届更改,将此通谕知之,钦此。希即转咨学政并分行各属,一体钦遵等因,到本阁督部堂。准此,查乡、会试及生童岁科已考策论,其各属书院向试八股者,应一律改试策论,除咨顺天学院并分行外,合行

---

① 《试事类志》,《直报》1898年9月25日,第2页。

② 《八股尾声》,孔祥吉、村田雄二郎整理:《国闻报》(外二种),第二册,1898年7月16日,第526页。

③ 《书院改课》,《直报》1898年7月16日,第3页。

札饬。札到该司即便转饬各属,一体钦遵,查明办理,此札"等因到司。蒙此,查天津为畿辅首区,书院为人材渊薮,现在考试功令既改策论,风气已开,书院考课,自应钦遵谕旨,一律改试,俾院中肄业诸生童得以讲求时务,各抒谠论,蔚成体用兼备之材,以臻一道同风之盛。除分行一体钦遵外,合亟出示晓谕,为此示仰各书院诸生童等一体钦遵。本司遵自本年六月初二日起,逢官、斋课期一律改试策论。其各遵照毋违。①

至六月初一日(7月19日),光绪皇帝发布上谕称:"乡会试仍定为三场:第一场试中国史事国朝政治论五道;第二场试时务策五道,专问五洲各国之政,专门之艺;第三场试四书义两篇,五经义一篇。""其学政岁科两考生童,亦以此例推之,先试经古一场,专以史论时务策命题,正场试以四书义经义各一篇。"②

科举与士人命运密切相关,一有风吹草动,即牵动士子敏感的神经。改试策论的上谕发布后,策论之学成为热门,闻风而动者不在少数。其时天津报纸上常见此类书籍的发售广告。著名书肆文美斋赶印了宋代学者吕祖谦的《东莱博议》,作为考试策论的范本。另一家书肆寄鸿斋告白称:"本斋精选五经四书义史论时务策若干首,名曰新试四种初编,八月初一日在鼓楼北居易堂寄售。"③一位署名"竹素斋主人"的人士在报纸上发布告白称,其收藏有《雨田史论》两册,"近因同人多来假钞,几有日不暇给之势,爰亟印行,以公同好,在天津文美斋寄售,并各书坊分卖"。④号称讲求策论训练的文社也随之兴起。在海大道《直报》馆旁设塾的浙江萧山人汤伯述发布启事,称"拟招学徒百人讲授策论文字。每人月脩

①　《示试策论》,《直报》1898年7月17日,第3页。
②　汤志钧、陈祖恩、汤仁泽编:《戊戌时期教育》(中国近代教育史料汇编),上海教育出版社2007年版,第77、78页。
③　《告白》,《直报》1898年9月5日,第6页。
④　《论义快览》,《直报》1898年9月5日,第6页。

四元,每月两课,一策一论"。① 次日,《直报》还发表消息,称汤为"诗礼名门、簪缨世胄,早岁中孝廉之选,著述等身……通儒循吏,一身兼之"。② "江右卢沛恩、津门王维翰"等人发布的告白称:"静致庐会课为皖江洪月般孝廉思斋倡立,每月朔望举行,一论一策,三日交卷,评定甲乙,酌赠花红","假二道街泰山行宫卢寓为收发课卷处"。③ 八月一日课题为"新垣平议""问中国仿行泰西农务利病"。④ 无论是赶印策学之书还是会课训练策论,意图自然都在"射利",可见科举改章后风气变动之速。

与此同时,书院改革也成为变法的一项重要内容。五月二十二日(7月10日)光绪发布上谕,命令各地上报"书院处所经费数目,限两个月详覆具奏,即将各省府厅州县现有之大小书院,一律改为兼习中学西学之学校。至于学校等级自应以省会之大书院为高等学,郡城之书院为中等学,州县之书院为小学,皆颁给京师大学堂章程,令其仿照办理"。⑤ 此后,光绪帝又数次发布设学上谕,七月初三日(8月19日)的上谕中,则以两个月期限将届,要求各督抚将开办学堂情形迅即电奏。⑥《国闻报》七月十五日(8月31日)报道说,廷谕催办学堂,直隶布政使裕长与长芦盐运使、津海关道、天津道以及王修植等人十二日、十三日、十四日连日会议此事。⑦ 七月十九日,该报报道了当地官员商议的结果,亦即天津书院改设学堂的初步方案:

---

① 《显学书塾》,《直报》1898 年 7 月 24 日,第 6 页。

② 《通儒循吏》,《直报》1898 年 7 月 25 日,第 3 页。

③ 《朔望会课》,《直报》1898 年 8 月 11 日,第 8 页。

④ 《静致课程》,《直报》1898 年 9 月 16 日,第 3 页。

⑤ 汤志钧、陈祖恩、汤仁泽编:《戊戌时期教育》(中国近代教育史料汇编),上海教育出版社 2007 年版,第 121 页。

⑥ 汤志钧、陈祖恩、汤仁泽编:《戊戌时期教育》(中国近代教育史料汇编),上海教育出版社 2007 年版,第 123 页。

⑦ 《会议直隶全省改设学堂》,孔祥吉、村田雄二郎整理:《国闻报》(外二种),第三册,1898 年 8 月 31 日,第 350 页。

天津拟设高等学堂一所，以集贤书院改之，为北洋大臣管辖，以教南北游学之士子；拟设中等学堂一所，以问津书院改之，为天津府所属，以教天津一府之士子；又拟设小学堂一所，以会文书院改之，为天津县所属，以教天津一县之士子。此外辅仁、三取、稽古等各书院悉仍旧贯，不过将四书文改作四书义，以留寒士食贫之地。

这一设想中，除了将集贤、问津、会文三处书院改为学堂外，辅仁、三取、稽古则仍其旧，仅在考课内容上进行有限调整，实则是一个折衷性方案。其表面原因在于学堂经费难以解决。报道中提到："闻得各学堂所需经费颇巨，而各书院原有之经费不过敷学堂十分之一二，与议诸公均以无款可筹为词。然上次迭奉谕旨，将各衙门陋规及不在祀典之庙宇寺观一切改充学堂经费，而当局乃竟无一言及此。夫裁陋规或于官之利权有妨，其不肯改作亦固人情之常，无足怪者。彼供奉泥塑木雕之偶像，与养给堕游坐食之僧道，耗物力于无用之地，明奉谕旨，犹且惮于改作，是诚不知其居心矣。"①该文认为，上谕已经有将陋规和庙宇产业改为学堂经费的要求，但天津地方官员以经费不足为词，"惮于改作"，显然对这一改革方案颇感不满。此一言论，也多少可见《国闻报》力促书院改立学堂的立场。

天津书院改学堂更为准确的方案，由直隶总督荣禄七月二十一日(9月6日)奏报朝廷，其云：

天津为北洋大臣驻节之所，亦与省会无异。大小书院，共有六处。内集贤书院专课外省士子，辅仁、会文、问津、三取、稽古五书院，专课本地士子。膏火奖赏，除地方商民捐办外，均系官为筹给。今拟将集贤书院改为北洋高等学堂，无论本省外省士子，均准入选。会

① 《改设学堂续闻》，孔祥吉、村田雄二郎整理：《国闻报》(外二种)，第三册，1898年8月25日，第383页。

文、三取、稽古三书院,拟即归并,分别改为天津府中学堂、天津县小学堂各一所。学有成就,升入高等学堂。其前设之头等学堂,应作为高等学;二等学堂,应作为中等学,以免参差。惟各堂学生额数,碍难过多。天津人才荟萃,每月应试者不下二千人,势不能兼收并蓄。应将问津、辅仁两书院改为学堂,变通办理,令兼课中西各学。庶士子未经选入各堂肄业者,亦不致有向隅之叹,似于造就人才之意,更为周备。

该折中还提到学堂教材的解决办法:拟于天津高等学堂内设编译书局,"中学之书,除四书五经外,将历代史舆地志九通等书,编为读本。西学之书将算数、格致、外国舆图史鉴、工程矿学、声光电化等书,照西国学堂肄业次序,分为溥通学专门学两种,译成功课书,刊作定本,颁发各属学堂依次课授"。此外还涉及学生、教习和考课之法:

各处学生,县学堂拟挑取聪颖文童,府学堂拟挑高等生员,省会高等学堂拟挑取各属举贡生监,酌定额数,分班肄习。每班设中学教习、西学教习各一员。每堂设监督一员。功课责成教习,堂务责成监督。每月逢朔考中学,逢望考西学,年终由北洋大臣派员分赴各堂大考一次,严定去取。其出身等级,亦照京师大学堂奏定章程办理,以昭划一。[①]

此后,天津书院改学堂的方案又有调整。七月二十三日(9月8日),《国闻报》有消息称,总办大学堂王修植与长芦盐运使、津海关道、天津道督同天津知府、天津知县等官员往各书院详加查勘,除集贤改高等学堂,三取、会文分别改中小学堂,"辅仁、问津各书院拟改学堂,名目变通办

---

① 朱有瓛编:《中国近代学制史料》第一辑,下册,华东师范大学出版社1986年版,第445—456页。

理,均仍照旧按月考课,中西兼试,其余则一律停课云"。① 按照本次报道的内容,三取书院代替问津书院拟设为中学堂,而问津书院、辅仁书院也计划改为学堂,仍旧按月考课,但内容上则变为"中西兼试",其他书院则一律停课。

对于书院改学堂之举,天津社会反响不一,部分开明士子表达了积极的支持态度。对算学颇有兴趣的陈宝泉其时曾拟《天津书院改学堂宜如何变通议》,就"定学规、革陋习、择地基、立考法"提出建议。② 不过,对多数书院肄业生徒而言,尽管甲午之后科举改革舆论已经令他们感受到风气的变化,但书院改设学堂的举措,仍然带来了强烈的冲击。书院变革与肄业生徒出路问题直接相关,也成为改革最大的阻力。一位名叫王瑜的举人就此上书陈情,直隶总督兼北洋大臣荣禄在批示中除了重申书院改学堂的方案外,建议该举人到问津、辅仁两处书院应试。③ 不过,问津书院和辅仁书院虽然保留了考课,但书院生徒对此仍十分不满,不断有人禀请官方,要求延续书院的课试。在改革方案中,三取书院被改为学堂,也引发了该书院生徒的反弹。八月五日(9 月 20 日)《国闻报》有消息称:"兹闻三取书院肄业各生童公禀运宪,叩求留院肄习。运宪禀请中堂,拟将三取所有已取备取各生童,与问津书院肄业生童合棚甄别,设法归并。惟照两书院原额裁减一百名,已蒙中堂允准。运宪即于初三日牌示,定初四日将问津、三取两书院已取备取各生童归并甄别,在问津书院局试云。"④

关于天津书院的改革,上海《申报》也予以关注,不过消息略有滞后。

---

① 《派员办理学堂》,孔祥吉、村田雄二郎整理:《国闻报》(外二种),第三册,1898年9月8日,第415页。

② 陈宝泉:《退思斋诗文存》,文海出版社1970年影印本,第362–366页。

③ 《督辕批示》,孔祥吉、村田雄二郎整理:《国闻报》(外二种),第三册,1898年9月17日,第489页。

④ 《两院甄别》,孔祥吉、村田雄二郎整理:《国闻报》(外二种),第三册,1898年9月20日,第513页。

当年9月29日,该报有消息称:

> 天津访事人云,津郡书院共有五处,惟集贤书院外省之举贡生监皆得与试。其余会文、辅仁、问津、三取四书院,皆专课天津士子。自奉旨改书院为学堂,官绅屡次集议,现已酌定将集贤书院改为高等学堂,会文、辅仁改为府、县两学堂。然学堂肄业诸生,额数有定,则未入珊网之遗珠,不免有向隅之憾。因仍留问津、三取两书院甄别生童,专课策论,俾未入堂之诸士子亦得应课。本月初三日已由北洋大臣札委王菀生观察详查拟改学堂之各书院产业,并由运宪归并三取、问津两书院生童,于初四日甄别矣。①

也就是三取、问津两书院生童归并甄别之际,戊戌政变发生。政局的变化使得天津书院改革未及落实便告夭折,在随后的一段时间里,各书院逐渐恢复旧轨。九月十二日(10月26日),《国闻报》有消息称:"问津、三取两书院肄业生童等,前曾联名进呈,恭录上谕,求运宪将两书院仍旧按期考试,刻已蒙运宪准行,饬下科房传知院丁预备一切,听候牌示,定期开考,并传谕将所有未考之课,一律补齐云。"②四天后,《国闻报》再次报道:"集贤书院改为北洋高等学堂,业经奏奉谕旨允准在案,近闻该院肄业各生在运署一再上禀,请将该书院照问津三取两书院,仍旧按期考试,为士子食贫之地。详奉督宪批示,近既仍以四书命题取士,即暂行开考云云。昨已出示晓谕,在院肄业诸生,定于本月十六日开课云。"③此后又报道说:"三取、问津两书院定于二十六日开课斋课,业已登报。刻闻上宪将两书院更定章程,每逢初二日官课,仍系一文一诗,当日完卷,惟十六日

---

① 《书院改章》,《申报》1898年9月29日,第2版。

② 《八股复原》,孔祥吉、村田雄二郎整理:《国闻报》(外二种),第四册,1898年10月26日,第201页。

③ 《依旧开课》,孔祥吉、村田雄二郎整理:《国闻报》(外二种),第四册,1898年10月30日,第233页。

斋课首艺课以四书文,次艺则试以策论,以乩肄业各生童之实学云。又闻运署承行房亲赴两书院查看窗户,均属破碎,亟应修补,禀请运宪发款,以便先期裱糊。"①上海《申报》也有消息称:"天津访事人云,日前奉旨变法自强,天津集贤书院改为高等学堂,辅仁、会文等书院改为府、县学堂,专课中西实学,惟留问津、三取以策论课寒畯之士,俾免向隅。现在此举作为罢论,所有月课仍试以八股试帖各一首,惟集贤书院向试经古,目下兼课策论,然亦以无足轻重视之。变法之难,于兹可见矣。"②十月初四日(11月17日),《国闻报》刊登盐运使告示称:

> 案查前奉前督宪奏覆筹办直隶学堂大概情形折内,将集贤书院改为北洋高等学堂,会文、三取、稽古分别归并,改为天津府中学堂、天津县小学堂各一所,学有成就,升入高等学堂。问津、辅仁改为学堂,变通办理,令兼中西各学,其余一律停课。嗣奉谕旨,乡试会试岁考科考等场,悉照旧制,仍以四书文试帖考试各等因。查八月十一等日续奉谕旨,仅有各省祠庙毋庸改为学堂明文,并无旧设书院毋庸改为学堂之语,所有问津、三取两书院每月官课仍以四书文一篇,试帖一首。斋课则以经解史论各一道,西学一则,如算法格致天文舆地矿务铁路光学化学等类,分为数种命题,各专一门,如有余力,或兼数门亦听其便。其不习西学者亦听。问津书院近年另设学海堂,此后归并问津斋课,将杂出西学各题,或仍许领归,分日交卷。将来肄业各生中如果有英年聪颖,兼通西学者,即可选送入原有之高等学堂。③

根据这一告示,问津书院、三取书院官课继续保留不变,斋课则变为

① 《改而不改》,孔祥吉、村田雄二郎整理:《国闻报》(外二种),第四册,1898年11月7日,第297页。
② 《复试八股》,《申报》1898年11月10日,附张。
③ 《县示照录》,孔祥吉、村田雄二郎整理:《国闻报》(外二种),第四册,1898年11月17日,第379页。

经古课,并增添了西学的内容。尽管戊戌年天津书院并未改为学堂,但考课内容则增加了西学,可以看作是这一时期天津书院改革的一个成绩。告示中以上谕没有"书院毋庸改为学堂"之语为由,未提及其余拟改学堂的书院考课办法。但事实上,随着新政推行的失败,书院改学堂的计划已经中止,天津各处书院相继恢复旧制,以原有方式继续运行。不过,戊戌新政的一番周折,预示着传统的书院教育已经临近终点。

第二节 书院历史之结束

戊戌后的书院

戊戌政变之后,天津各书院恢复了原来的考课制度。光绪二十四年(1898)冬,《国闻报》刊登过集贤书院和三取书院的官课题目。集贤书院补行十一月初二日官课,除了当天交卷的一道文题,还有一道策题为"天津郡城内外窃劫之案,时不乏有,必须设法防范,诸君子旅居日久,必有良法以绥静地方者,愿各举所见以对策",要求与考者七日内交卷。同日三取书院官课题目,则依旧为生、童文题、诗题各一。① 专课经古的稽古书院和为外省士子设立的集贤书院也在运行,报纸上也刊登过这两所书院的考课消息。②

光绪二十五年(1899)初,各书院依旧举行甄别考课。津海关道李珉琛发布告示称,集贤书院甄别定在阴历二月初六日举行,与以往一样,文

---

① 《两院课题》,孔祥吉、村田雄二郎整理:《国闻报》(外二种),第五册,1898 年 12 月 18 日,第 31 页。

② 《稽古课题》,孔祥吉、村田雄二郎整理:《国闻报》(外二种),第五册,1899 年 1 月 4 日,第 155 页;《集贤课题》,《国闻报》(外二种),第五册,1899 年 1 月 6 日,第 167 页。

题、诗题各一,限于当日交卷。参加甄别者须由外省同乡候补人员认保出结,经查对后方可应试。"考试之期,务于黎明齐集书院,听候扃试。"①三月二日,三取书院也继续按期举行官课。② 此后,《国闻报》还多次刊登了这所书院的考课题目。报纸上同样经常可见问津、辅仁书院的考课消息。

光绪二十六年(1900)年初,直隶学政按临天津府举行院试。报纸上刊登消息说,问津、辅仁、三取、稽古等书院"年例于二月初二三日举行甄别,本届学宪按临在即,碍难开课。运道两宪随皆谕令暂行停止,其专课孝廉之会文书院及专责外省之集贤书院谅可应期举行也。"③因为不受院试影响,面向外省举贡生监的集贤书院仍旧在二月初举行了甄别。按照以往的惯例,候补人员受派负责监考。集贤书院的甄别定于二月初六日举行,照例由直隶总督主课,司道大员监场,负责扃试的是津海关道黄建筦。④ 不过,当天参加甄别的人员并不多,可能是因为院试的缘故,部分以往冒籍参加集贤课试的人员没有参加本次甄别。黄建筦是日"多备肴点,以飨士子"。⑤ 随后的二月十六日和十八日,辅仁书院分别进行了生员和童生的甄别。因为本年为秋试之年,为了提前练习和准备,"是课生员到者颇众",时任天津道方恭钊到院点名,依旧是文题、诗题各一。⑥ 二月二十日,稽古书院也举行了甄别,"是日系由督宪主课,委司道大员前

---

① 《开课告示》,孔祥吉、村田雄二郎整理:《国闻报》(外二种),第五册,1899 年 3 月 15 日,第 511 页。

② 《三取课题》,孔祥吉、村田雄二郎整理:《国闻报》(外二种),第六册,1899 年 4 月 14 日,第 25 页。

③ 《甄别暂停》,孔祥吉、村田雄二郎整理:《国闻报》(外二种),第九册,1900 年 2 月 23 日,第 36 页。

④ 《课事小纪》,孔祥吉、村田雄二郎整理:《国闻报》(外二种),第九册,1900 年 3 月 1 日,第 98 页;《集贤开课》,《国闻报》(外二种),第九册,1900 年 3 月 5 日,第 123 页。

⑤ 《集贤课事》,孔祥吉、村田雄二郎整理:《国闻报》(外二种),第九册,1900 年 3 月 9 日,第 154、155 页。

⑥ 《辅仁开课》,《国闻报》(外二种),第九册,1900 年 3 月 18 日,第 228 页。《课事两纪》,《国闻报》(外二种),第九册,1900 年 3 月 20 日,第 242 页。

往点名散卷讫。课艺照章试以经解策论及诗古文辞"。① 二十四日,问津书院和三取书院也在延迟 20 多天后举行了本年的甄别考课。② 三月初九日,问津、三取补行了二月的斋课。③ 但本月初二日的官课又遇到了拖延,拟定于三月二十三日举行。④

　　尽管天津各书院仍在如常运行,但其生存空间已经被大大压缩。戊戌变法的夭折对讲求新学的士人无疑是一个打击,光绪二十六年(1900)天津院试期间一则新闻称:"本届古场生童投卷报考诗赋者较往年为少,至愿考时务者则更寥寥无几。盖恐一通时事,不入党人之传,即不免喜新好异之讥也。风气如此,徒唤奈何。"⑤但总体来说,新学在天津地区的发展势头并没有受到明显的影响。维新时期新设立的西学教育机构如北洋大学堂、育才馆、俄文馆等仍然继续运行。1899 年 3 月 6 日,由北洋头二等学堂和武备、水师等学堂选派的游学日本学生二十名从塘沽出发赴日。⑥ 这年春天,北洋二等学堂从南方所招新生也全都抵达天津,入学肄业。⑦ 6 月 25 日,北洋大臣裕禄到访法国工部局,阅视年初刚刚开学的法

---

① 《课事两纪》,孔祥吉、村田雄二郎整理:《国闻报》(外二种),第九册,1900 年 3 月 20 日,第 242 页。

② 《三取试题》,孔祥吉、村田雄二郎整理:《国闻报》(外二种),第九册,1900 年 3 月 26 日,第 296 页;《问津课题》,《国闻报》(外二种),第九册,1900 年 3 月 27 日,第 299 页。

③ 《评定甲乙》,孔祥吉、村田雄二郎整理:《国闻报》(外二种),第九册,1900 年 4 月 2 日,第 349 页;《补行斋课》,《国闻报》(外二种),第九册,1900 年 4 月 9 日,第 406 页。

④ 《书院补课》,孔祥吉、村田雄二郎整理:《国闻报》(外二种),第九册,1900 年 4 月 21 日,第 502 页。

⑤ 《院试六志》,孔祥吉、村田雄二郎整理:《国闻报》(外二种),第九册,1900 年 3 月 1 日,第 86 页。

⑥ 《游学起程》,孔祥吉、村田雄二郎整理:《国闻报》(外二种),第五册,1899 年 2 月 25 日,第 417 页;《云程发轫》,《国闻报》(外二种),第五册,1899 年 3 月 10 日,第 487 页。

⑦ 《新生到齐》,孔祥吉、村田雄二郎整理:《国闻报》(外二种),第六册,1899 年 5 月 4 日,第 111 页。

文学堂及所招学生,并为这所有 30 多名中国学生的学堂颁发了一百两奖赏银。在《国闻报》看来,这是官方对学堂发出的一个积极的信号,"北洋设立各学堂,自李中堂阅视后,无过而问者"。裕禄阅视法国人设立的学堂,"则年终大考时必将亲临各学堂以鼓励各生,当不至如前任之委员了事也"。① 8 月中旬,《国闻报》刊登消息称,一位在中国居住三十余年、名为郭希铎的外国人,在法租界美昌洋行间壁设立书院,"教授英法各国语言文字并西算学音乐等,有志者盍往问津乎"。② 同样在《国闻报》上,发售西学和时务书籍的广告仍时有可见。11 月,萃英书室在该报连续刊登招生告白称:"八月初十日,敝馆头班学生五名均考入铁路电报学堂,现拟另招一班,愿学者请至红楼后黄公馆报名可也。"③

这年春天,戊戌年由中西士女创设的天足会仍在活动,并刊登告白向社会征文,"令妇女警醒,猛改急变颓风",前两二名分别奖励二十五、十五元。④ 3 月 12 日北洋二等学堂开始招考四班新生,据称"报名投考甚众"。⑤ 3、4 月间,由基督教青年会设于紫竹林租界海大道的英文夜馆则刊登告白称:"本公所所设之英文夜馆,迄今已有多日,每晚自七点钟起教至九点钟止。有志英文、算法等学者,尚祈早来报名,每月允付束脩洋四元可也。"⑥宝坻、宁河、丰润的六位廪生和附生出资,在天津城东共同

① 《阅视学堂》,孔祥吉、村田雄二郎整理:《国闻报》(外二种),第六册,1899 年 6 月 26 日,第 342 页;《制台阅视法文学堂续闻》,《国闻报》(外二种),第六册,1899 年 6 月 27 日,第 346 页。

② 《循循善诱》,孔祥吉、村田雄二郎整理:《国闻报》(外二种),第六册,1899 年 8 月 19 日,第 566 页。

③ 《萃英书室》,孔祥吉、村田雄二郎整理:《国闻报》(外二种),第七册,1899 年 11 月 6 日,第 297 页。

④ 《天足会广求论说》,孔祥吉、村田雄二郎整理:《国闻报》(外二种),第九册,1900 年 3 月 6 日,第 132 页。

⑤ 《学堂招考》,孔祥吉、村田雄二郎整理:《国闻报》(外二种),第九册,1900 年 3 月 12 日,第 181 页。

⑥ 《英文夜馆》,孔祥吉、村田雄二郎整理:《国闻报》(外二种),第九册,1900 年 3 月 26 日,第 289 页。

创办了一所译书局,以玉田县举人史菌为总办,并派人赴日本购买铅版,聘用一名"日本通才",计划"先译日本学堂普通功课书,以次及各种专科功课,及日本所译西人有用之书,广行出售"。这一计划获得了李鸿章的批准。① 凡此,都表明新学、西学在天津仍在持续蔓延。

新学的兴起意味着书院教育对士子吸引力的下降。事实上,在甲午前后的一段时间里,天津士人的读书兴趣也在发生变化。曾长期在问津书院考课的陶喆甡就是一例。赵元礼称,陶"甲午以后,知中国旧学问、旧政治之不足以图存也,则剀切恳至,呼号国人,力求新学新政为职志。其时众人几以狂怪目之"。② 地方志中也说,陶光绪十九年(1893)中举人,其时"时务之说起,众方厌之,喆甡聆其言论,知为国家强弱所在,瞿然兴起,遍寻迻译之书浏览,得其大凡,而尤厝意于政治"。甲午战争失败后,陶喆甡成为天津维新事业的积极参与者,表达出对国家前途与命运的深深担忧,"有倡知耻学会者,喆甡助之,复立不缠足会于天津,苦口忠言,不避诟毁。戊戌政变,危及君上,喆甡屏息彷徨,若有所失。迨庚子之难,奔走忧劳"。③ 作为新知识的提倡者,陶"以新学相勖,殷殷属望,旁及友朋"。④ 这样的例子还有很多,在甲午之后的新学风潮中,越来越多的天津士子已经将知识兴趣转移到西学领域。光绪二十二年(1896)春《直报》的一则报道称,水师学堂招考新生,"应考者已至二百余名,目前已取六十余名"。⑤ 在这一年,正在为科举考试做准备的十七岁天津士子李叔同在信中提到,天津有减各书院奖赏银归洋务书院之议:"今再有信将各书院奖赏银皆减去七成,归于洋务书院。"鉴于形势的变化,李叔同表示

① 《创设天津译书禀稿》,《北京新闻汇报》,1901 年第 4 期。

② 赵元礼:《藏斋诗话》,杨传庆整理:《津门诗话五种》,天津古籍出版社 2018 年版,第 162 页。

③ 高凌雯纂,民国《天津县新志》,天津市地方志编修委员会编著:《天津通志》旧志点校卷(中),南开大学出版社 2001 年版,第 795 页。

④ 高凌雯纂,民国《天津县新志》,天津市地方志编修委员会编著:《天津通志》旧志点校卷(中),南开大学出版社 2001 年版,第 936 页。

⑤ 《水师招考》,《直报》1896 年 2 月 7 日,第 2 页。

"拟过五月节以后,邀张墨林兄内侄杨君,教弟念算术,学洋文"。① 光绪二十三年(1897),早年参加书院课试的陈宝泉考取了京师同文馆算学预备生。同一年,22岁的王襄则开始阅读西学书籍、学习数学。当年正月王襄所订《课余日知》中,记录了所读此类书籍近20种,②其中多数为数学书,可见其兴趣所在。凡此,都可见天津士子知识兴趣的转移。在这种情形下,书院教育事实上已处于萎缩状态。光绪二十五年(1899)九月十二日,其时主持天津学海堂的著名学者叶昌炽在其日记中写道:"阅学海堂卷毕,仅十九本,几不成军矣。"③在最后不到两年的时间里,天津书院的存在感已经大为下降。

天津书院的终结

光绪二十六年(1900)春夏之交,义和团运动在京津直隶一带开始进入高潮。6月17日,在天津的义和团攻打紫竹林租界之际,大沽炮台被八国联军占领。阴历六月十四日亦即7月10日,身在北京的叶昌炽在日记中留下了为天津学海堂命题的最晚一条记录。四天之后也就是7月14日,联军攻占了天津城。30日,八国联军组织了天津临时政府,亦即天津都统衙门,由此开始在天津实施了为期两年的殖民统治。在八国联军侵占天津期间,包括水师学堂、武备学堂在内的天津洋务教育机构遭到了毁灭性破坏,同样也波及书院。在混乱的情形下,天津各书院已经停止运

---

① 林子青编著:《弘一法师年谱》,宗教文化出版社1995年版,第8页。

② 《王襄年谱》,王襄著,唐石父、王巨儒整理:《王襄著作选集》(下),天津古籍出版社2005年版,第2589、2590页。王襄所记包括《天演论》《政治学》《种族进化论》《社会学》《九数通考》《数学启蒙》《梅氏全书》《数理精蕴》《算式集要》《代数备旨》《代数通艺录》《代数学》《三角数理》《四元玉鉴细草》《算学课艺》《笔算笔谈》及《生物界之现象》等。

③ 叶昌炽:《缘督庐日记》,江苏古籍出版社2002年影印本,第2970页。

作,叶昌炽的这次考课已经不可能实现了。

八国联军侵华战争使天津的洋务事业遭受了极大的挫折,但却为西学的迅速扩散提供了便利。光绪二十七年(1901)秋,吴汝纶在一封信中提到天津译局自上海运到译书七百余种。① 他观察到,"直隶乡间秀才,似已渐知吾旧法未能强国,不得不改弦更张"。② 同一年,严复自上海返回天津主持开平矿务局事务,在致汪康年的信中,严复说:"京、津两处皆有人拟鸠股本开设绝大报馆,挽弟为之著述家。"③陈宝泉记称,"于时事及新法颇为留意"的天津士人王春瀛,庚子后在津"组织开文书局,集同志纂时务通考,既风行而获利矣,更纂辑掌故、西政、西艺三类书"。④ 从中不难感受到庚子后京津地区知识风气的变动。

八国联军的入侵和对天津的殖民统治,带来屈辱的同时,也在客观上成为地方社会重建的契机。在以书院为主的传统教育因战争而停滞的情形下,天津成为清末新式学堂率先兴起的地区。光绪二十六年(1900)冬天,稽古书院开始筹备办学活动。次年初,由"稽古书院同人公启"的一则告白称,"稽古书院内新开华文、英文、东文书塾,拟招正课生六十名,每人每月交公费三元,附课生五十名,每人每月交公费二元,愿学者限十日内来塾详阅章程,以便择期入学"。⑤ 这所以教授语言为主的学校被称为普通学堂。王守恂记称,清政府下诏变法后,"津人因乱徙避者接踵归来,生计凋敝,士民失业,青年学子无所归附",乃有该校之设。尽管持续时间不长,但办理颇见成效,成为清末天津兴学的先声,"今日之从学外

---

① 吴汝纶:《与陆伯奎学使(九月十七日)》,《吴汝纶全集》(三),施培毅、徐寿凯校点,黄山书社2002年版,第374页。

② 吴汝纶:《与言謇博》,《吴汝纶全集》(三),施培毅、徐寿凯校点,黄山书社2002年版,第366页。

③ 上海图书馆编:《汪康年师友书札》,上海古籍出版社1986年版,第3278页。

④ 陈宝泉:《退思斋诗文存》,文海出版社1970年影印本,第211页。

⑤ 《华文英文东文》,《直报》1901年2月14日,第1页。

洋发名成业者,多普通学堂高材生也"。① 王氏又称,普通学堂"在堂经理其事者为王世芸、高凌雯,并延美国丁家立赞助,学科分国文、英文,规制采诸外洋,与今日学堂,其设备无少异焉。惜时未久,便已裁废"。② 此后,该校改为天津府官立中学堂,民国时期又使用过直隶府立第一中学校、河北省立第一中学等名称。

1901 年 1 月,清政府发布新政上谕,清末新政由此开场。当年 9 月 14 日,作为新政的一项重要内容,上谕要求各省城书院改为大学堂,各府及直隶州改中学堂,各州县设小学堂。兴办学堂被视为当务之急,各类新式学堂的创建蔚然成风。到 1901 年末,"这一类或那一类学堂象蜂窝一样遍布整个天津。在这些学堂中,可以列为'新'学堂者总数有四十七个之多;其中,十二所可以称之为公立学堂,十所学堂由地方士绅创办,六所由基督教会开办,还有三所是由私人企业开办的"。③ 天津各书院原址大多成为学堂所在地。1902 年 5 月,袁世凯收回天津,不久后在辅仁书院旧址设立校士馆,"专课举贡生监以策论及格致、算学",到 1905 年科举废除后被裁,被视为"书院之余波"。④ 当年冬天《大公报》有消息称:"当道前议设立北洋校士馆,专招举贡生监斠取入馆,肄习经史、天文、地舆、兵农、法律、图算、格致各种专门实学,以育真才。现经善后局员择于辅仁书院改立该馆,吴护督定于月之十六日考试各生云"。是日,由天津府凌太守临场考试。报道中还提到,在设立校士馆前,辅仁书院曾经是平耀局所在地。⑤

---

① 王守恂:《天津政俗沿革记》,天津市地方志编修委员会编著:《天津通志》旧志点校卷(下),南开大学出版社 2001 年版,第 43 页。

② 王守恂:《天津政俗沿革记》,天津市地方志编修委员会编著:《天津通志》旧志点校卷(下),南开大学出版社 2001 年版,第 47 页。

③ 派伦著、许逸凡译:《天津海关一八九二——一九〇一年十年调查报告书》,天津社科院历史研究所编印:《天津历史资料》第 4 期,1965 年,第 81 页。

④ 王守恂:《天津政俗沿革记》,天津市地方志编修委员会编著:《天津通志》旧志点校卷(下),南开大学出版社 2001 年版,第 47 页。

⑤ 《纪校士馆》,《大公报》1902 年 11 月 12 日,第 2 版。

　　三取书院所在的地方,在八国联军侵占天津期间,先由德国军队占领,后来由奥匈帝国军队驻扎。战争结束后,奥国提出了在天津开设租界的要求。1902 年 8 月《大公报》报道称:"河东三取书院,创自康熙五十三年,原为士子肄业之所,今已隶于奥界,十六日奥官特派一号华捕头前往勘视,闻将以该书院改建巡捕厅云。"①

　　庚子之后,在天津学界领袖严修的带领下,当地士绅对兴办学堂表现出极大的兴趣。1903 年初,严修与商界领袖王贤宾以及李宝恒、王文郁等在会文书院内创办了民立第一小学堂,聘张伯苓任教员,这是天津民办新式学堂之始。当年 2 月《大公报》有消息称,"天津民立第一小学堂设在会文书院内,邑绅严范孙太史总理其事,录取学生百四十名,已于十九日开馆,分为五班,每班委派教习一名,并派有日本教习斋藤君一员,每日教练体操云"。② 随后,问津书院原址成为民立第二小学堂。1904 年初《大公报》称:"城内鼓楼南问津书院内,现今改设天津民立第二小学堂,该堂董卜宝廉君、张炳君等,已添修房间数十椽,业经工竣,于前日开办云。"③到 20 世纪 30 年代,这里是私立第二小学校址。

　　天津被联军占领期间,北洋大学堂为德国军队占领,之后划归德国租界。天津收回后,袁世凯与丁家立等人一度打算在集贤书院原址上重建北洋大学堂,1902 年 6 月《大公报》有消息称:"都署汉文司员丁家立君,经大府聘为直隶全省学堂总教习。丁君已将汉文案差辞谢,前往保定,迭见津报。兹悉丁君到保后,与慰帅面商诸事,尤以重建北洋大学堂为急图,慰帅准如所请,已电达津关道,饬将集贤书院赶紧清理,以备将来建堂

---

　　①　《寒酸觖望》,《大公报》1902 年 8 月 21 日,第 2 版。

　　②　《纪小学堂》,《大公报》1903 年 2 月 19 日,第 2 版。20 世纪 20 年代,这所学校为私立第一小学校。当时该校与文庙相通,操场即设在文庙内。其时严修等人在天津倡导国粹,有绅士曹建亭在 1923 年整理文庙会议中曾建议将私立第一小学校迁出,开设讲坛或书院之类,"恢旧日会文书院之旧观,一以保护文庙之严肃,一面用该校址,创作保护国粹文化事业之机关"。但此事未见下文。见《维护国粹文化之好消息》,《大公报》1923 年 5 月 17 日,第 6 版。

　　③　《教育大兴》,《大公报》1904 年 3 月 25 日,第 2 版。

兴学之用。"①不过,北洋大学堂最终在西沽武库旧址上重建。此后,报纸上又有消息,一位名为孙仲英的士绅拟邀同本市绅商集资十万两,创设医院十一处,其中一处即拟以集贤书院为地址。② 但这一计划也未实现,这里最终成为直隶官报局所在。

关于天津各书院的归宿,王守恂后来称:"学制改,书院废,今问津、辅仁、会文、稽古各书院,均改建学堂,集贤书院改北洋官报印刷局,其三取书院地基则已归荒废矣。"③在传统书院走向终结的同时,新式学堂代之而兴,天津教育也由此进入了一个新的历史时期。

---

① 《纪北洋大学堂》,《大公报》1902 年 6 月 20 日,第 2 版。

② 《医院纪闻》,《大公报》1902 年 6 月 22 日,第 2 版。

③ 王守恂:《天津政俗沿革记》,天津市地方志编修委员会编著:《天津通志》旧志点校卷(下),南开大学出版社 2001 年版,第 46 页。

第四章

晚清天津书院之山长

山长是书院讲席的主持者,对书院学风趋向有重要影响。在传统教育时代,山长作为书院的核心人物,往往由负有清望之学人担任,与书院之成绩与声誉关系密切。晚清是天津书院的鼎盛时期,曾在天津书院任山长者为数不少,值得做一专门讨论。本章围绕天津书院山长之选聘及其日常职责与活动进行介绍,以求加深读者对天津书院的了解与认识。

第一节 问津书院之山长

按照清代书院制度,地方官员对书院负有主导之责,山长之聘任多由官方负责。一般而言,地方官员选聘山长,要注重学术声望与经历,但也受到其他各种因素的影响和左右。19 世纪中期安徽桐城学者戴钧衡曾指出其时书院聘任山长之弊:"省会书院大府主之,散府书院太守主之,以科第相高,以声气相结,其所聘为山长者,不必尽贤有德之士类,与主之者为通家故旧,或转因通家故旧之请托。降而州县书院,则牧令不能自主,其山长悉由大吏推荐,往往终岁弗得见,以束脩奉之上官而已。"① 山长作为地方官员控制下的职位,其选聘背后往往交织了各种人事关系乃至利益考量。这一情形,在晚清天津书院中也十分常见。特别是影响最大的问津书院,其山长一席更受瞩目,值得作一详细梳理。

关于问津书院早期之山长,其约略情形已见前述。这里主要介绍同治、光绪时期问津书院山长的情况。

---

① 璩鑫圭编:《鸦片战争时期教育》(中国近代教育史资料汇编),上海教育出版社2007 年版,第 312 页。

李嘉端

同治九年(1870)九月初六李鸿章接任直隶总督之际,问津书院山长为李嘉端。李嘉端号铁梅,直隶大兴人,道光九年(1829)进士,官至安徽巡抚。高凌雯记称:李嘉端幼年曾随父李云章居天津,"罢职后,李文忠公聘主问津书院,重至沽上,撰联语悬学海堂云:'钓游曾记童年事,文字重修老退缘'"。高氏还记述了一位名为李云章的士子为避李嘉端之父名讳而改名事:"时李蔼卿名云章,方肄业院中,先生使人示意,避其家讳,于是蔼卿改名润章者数年。"①按李嘉端咸丰三年(1853)以刑部左侍郎任安徽巡抚,但数月即被罢免。在主问津讲席前,已主持关中书院、莲池书院多年。成书于光绪十二年(1886)的《光绪顺天府志》称,李罢职后,"乙卯主讲陕西关中书院,同治四年移讲直隶莲池书院,庚午移讲天津问津、三取两书院,光绪六年十二月卒于天津"。② 可知李嘉端的书院生涯始于咸丰五年(1855),移讲问津则在同治九年(1870),直至光绪六年(1880)去世。后来主持问津书院的李慈铭也言及:"又向主席者,大兴李铁梅中丞,以二十六科前翰林,敭历中外,北地耆宿,卅年专讲,足称达尊。"③《续天津县志》云:"同治九年九月,院长宛平李公嘉端,于学海堂前东南隅,捐资凿井一口。"④此际即李嘉端移讲问津书院之初。

问津书院建成之际,由尚书钱陈群书"学海"为额,故有学海堂之名。

---

① 高凌雯:《志余随笔》,天津市地方志编修委员会编著:《天津通志》旧志点校卷(下),南开大学出版社2001年版,第719页。

② 周家楣、缪荃孙等纂:《光绪顺天府志》,光绪十五年刊本,卷一百三,人物志十三,第32页。

③ 李慈铭:《越缦堂日记》,广陵书社2004年影印本,第10094页。

④ 高凌雯纂,同治《续天津县志》,天津市地方志编修委员会编著:《天津通志》旧志点校卷(中),南开大学出版社2001年版,第294页。

咸丰年间,钱陈群为问津书院所题学海堂旧额遗失,李嘉端到津后,重新补题"学海堂"之额,此一举动寓有重振书院学风之意。李嘉端主讲保定、天津书院期间,课士极为认真,"每值课日,其一切法度若先年试士时,阅文必细心商榷。人有劝者,则曰:讲席之位,风气所关,若草草了事,必致贻误众生。故近年天津得第者,率多肄业之人,文风丕振"①。据称,李嘉端"临终前夕,犹对客谈文,客去后书日记数行,遂无疾而逝"②。

李鸿章系道光丁未科(1847)进士,李嘉端系本科阅卷官,故二人有师生之名义。一般的说法是,李嘉端主讲问津书院,系由李鸿章聘请。但前述同治八年(1869)七月曾国藩给朱学勤的信中曾提到,其时尚在莲池书院的李嘉端已有去意,九月的信中则提到其时李嘉端已得到天津书院的关聘,尚在李鸿章正式接任直隶总督之前。但李鸿章与李嘉端既然有师生名分,自然不能不对李嘉端有所照拂。从李鸿章这一时期的几封信函中,约略可见两人之间的来往情形。同治十二年(1873)九月二十日,李鸿章在给时任山西巡抚鲍源深的信中云:"李铁梅师现主津门讲席,欲为其世兄由知县捐员外,属于同人酿赀千金。丁未无多,外官尤少,尊处能助若干,便希酌示。"③从内容看,系李嘉端为其子捐官事,请李鸿章等丁未科门人集资帮助。鲍源深与李鸿章同为安徽人,亦系道光丁未科同年。光绪二年(1876)闰五月二十七日,李鸿章在给时任船政大臣兼署福建巡抚丁日昌的一封复信中称:"厦门李丞,汇参摘顶,继以撤任,其尊人铁梅先生嘉端(系丁未廷试阅卷),现主讲津门,力求缓颊,非就本案开复,势难瓦全,并乞留意。今世以官为生者过多,不免辗转求请。"④光绪

① 周家楣、缪荃孙等纂:《光绪顺天府志》,光绪十五年刊本,卷一百三,人物志十三,第32页。

② 周家楣、缪荃孙等纂:《光绪顺天府志》,光绪十五年刊本,卷一百三,人物志十三,第32页。

③ 李鸿章:《复鲍华潭中丞》(同治十二年九月二十日),戴逸、顾廷龙主编:《李鸿章全集30》,安徽教育出版社2008年版,信函二,第587、588页。

④ 李鸿章:《复丁雨生中丞》(光绪二年闰五月二十七日夜),戴逸、顾廷龙主编:《李鸿章全集31》,安徽教育出版社2008年版,信函三,第440页。

三年(1877)三月二十一日,李鸿章在给时任闽浙总督何璟的信中再次提及此事:"铁梅师老景萧条,其世兄厦门同知久经卸任,因前参摘顶之案尚未开复,未能请咨引对。昨已缄属雨生核办,如其积案业已结清,可否汇疏玉成,以免老翁饶舌。"①从两封信中可见,李嘉端之子因事受处分后,曾请求李鸿章代为转圜开复。

张佩纶及黄国瑾

李嘉端之后,接替问津书院山长的是张佩纶。张佩纶为直隶丰润人,生于道光二十八年(1848),早年随父宦游江南,同治十年(1871)中进士后,入翰林院为庶吉士,散馆后历任编修、侍讲,以敢于上书言事而被视为清流派重要人物。张佩纶之父张印塘曾任安徽按察使,李鸿章办理团练时,二人有患难之交。张佩纶本人学识渊博,留心时务,有经济之才,颇受李鸿章的注意。光绪五年(1879)初夏,张佩纶因生母去世依例丁忧,李鸿章邀其入北洋幕。李鸿章在当年六月初六日给张华奎的一封复信中曾提及此事:"幼樵侍讲,丰彩啬遇,深为惦念。黄子寿、奎乐山来函,属为伊兄守一大令觅一差糊口,已缄允之。伯寅司寇属荐讲席,鄙意以馆修无几,衡文亦非要务,正在跨踷。来示入幕襄助,子舆氏所谓,不敢请耳,固所愿也。敝处虚有其表,除洋务可赞画当轴一二外,余实无所事事,数年来拥肿与居,靮掌为使久矣。如幼樵肯翩然下顾,乐数晨夕,匡我不逮,诚为至幸。望先为道达鄙衷,俟其赴苏回时,葬事少完,再请辱临赐教何如。"②从信中可知,此议发自李鸿章的合肥同乡张树声之子张华奎(蔼

---

① 李鸿章:《复何筱宋制军》(光绪三年三月二十一日),戴逸、顾廷龙主编:《李鸿章全集32》,安徽教育出版社2008年版,信函四,第24页。

② 李鸿章:《复张蔼卿部郎》(光绪五年六月初六日),戴逸、顾廷龙主编:《李鸿章全集32》,安徽教育出版社2008年版,信函四,第452页。

卿),而为李鸿章认可。至于信中提到刑部尚书潘祖荫(字伯寅)请李鸿章为张佩纶谋求书院讲席,李鸿章以"馆修无几,衡文亦非要务",乃是就张佩纶才干而言。张佩纶其时并未接受这一安排,[1]不过,同年十月初九日张给李鸿章的信中提到,其母下葬日期定在"庚辰二三月间","竢明年负土后再践升堂之约",[2]似可见二人之间另有约定。李鸿章随后的信中称:"务望台驾于明年春暮翩然来仪,以符成约,非特军谋吏治借资商榷,即高贤之言论丰采,足以风励时俗,慰我调饥,曷胜翘盼。"[3]自当年秋到次年,张佩纶为生母、庶母等迁枢营葬事而往返苏州、丰润与京城期间,数次途经天津,与李鸿章多有面晤,并两度住在李鸿章署内,其间还就海防和中俄伊犁交涉等事屡通书信,来往颇为密切,或者说张佩纶已有李鸿章幕友之实。

可能是因为张佩纶不愿正式入幕,而李嘉端突然去世,李鸿章遂转请张佩纶接替问津书院山长。光绪六年(1880)十二月二十五日,李鸿章致信张佩纶称:

> 幼樵世仁弟大人阁下:
>
> 顷弁回,奉二十二日手示,敬承饰注。铁梅先生遽于二十一日化去。问津讲席欲得经师、人师为后学矜式,畿境老宿无几,而学行为众所推服尤难其人。此系盐务捐办,与冠九都转酌商,金谓直中名德硕望无如我公,又适值读礼闲居之际,拟敦请明春辱临,嘉惠多士,鸿章亦得常亲教益,借匡不逮。书院房舍,可将令郎等偕住,就便照应。如秋间服阕入都供职,或令封课卷寄阅,亦无不便,幸勿鄙弃为祷,少迟即属冠丈肃具关聘,合先奉申,务祈惠允。附查主讲修俸清单,亦

---

① 张佩纶著、谢海林整理:《张佩纶日记》,凤凰出版社 2015 年版,第 17、18 页。

② 姜鸣整理:《李鸿章张佩纶往来信札》,上海人民出版社 2018 年版,第 9 页。

③ 李鸿章:《致张佩纶》(光绪五年□月□日),戴逸、顾廷龙主编:《李鸿章全集32》,安徽教育出版社 2008 年版,信函四,第 509 页。

自行束修,未尝无诲之意耳。专泐手恳,祗颂箸祺,即盼回玉。不具。
世愚兄李鸿章顿首。①

　　信中可见,李嘉端突然去世后,李鸿章与时任长芦盐运使如山(字冠九)商议请张佩纶主持讲席。在此情形下,张佩纶接受了问津山长之职。在可能作于光绪七年(1881)二月初六日致吴大澂的一封信中,李鸿章称:"铁梅师作古,延请幼樵侍讲来主问津讲席。"②大约在同一时期,张佩纶在给好友顾皞民的信中提到:"望后须应问津之招,因合肥累书拳拳,谊难再却,得无近于冯妇乎。"③顾肇熙字皞民,江苏吴县举人,曾在京为工部主事,与张佩纶交往。约在光绪五年(1879)调直隶候补道,张佩纶两年中来往天津,两人常有面晤。此前的光绪六年(1880)夏,顾已随吴大澂赴吉林办理边务。张氏信中所说的应"问津之招",自然所指入主问津书院事。

　　此后不久,张佩纶依约抵津。光绪七年(1881)正月二十二日,李鸿章致张佩纶云:"问津讲舍得名贤以为师,窃为多士庆慰。二月望后当派长龙坐船至通州奉迓也。"④二月初九日又云:"连日小雪阴寒,冰河尺许未解,须望后方能通舟。尊拟二十一开课,若铁梅先生柩、眷不行,馆舍亦无容膝处耳,或三月朔亦可。"⑤二月十八日信中则谓:"冰河今日始解,急

<hr />

　　① 李鸿章:《致张佩纶》(光绪六年十二月二十五日),戴逸、顾廷龙主编:《李鸿章全集32》,安徽教育出版社2008年版,信函四,第646页。

　　② 李鸿章:《致吴大澂》(二月初六日),戴逸、顾廷龙主编:《李鸿章全集36》,安徽教育出版社2008年版,信函八,第331页。

　　③ 张佩纶:《致顾皞民观察》,《涧于集》,上海古籍出版社1995年影印本,书牍一,第55、56页。张氏信中有"入春唯即事多"及"俄约已定"等语,可知该信作于当年初春。"冯妇"之喻,或者指张在此前已有李鸿章幕友之实而言。

　　④ 李鸿章:《致张佩纶》(光绪七年正月二十二日),戴逸、顾廷龙主编:《李鸿章全集33》,安徽教育出版社2008年版,信函五,第7页。

　　⑤ 李鸿章:《致张佩纶》(光绪七年二月初九日),戴逸、顾廷龙主编:《李鸿章全集33》,安徽教育出版社2008年版,信函五,第13页。

派船往迓,并令哨官代备火食。"①从中推测,张佩纶应在二月下旬抵达天津,出任问津山长。

在张佩纶出任问津讲席之际,问津书院增设学海堂经古课,专以经古命题课士。张佩纶作为问津山长,亦同时主持学海堂经古课。主讲问津期间,张与李鸿章来往颇密,李对张佩纶也十分关照。从李鸿章的信中可见,当年三月初一日,李鸿章请张佩纶为顺直水利事代拟疏稿。东太后去世后,李鸿章带张佩纶三月二十日自天津出发入都叩谒梓宫,四月十五日回到天津。其时同住问津书院的张佩纶之兄守一正在病中,李鸿章为其安排西医马、伊二君诊视。五月初又推荐某中医。期间李鸿章还与张佩纶就直隶北路防务、水利、吏治等事务多有意见交流。五月中旬,张因兄病回乡。六月守一去世后,李鸿章还去信劝慰,②后又赠丧葬费二百金。

张佩纶主持问津书院延续到光绪八年(1882)。光绪七年(1881)张佩纶又在给顾肇熙的信中提到:"问津一席,因增设经古,一时直隶绅士难得替人,明年仍复蝉联。但今岁所入,徒供药饵,丧葬之费,仍是支绌……闭户挈经,课卷求助于黄再同及鹤老,尚复无片刻之暇……作山长如此,亦劳且拙矣。"③光绪八年(1882)春,李鸿章因丁母忧去职,张树声署任直隶总督,张佩纶在三月初三日给李鸿章的信中曾表示:"问津一席,亦拟以公之行止为衡也。"④可知张氏任问津院长延续到这一年。张佩纶表示是否延续讲席以李鸿章的行止为衡,但其本意在于辞讲席之职。当年九月二十二日信中,张佩纶又以李鸿章不在直督任上、长芦运使如山将升迁为由表达退意,称:"问津一席,藉以疗饥,敢云讲学?我公累世通

① 李鸿章:《致张佩纶》(光绪七年二月十八日夜),戴逸、顾廷龙主编:《李鸿章全集33》,安徽教育出版社2008年版,信函五,第14页。

② 李鸿章:《致张佩纶》(光绪七年六月二十四日),戴逸、顾廷龙主编:《李鸿章全集33》,安徽教育出版社2008年版,信函五,第53页。

③ 张佩纶:《致顾皞民观察》,《涧于集》,上海古籍出版社1995年影印本,书牍一,第69页。当年张佩纶之兄及其侄寿曾去世。

④ 姜鸣整理:《李鸿章张佩纶往来书札》,上海人民出版社2018年版,第211页。

家,冠九前辈亦儒雅可亲,年来遂以祠观视之。今畿辅颇羽换宫移,冠翁亦资望当迁,故不敢求退院。水师而不知水,山长而不在山,恐予人以可议耳。"①李鸿章在此后的信中曾多有挽留,九月二十七日李鸿章信中说:"问津一席,冠老与多士攀留甚殷,振帅虽不过问,亦必跂慕名贤,何高蹈之决耶。"②其中"冠老"即长芦运使如山,"振帅"则为张树声。此后,张在十月十九日信中推荐王仁堪任问津院长:"问津一席,似以延可庄为佳,可庄与张氏胶漆之交也。"③但十月二十六日李鸿章信中云,张树声不欲以王仁堪为讲席,仍劝张佩纶延续讲席:"问津一席,振帅不欲再溷可庄,人才衰歇,师道亦复尔尔,恐仍以猪肝累公也。"④随后张在十一月十一日信中转而推荐黄国瑾接替问津讲席,"可庄明年回里,治葬需期,势难兼顾讲席。鄙人不克拂衣,久拥皋比,亦非正理。冠翁以北学初兴,需其相助,门下实不能无情。因思门下于经术不深,学规就决南皮,诸事资再同之力。若此席由再同主之,实胜门下百倍,而两人至契,仍可互相参酌,辞犹不辞,不知公以为何如也?"⑤十一月十三日李鸿章在信中表示认可黄国瑾接任问津讲席,称:"问津一席,诚不宜虚拘大贤,曩曾与冠翁议及再同,恐其疑虑不就。寿翁瞬赴襄阳瘠缺,势难兼赡,而经师人师,允协鼎望,鄙意亦无以易之,容即属冠翁致送关聘,望谆劝其俯允为幸,或俟补学差及寿老升迁再议替人。"⑥信中的"寿翁"即黄国瑾之父黄彭年

---

① 姜鸣整理:《李鸿章张佩纶往来书札》,上海人民出版社2018年版,第259、260页。

② 李鸿章:《致张佩纶》(光绪八年九月二十七日夜),戴逸、顾廷龙主编:《李鸿章全集33》,安徽教育出版社2008年版,信函五,第175页。

③ 姜鸣整理:《李鸿章张佩纶往来书札》,上海人民出版社2018年版,第262页。王仁堪字可庄,福建闽县人,1887年丁丑科状元。

④ 李鸿章:《致张佩纶》(光绪八年十月二十六日夜),戴逸、顾廷龙主编:《李鸿章全集33》安徽教育出版社2008年版,信函五,第184页。

⑤ 姜鸣整理:《李鸿章张佩纶往来信札》,上海人民出版社2018年版,第264、265页。

⑥ 李鸿章:《致张佩纶》(光绪八年十一月十三日夕),戴逸、顾廷龙主编:《李鸿章全集33》,安徽教育出版社2008年版,信函五,第189页。

（字子寿）。张佩纶随后的信中称，如山已函定黄国瑾出任问津讲席："问津一席，已由冠老函定再同。北学得师，佩纶藉以释负矣。"①

黄国瑾为道光二十九年（1849）生人，光绪二年（1876）中进士，其父黄彭年曾入李鸿章幕，并两度主讲保定莲池书院，以提倡经史实学而著称。光绪十六年（1890）黄彭年在湖北布政使任上去世，时为翰林院编修的黄国瑾千里奔丧，亦卒于武昌。② 但黄国瑾主问津讲席仅有一年时间。黄国瑾接任问津讲席之际，即表示讲席修金仍归张氏，张佩纶在给李鸿章的信中称："再同坚不受修，云尽资门下。在再同，以为通共之谊，并不愿我公之知，但令门下何以为情？此席一时实乏替人……计惟有暂屈再同，而以修金归书院耳。"③李鸿章显然认可黄国瑾的做法："再同通共之谊，固知鲍叔之贫，幸毋坚却，修金无归公之理。"④但张佩纶对此颇感不安。光绪九年（1883）春，张佩纶奉旨主持癸未科会试，并任殿试读卷官。在给陈宝琛的一封复信中张佩纶提到："出闱后，杂以读卷阅卷等事，颇形忙冗……问津一席，已属再同辞去，不以生计累人。"⑤此前在给李鸿藻的信中，张佩纶提到光绪八年（1882）末自己的经济状况时称："书院一席，合肥延再同主之，再同将所有修入仍资门下……而岁时伏腊香翁及漱兰

---

① 姜鸣整理：《李鸿章张佩纶往来信札》，上海人民出版社2018年版，第267页。

② 关于黄国瑾的去世，李鸿章等在折中仅称"哀毁泣血六日而卒"。根据张佩纶日记所载，黄系光绪十七年（1891）二月初五由北京到天津，此后张佩纶"以再同久病体弱，送之至沪，以尽戚友之谊"。抵上海后还为黄延医诊治，"据云肺经已损，疾不可为矣"。二月二十日"得孝达电，再同十八到鄂，拟留之就医，然疾不可为矣。"二十五日，"酉刻得鄂电，再同于二十四日酉刻下世。惨哉！"见张佩纶著、谢海林整理：《张佩纶日记》，凤凰出版社2015年版，第311、312、315、318页。光绪十七年（1891）二月二十六日李慈铭在日记中亦记："闻再同以二十四日病殂武昌。"见《越缦堂日记》，广陵书社2004年影印本，第12794页。可知黄国瑾去世于1891年4月2日。

③ 姜鸣整理：《李鸿章张佩纶往来信札》，上海人民出版社2018年版，第269页。

④ 姜鸣整理：《李鸿章张佩纶往来信札》，上海人民出版社2018年版，第271、272页。

⑤ 张佩纶：《复陈弢庵阁学》，《涧于集》，上海古籍出版社1995年影印本，书牍三，第6、7页。

诸君子颇有所助,故岁杪尚能以余力购置车马。"①从信的内容看,黄国瑾将问津书院束脩均用于资助经济窘迫的张佩纶,张不忍因此连累黄,故请其辞去问津书院讲席。光绪九年(1883)李鸿章给张佩纶的信中,也几次提到问津讲席问题。三月十八日致张佩纶云:"冠老来信,踊跃西行,惟以再同讲席,多士皈依,幸勿因主人量移或有异说,属代坚留,务祈转致拳拳。"②其时如山由长芦盐运使出任四川布政使,李鸿章担心黄国瑾或因此请辞讲席,请张佩纶代为劝留。李鸿章当时曾有意于在广州讲学的著名学者李文田,七月初一日信中李鸿章请张佩纶代为物色接任问津讲席的人选,称:"问津欲请李若农,虑不果来,求尊处代选替人,惠此多士。"③张佩纶随后在回信中称:"问津一席,若农未必远来,经师难得,容物色报命。"④此事最终未有结果。

关于张佩纶、黄国瑾与问津书院的这一段关系,晚清洋务派著名人物、其时已退居家乡湖南的郭嵩焘在光绪九年(1883)的日记中留下了一段评论。郭嵩焘当时在湖南开设禁烟公社,当年九月初一日,郭嵩焘与诸人讲论士风日下之弊,言语中涉及张佩纶,其云:

> 幼樵聪明而优于才,其志节正待养成。朝廷所以用之,则全失其宜,直是纵令评告。进退大臣,视其一言,其权势之煊赫,至于倾动朝野。所以然者,以李兰生为之奥援耳。自古岂有居显要之地,与政府交相接纳,而可云气节者乎?⋯⋯勿论其他,只肃毅伯相为幼樵添设

---

① 张佩纶:《致李兰孙师相》,《涧于集》,上海古籍出版社 1995 年影印本,书牍二,第 25 页。

② 李鸿章:《致张佩纶》(光绪九年三月十八日夜),戴逸、顾廷龙主编:《李鸿章全集 33》,安徽教育出版社 2008 年版,信函五,第 223 页。

③ 李鸿章:《致张佩纶》(光绪九年七月初一日),戴逸、顾廷龙主编:《李鸿章全集 33》,安徽教育出版社 2008 年版,信函五,第 243 页。

④ 张佩纶:《复李肃毅师相》,《涧于集》,上海古籍出版社 1995 年影印本,书牍三,第 10 页。

问津书院名目,岁致千二百金,幼樵坐受此脩数年,既转副宪,乃推以荐之黄再同。以一翰林,坐受地方大臣千二百金之干金,徒以其为权要人也。曲意罗张(张罗)之,而竟腼然受之不辞。既以副宪居风宪之地,不宜受此无名之惠,辞之可也,又举以属之再同。此有二义:再同亦有梗直之名,幼樵欲与共享此利,以为此义取也,无不可受也,是强与同污也。且以明肃毅此举,并非为渠而设。若荐之他人,肃毅必不肯允,而与黄子寿数十年至交,以属之再同,肃毅必不肯违异。是使与者受者皆甘心受其笼络,此小人心计之尤巧者也。①

在郭嵩焘看来,李鸿章之设问津书院一席(实即学海堂经古课),原本就是出于笼络张佩纶的考虑。张佩纶接受此席,实为丧失气节。问津和学海堂讲席岁脩一千二百两,待遇丰厚,系李鸿章专为张佩纶而设。张佩纶之所以辞去问津讲席,原因在于1882年张署任都察院左副都御史后,"不宜受此无名之惠"。张若推荐其他人接替问津讲席,必不为李鸿章接受,而黄国瑾之父黄彭年与李鸿章有数十年交情,故以黄国瑾代替。黄国瑾自然明白李鸿章设学海堂讲席的用意,前述张佩纶信中提到黄国瑾将书院岁修转赠于张,其原因即在于此。

李慈铭

从光绪十年(1884)开始,时任户部闲职的著名学者李慈铭受李鸿章之邀,开始主课天津学海堂及问津、三取两书院。② 在有关李慈铭的研究

① 郭嵩焘:《郭嵩焘日记》第四卷,湖南人民出版社1983年版,第416、417页。
② 光绪二十三年天津举人陈文炳履历中所记问津书院课师,在李嘉端、张佩纶之后列有崔国因,"崔惠人夫子,印国因,前主讲学海堂问津三取等书院"。(见来新夏主编:《清代科举人物家传资料》(94),学苑出版社2006年版,第229页),但尚无其他资料证实。

中,间有提及其受聘问津书院事,天津地方史研究也注意到此一事实①,但《越缦堂日记》中的相关记述并未受到充分注意。从《越缦堂日记》中可知,李慈铭之受聘天津书院讲席,由浙江秀水人赵铭(桐孙)促成。赵与李慈铭为同年举人,时以直隶候补道入李鸿章幕府。据李鸿章称,赵铭"同治十年调办天津机器局务,于泰西制器诸法、海洋御侮之方锐志研究,始终不懈,廉明笃实,吏治亦颇究心"②。可知赵铭在李鸿章主政直隶的次年即北调天津,与李鸿章关系堪称密切。光绪九年(1883)八月十五日,李慈铭日记云:"得赵桐孙同年天津书,论洋务至千余言,皆为合肥辩者。"③二人对洋务的态度虽然不同,但交往颇多。当年十月初九日李慈铭记云:"得赵桐孙是月五日天津书,言天津问津书院新设北学海堂,合肥使相欲延余主讲席,岁脩约千余金。然既去宦而仍住津门,非所愿也。"④李慈铭复信辞谢,表示以退老还乡隐居为志,自称:"年已垂暮,世莫我知,内无应门之儿,外无裹饭之友,漫言吏隐,尚欲何为。"⑤但天津方面仍以此坚请。赵铭弟子许景澄(竹篑)于十月二十日进京后,次日致书李慈铭,并携来赵铭书信,"再致问津书院之请"。⑥ 许景澄期间还两次拜访李慈铭,李在日记中虽未言明何事,但应与此有关。三十日,李慈铭又收到赵铭来信,"言合肥使相必欲延主问津。桐孙为陈五可就之说,其文甚美。余初复桐孙书,言天津无山水之好,有酬应之烦,相国非素识,运使非同道,又向主席者,大兴李铁梅中丞,以二十六科前翰林,历中外,北

---

① 较详细的介绍,如罗澍伟在《〈越缦堂日记〉中所见之近代天津史料》一文中,提及1884、1885年李氏两次来津主课问津书院的情形,但对李氏与北学海堂的关系始末并未进行专门考察。见《城市史研究》第13—14辑,天津古籍出版社1997年版。

② 李鸿章:《许钤身赵铭留直补用片》(同治十三年十一月十二日),戴逸、顾廷龙主编:《李鸿章全集6》,安徽教育出版社2008年版,奏议六,第173页。

③ 李慈铭:《越缦堂日记》,广陵书社2004年影印本,第10003、10004页。

④ 李慈铭:《越缦堂日记》,广陵书社2004年影印本,第10073页。

⑤ 李慈铭:《越缦堂骈体文》,《清代诗文集汇编》(713),上海古籍出版社2010年版,第374、375页。

⑥ 李慈铭:《越缦堂日记》,广陵书社2004年影印本,第10087页。

地耆宿，卅年专讲，足称达尊，继者望轻，津士难喻为辞。今来书一一释之……下午诣竹篔久谈，竹篔又出桐孙昨致彼书，言合肥之意甚切。且据余前言所难者，申释甚力，此亦可感。"①从中似可体会，李慈铭的推辞大概只是故作姿态。无论如何，几经反复后，李慈铭还是接受了天津方面的聘约。十一月二十日李慈铭记云："作复桐孙书，言问津讲席事。余既决计去官，遂不能坚辞此席矣。文亦数千言。"②其再次复信赵铭称："问津一席，深懼非才。重以来谕劝勤，并见致竹篔手书，具言使相过垂眷注，曲加采纳，必以菲菲登之皋比。士感知己，孰不思效。况弃一敝蹝之官，就专席之聘哉。然前之奉书以辞者，诚以主人非素识，津门非愿游，乖水乳之投，违山水之好，既决计以不就，颇托词以婉陈。"李慈铭在信中还叙说天津学术源流，并就书院教学表达了意见，称"尚请执事以弟所言，呈之使相，兼际都转，方敢闻命"。③ 可能是因为天津方面希望李慈铭就此迁居天津，李在信中未予接受。其列举的原因，包括"久习京师"，加以其妻今春刚到京师，且"津门酒价高于都中，讲席之旁难安井灶，故拟眷属暂不偕行"。李慈铭仅表示，俟明年春夏回浙江安顿家眷，然后"独浪江湖，遍探五岳"。④

当年十二月十四日，李慈铭日记云："得桐孙十一日津门书，并合肥使相书，长芦额玉如运使关书，聘金十二两。此席一定，遂尔去官，亦殊非本意也。"⑤在给赵铭的复信中，李慈铭称，"十五日奉手教，并合肥使相书，额都转关约并聘币"，但李慈铭仍表示不会长居天津，"伏诵来教，院

<hr>

① 李慈铭：《越缦堂日记》，广陵书社 2004 年影印本，第 10094、10095 页。

② 李慈铭：《越缦堂日记》，广陵书社 2004 年影印本，第 10125 页。赵铭这次向李慈铭陈明"五可就"的信，应即收入其《琴鹤山房遗稿》的《答李㤚伯同年书》，见《清代诗文集汇编》(706)，上海古籍出版社 2010 年影印本，第 704 页。

③ 李慈铭：《越缦堂骈体文》，《清代诗文集汇编》(713)，上海古籍出版社 2010 年影印本，第 375 页。

④ 李慈铭：《越缦堂骈体文》，《清代诗文集汇编》(713)，上海古籍出版社 2010 年影印本，第 376 页。

⑤ 李慈铭：《越缦堂日记》，广陵书社 2004 年影印本，第 10147 页。

中地窄,仅容诵弦,西舍三楹,可营井臼,思之至再,实有数难"。李在信中列举了七条不便之处,如每日需资药饵,饮食上习惯家乡口味,向来由家人烹饪,京城居所已经十年经营,不忍弃去,藏书甚多,"足充三间,亦难悉载",养家不便等。① 在十二月二十二日给李鸿章的复信中,李慈铭则称李鸿章"以节钺所临,右畿重地,将以昌明至教,振新雅才,为之求师,若拯饥溺,此之厚意,足耀千秋,所愧慈铭非其人耳"。谦称"无心争席""慈铭自问固无用世之略,亦岂有造士之才。"②

李慈铭光绪六年(1880)五十一岁始中进士,在户部闲职亦不得意。据李氏光绪九年(1883)十月初二日记,其时阎敬铭任户部尚书后对署中加以整顿,"署中知会,明日早衙,以阎尚书定期,以今月朔起,每日接见一司,凡十四司,皆一月两衙矣。"③李慈铭对此颇感不满,在日记中数次流露出"去官"之念。但李慈铭接受问津书院聘约,直接原因应该是经济方面的因素。李慈铭时为户部郎中,年收入约在四百两左右,时有拮据之感,此前曾通过弟子樊增祥谋求过成都尊经书院山长之位。④ 主课问津书院每年束脩等在千两以上,在晚清书院中可谓极为优渥,属清代书院山长中待遇最高之列,对李慈铭自然有相当大的吸引力。但与李嘉端、张佩纶及黄国瑾不同,李慈铭与李鸿章之间并无特殊关系。从前述李慈铭与天津方面的来往信函中可知,李鸿章希望李慈铭就此移居天津,但被李慈

---

① 李慈铭:《越缦堂骈体文》,《清代诗文集汇编》(713),上海古籍出版社2010年影印本,第377页。

② 李慈铭:《越缦堂骈体文》,《清代诗文集汇编》(713),上海古籍出版社2010年影印本,第374页。

③ 李慈铭:《越缦堂日记》,广陵书社2004年影印本,第10063页。

④ 樊增祥曾致信著名学者缪荃孙称:"昨接莼客先生京邸书,述及近况,殆发发不可终日。盖自入春以来,仅得印结廿余金,此外则以典鬻自给,旧交邑子一无存问,言之可为痛心。伏念莼翁之在今日,论其所学,可云卓绝。徒以生不偶俗,嫉之者众,又孤介性成,罕通竿牍,以至五穷缠骨,百忧煎心。然犹杜门穷经,不废铅椠,可谓能自竖立者矣。今之公卿大夫,罕能汲引……因念蜀中尊经书院,自孝达师创建以来,未有掌教……敢求执事鼎力玉成,切为推荐,大要以必成为主。"顾廷龙校阅:《艺风堂友朋书札》,上海古籍出版社1986年版,第109页。

铭坚拒。李慈铭在信中所谓不便之处,当然只是托词。揣测双方的真实意图,或者是李鸿章以为若能招纳作为清流人物的李慈铭,尽管其在政治上并无真正的影响力,但多少可以向清流派作一示意,而李慈铭自然也深悉其中的用意,故而不愿入其彀中。即便如此,李慈铭之主问津讲席,仍被视为李鸿章的笼络之举。李慈铭与洋务人物本来格格不入,但对李鸿章似网开一面。文廷式后来讽刺说:"李蓴客以就天津书院故,官御史时于合肥不敢置一词。"①当然,这一说法仍然需要进一步证实。从李慈铭日记和李鸿章的资料看,两人在此期间的直接联系似乎并不多。光绪十三年(1887)二月三十日,李鸿章在北京曾致信李慈铭云:"顷奉手毕,知玉体违和,迩来服食如何,至以为念。承惠佳馔,切感良深。留邸淹旬,万端丛集,但有简书之畏,更无文宴之娱,走访未遑,怅惘奚似。日内当即出京回津,约计文旌亦将莅止,良晤不远,余俟面谈。"②从中可知,双方在京有过来往。不过,这一年李慈铭并未亲临天津书院主课。

除问津书院之外,三取书院也由驻天津的长芦盐运使司提供经济支持,"凡士子向居城外、不便就问津书院肄业者,则入三取书院"。③ 故李氏主持学海堂和问津书院的同时,也主课三取书院。光绪十年(1884)三月到四月,李慈铭第一次赴津主课学海堂和问津、三取两书院。据李慈铭日记载,李氏于三月十七日到天津,次日拜会李鸿章等人,并移居问津书院。此后连日为几处书院命题、阅卷,至四月三十日返回北京。其日记中录此行绝句五十首,其一为:"勃海经师著汉京,鸳湖题额尚峥嵘。如何七十三年后,输与南州独擅名。"注曰:"问津书院创于乾隆十二年卢雅雨先生任长芦运使时,钱香树尚书题学海堂额。后至嘉庆二十四年,阮文达

---

① 文廷式:《闻尘偶记》,汪叔子编:《文廷式集》,中华书局 1993 年版,第 723 页。

② 李鸿章:《复问津书院山长户部正郎李》(光绪十三年二月三十日),戴逸、顾廷龙主编:《李鸿章全集 34》,安徽教育出版社 2008 年版,信函六,第 187 页。

③ 《丁沽寒汛》,《申报》1887 年 12 月 24 日,第 2 版。

总督两广,始开学海堂于广州,人不知津门有此名矣。"①

光绪十一年(1885),李慈铭再次到津主课。四月十五日抵达天津,五月初二日离开天津,初六晚到家。此后,李慈铭再未赴津,而是长期在京为几处书院命题课士。这种山长遥领书院的做法,在其时颇为常见。②在李氏日记中,与天津书院有关的最晚一条记录见于光绪十九年(1893)八月初六日。当年十月初九日后,李氏日记中断(仅见光绪二十年元旦日记),期间未见李慈铭辞去书院讲席的记载。另据高平叔撰《蔡元培年谱长编》,光绪二十年(1894)五月,蔡元培曾应李慈铭之请,教其嗣子李承侯,塾课每日讲《春秋左氏传》十余行,每旬课试帖诗一首,并代评问津书院课卷。当年六月十八日(7月20日),蔡元培日记中也有代阅北学海堂生童卷十余本的记录。③故李慈铭主课北学海堂和问津、三取书院的活动,应延续到其光绪二十年(1894)冬去世之际。④就担任山长的时间之长而言,在其时天津各书院中,亦属少见。

在李慈铭担任问津山长期间,湖湘名士王闿运也与天津书院一度有过某种交集。早在光绪六年(1880)年,时受聘为成都尊经书院山长的王

---

① 李慈铭:《越缦堂日记》,广陵书社 2004 年影印本,第 10293 页。李慈铭以天津学海堂早于阮元创办的广东学海堂七十三年,学海堂之名不应为后者独擅。高凌雯记称:"越缦师来主讲,谓广东之学海堂实步我后,不应称北,遂去之。"见高凌雯:《志余随笔》,天津市地方志编修委员会编著:《天津通志》旧志点校卷(下),南开大学出版社 2001 年版,南开大学出版社 2001 年版,第 734 页。李慈铭在此后日记中,均记作"学海堂"而非"北学海堂",似可验证高氏这一说法。不过,天津学海堂创成于乾隆十七年,李慈铭乾隆十二年之说有误。

② 光绪十五年(1889)李鸿章在一封信中曾提到:"各省大书院山长,一半年不到院者,事所恒有。"见李鸿章:《复龙山书院山长孙》(光绪十五年十月初七日),戴逸、顾廷龙主编:《李鸿章全集 34》,安徽教育出版社 2008 年版,信函六,第 620 页。十六年九月初三日给吴汝纶的复信中也提到,"今之书院大师,等于遥领者不少。"见李鸿章:《复莲池书院山长吴》(光绪十六年九月初三日),戴逸、顾廷龙主编:《李鸿章全集 35》,安徽教育出版社 2008 年版,信函七,第 119 页。

③ 高平叔撰著:《蔡元培年谱长编》,上册,人民教育出版社 1996 年版,第 64、65 页。

④ 李慈铭去世于光绪二十年十一月二十四日,即 1894 年 12 月 20 日。

闿运似乎即有北上直隶的尝试。当年十一月,王闿运曾致信李鸿章谈论洋务,十二月李鸿章复信。① 李鸿章在随后给四川总督丁宝桢(字稚璜)的信中提到:"壬秋想仍主讲席。前书纵谈洋务,随意作答,发后始忆将商鞅误写荆轲,岂非燕人举烛之陋,公当见及,幸转告之。"②依照李鸿章的说法,王闿运写信的意图在于谋求书院山长之职。以当时直隶书院情形而论,王氏所谋讲席,不外乎莲池书院或问津书院。不过,王闿运若仅以书院讲席为目的,实则无舍南就北之理,其目的可能并非如此简单。莲池和问津虽然是晚清直隶乃至北方最有影响的两处书院,但就其学术影响及待遇而言,恐怕还不足以促使王闿运放弃尊经山长之席。在某种意义上,直隶书院山长对王闿运的吸引力,并非书院本身,而在于坐镇北洋的李鸿章的政治权势与地位。王氏此后与李鸿章还有书信来往。光绪七年(1881)五月十一日李鸿章致函张佩纶称:"湖南名士王壬秋闿运,博通古今,见主成都讲席,执事知其人否?昨有复书,纵论洋务,虽奇诡而有独见,非经生所可及。质之高明,以为如何?"张佩纶在同日的复信中则大为不屑,称王"乃袭我公之唾馀,而未得洋务之要领,枝蔓太多,矛盾杂出,所谓腐儒之经济,门客之游谈,不足尚也。此公倘在左右,佩纶当手捉松枝,力折五鹿之角,令其目瞠舌挢而去"。③ 从王氏向李鸿章纵谈洋务的情形推测,王氏真正的意图应在于向李鸿章作自我推销,以赞襄北洋、实现政治抱负。至于李鸿章所称王闿运意在谋求讲席,大概只是委婉的说法。

光绪十五年(1889),已从四川回到家乡湖南的王闿运还北上天津,居留数月。王于当年三月六日抵津,八月初一离天津南返,期间李鸿章安

① 李鸿章:《复四川王山长壬秋闿运》(光绪六年十二月二十二日),戴逸、顾廷龙主编:《李鸿章全集32》,安徽教育出版社2008年版,信函四,第645、646页。

② 李鸿章:《复丁稚帅》(光绪七年正月十九日),戴逸、顾廷龙主编:《李鸿章全集33》,安徽教育出版社2008年版,信函五,第7页。

③ 姜鸣整理:《李鸿章张佩纶往来信札》,上海人民出版社2018年版,第131、132页。

置其在吴楚公所。关于此行的目的,王闿运仍以谋取书院山长为说辞。当年四月十八日,王闿运在天津致书郭嵩焘称:"瞿舟促发,捉笔长征,小轮长风,八日下汉,缘途逗留,行过一月,吴挚甫先已篡立矣。督抚馆我于吴楚公所,联络湘淮,时与张军犯往还而已。"①廿四日王致瞿子久书云:"闿运来此稍迟,已无坐处。"②其时莲池书院山长张裕钊南归,引发直隶书院人事变动,王闿运北上即以此为名目,但吴汝纶已先得莲池之位,王氏并未获得机会。有记王闿运事迹者称:"乙丑一至天津,李文忠亦优礼之。其意实在讲席。时莲池为吴挚甫,问津为李越缦,名学相埒。虽自言倦受馆餐,他无所冀,实亦不无缺望。"③文中的"乙丑"应为"己丑",即1889年。不过,书院讲席仍是王氏表面上的说法。光绪十五年(1889)年王居留天津期间致信曾纪泽云:"闿运去年顿营两宅,遂至负债三千,若留家乡,无词搪塞,假以应聘为名,挈孩北上。四川教读,已疲精力,不欲更与北士为缘,讲席实不顾也。少公亦知其意,但授馆馈粟而已。然久住则无名目,将俟凉秋更游。"④很显然,王闿运的目的并非区区山长之位,这次北上虽然诚意十足,但终究未得到李鸿章的接纳。

在此期间,觊觎问津讲席者还有其他人。光绪十六年(1890)李鸿章在给其子李经方的信中提到,"李莼客并未辞,问津温君,势难另请"⑤。似可知当年李经方也曾为问津推荐主讲,李鸿章则表示李慈铭并未辞职,不能另请。无论求职者的动机如何,晚清问津书院山长一席,其背后实则牵连到复杂的人事考量。

①　王闿运:《湘绮楼日记》,岳麓书社1997年版,第1548页。
②　王闿运:《湘绮楼日记》,岳麓书社1997年版,第1551页。
③　汪辟疆:《光宣以来诗坛旁记》,辽宁教育出版社1998年版,第6页。
④　王闿运:《湘绮楼日记》,岳麓书社1997年版,第1550页。
⑤　李鸿章:《致李经方》(光绪十六年五月二十日辰刻),戴逸、顾廷龙主编:《李鸿章全集35》,安徽教育出版社2008年版,信函七,第81页。

叶昌炽

结合其他资料,李慈铭去世后,学海堂与问津书院曾一度分别课试,故书院掌教也分别聘请。① 根据部分天津科举人物履历中所列的肄业师或课师,学海堂经古课此后应由冯煦、吴庆坻、叶昌炽相继主持。光绪二十三年(1897)举人王新铭在其履历中所记肄业师除李慈铭外,称冯煦和吴庆坻曾主讲学海堂经古课:"冯梦华夫子,印煦","前主讲学海堂经古课","吴子修夫子,印庆坻","前主讲学海堂经古课"。② 此外,同年中举的刘承荫在其履历中列课师,也称冯煦、吴庆坻曾"掌教"学海堂经古课。③ 也是在这一年中举的陈文炳履历中则称:"冯梦华夫子,印煦,前主讲学海堂书院","吴子修夫子,印庆坻,前主讲学海堂书院","叶鞠常夫子,印昌炽,现主讲学海堂书院"。④

上述三人中,冯煦字梦华,号蒿庵,江苏金坛人,早年即有文名。光绪十二年(1886)进士,翰林院编修,后官至安徽巡抚。吴庆坻字子修,又字敬疆,浙江钱塘人,光绪十二年(1886)进士,翰林院庶吉士,散馆后授编修,后曾任四川学政、湖南提学使等职。两人主持学海堂讲席,应在1895

① 戊戌政变后,1898年11月17日《国闻报》刊登盐运使停止书院改学堂的告示中,有"问津书院近年另设学海堂,此后归并问津斋课"之语。见孔祥吉、村田雄二郎整理:《国闻报》(外二种),第四册,第379页),可知学海堂与问津书院应分别课试。叶昌炽受聘为学海堂讲席时,并未提及问津书院事,其《缘督庐日记》所记亦无问津书院课题。叶氏日记中还提及朱启勋和林诒书因问津讲席而生龃龉(其时叶氏正主课学海堂),似可印证。

② 来新夏主编:《清代科举人物家传资料汇编》(94),学苑出版社2006年版,第440页。

③ 来新夏主编:《清代科举人物家传资料汇编》(98),学苑出版社2006年版,第256页。

④ 来新夏主编:《清代科举人物家传资料汇编》(94),学苑出版社2006年版,第228页。

到 1897 年间。

叶昌炽是学海堂历史上最后一位山长。光绪二十三年(1897)秋,时为国史馆提调的叶昌炽受聘北学海堂,成为主持该书院的另一位著名学者。① 当年八月初三日叶昌炽日记云:"得幼申函,转到季士周方伯一电,为定学海堂讲席,常熟师之力也。其意可感。不能自振,亦可耻也。即作谢季方伯一函。"②文中的"幼申",又作又申,即翁炯孙,为翁同龢侄孙,举人出身,时在京任职。季士周即曾任长芦盐运使的季邦桢,时任直隶按察使。"常熟"即翁同龢。当月廿二日,叶收到新任长芦运使景月汀的聘书:"得士周方伯书,景月汀盐使关聘一函,延主天津学海堂讲席。"③当年叶昌炽因京察不如意,曾计划南归,在给缪荃孙的信中,叶氏提到"因南中讲席不易得。津沽新得一席,合之旧馆,尚可撙节支持"④,故未成行。

不过,叶昌炽以为学海堂讲席系翁同龢代为谋定,但翁氏则不知此事。翁同龢当年八月初四日(8 月 31 日)记云:"季士周电致又申,云叶菊裳学海山长乞告我知,我何尝去电哉,可疑。"⑤此前叶氏与天津方面并无太多关系,故叶氏何以得学海堂讲席,仍有待考察。叶氏日记中为学海堂命题的记录,最晚可见于光绪二十六年(1900)六月十四日,其中一题为

---

① 关于叶昌炽与北学海堂的关系,在笔者查阅的资料范围内,包括地方史志和其时天津报刊在内,目前仅见叶氏《缘督庐日记》有相关记述,似尚未为研究者注意。检索可知,1941 年 6 月 21 日,"聊公"在《新天津画报》发表名为《主讲学海堂之名流》(该文系《志余随笔读后杂感》的一节)的一篇小文中,除了按高凌雯《志余随笔》介绍李慈铭与学海堂关系外,也提到:"又叶督日记,光绪二十三年八月二十四日记云:'天津延主学海堂讲席',则似叶亦有继李来津讲学之事。惟翁同龢日记,光绪二十三年八月记云:'季士周以电告我,菊裳学海山长,我何尝去电哉,此事可疑',是叶之来津讲学,当时曾否成行,尚有待于考证。随笔记李而未及叶,或亦以此欤?"这是较早涉及叶昌炽与学海堂关系的一段文字。

② 叶昌炽:《缘督庐日记》,江苏古籍出版社 2002 年影印本,第 2558 页。

③ 叶昌炽:《缘督庐日记》,江苏古籍出版社 2002 年影印本,第 2566、2567 页。

④ 顾廷龙校阅:《艺风堂友朋书札》,上海古籍出版社 1981 年版,第 416 页。叶昌炽称:"京察第一次本不敢仰邀简记,惟史馆提调四人,总纂六人,记名者九,仅一人向隅耳","秋后决计南旋",见《艺风堂友朋书札》,第 407 页。

⑤ 翁同龢:《翁同龢日记》,陈义杰点校,中华书局 1989 年版,第 3029 页。

"师直为壮曲为老论"。① 此时八国联军侵华战争已经爆发,不久后天津即被联军占领。在混乱的局势下,包括学海堂在内的天津各书院已停止运作,叶昌炽事实上成为学海堂最后一任山长。

在此期间,问津书院的讲席应相继由殷如璋、戴兆春、万本端等人主持。光绪二十三年(1897)丁酉科天津举人张克一在其履历中记有问津书院诸课师,在李嘉端、张佩纶、李慈铭之后,列有殷如璋和戴兆春二人:"殷秋桐夫子,印如璋,同治辛未科翰林,前主讲问津书院";"戴青来夫子,印兆春,光绪丁丑科翰林,前主讲问津书院"。② 同为光绪二十三年(1897)举人的金恩科、陈文炳、苏云龙等人履历中也都有相应的记述。金恩科所记课师中,称戴兆春"掌教问津书院"。③ 陈文炳记问津书院课师,李慈铭之后有"戴青来夫子,印兆春,前主讲三取书院","万萸生夫子,印本端,现主讲三取书院。"④苏云龙在其履历中所列三取书院课师也有万本端:"万萸生夫子,印本端,乙未进士,主讲三取书院"。⑤ 1900年4月9日《国闻报》的一则消息称,问津、三取书院补行二月望后斋课,"其所命试题则山长万侍御由京缄寄"。⑥ 所谓"万侍御"者,应即万本端。另外,天津人赵元礼在《藏斋诗话》中曾提到,"山左泰安汪进士东渠(宝树),尝主讲天津问津书院"。⑦ 汪为1838年生人,1879年举人,1880年

①　叶昌炽:《缘督庐日记》,江苏古籍出版社2002年影印本,第3152页。

②　来新夏主编:《清代科举人物家传资料汇编》(93),学苑出版社2006年版,第534页。

③　来新夏主编:《清代科举人物家传资料汇编》(94),学苑出版社2006年版,第520、521页。

④　来新夏主编:《清代科举人物家传资料汇编》(94),学苑出版社2006年版,第228页。

⑤　来新夏主编:《清代科举人物家传资料汇编》(94),学苑出版社2006年版,第322页。

⑥　《补行斋课》,孔祥吉、村田雄二郎整理:《国闻报》(外二种),第九册,1900年4月9日,第406页。

⑦　赵元礼:《藏斋诗话》,杨传庆整理:《津门诗话五种》,天津古籍出版社2018年版,第174页。

进士,其主讲问津书院始、终于何时,尚待考察。

上述诸人中,殷如璋系江苏扬州人,同治十年(1871)进士,与周福清(鲁迅祖父)同年。① 戴兆春字青来,号展韶,浙江钱塘人,光绪三年(1877)进士,翰林院庶吉士,散馆后授编修。万本端,光绪二十一年(1895)进士,改翰林院庶吉士,散馆后授编修。后曾任归德知府,民国时期参与《清史稿》纂修。

此外,根据陈文炳的记述,这一时期陈名侃和吕懋光也与问津书院也发生过联系:"陈梦陶夫子,印名侃,襄校问津三取两书院","吕椒生夫子,印懋光,襄校问津三取辅仁等书院"。② 此外,金恩科履历中亦有陈名侃襄校问津书院的说法。③ 刘承荫履历中列课师除了戴兆春,也有"襄校问津书院江阴陈梦陶夫子名侃"。④ 陈名侃为江苏江阴人,光绪乙亥(1875)举人,长期在京为官,先后任户部郎中等职,庚子后曾被授副都御史。吕懋光为江苏阳湖人,光绪十八年(1892)进士,直隶候补知州。

光绪二十四年(1898)天津进士魏震所列课师中,则有"掌教问津书院甘泉殷秋樵夫子如璋""掌教问津书院钱塘戴青来夫子兆春""掌教问津书院江阴陈梦陶夫子名侃""掌教问津书院学海堂金坛冯梦华夫子煦""掌教问津书院学海堂钱塘吴子修夫子庆坻"诸人。⑤ 虽然有"掌教""襄校"的差别,但亦可参证。

---

① 1893年,殷如璋任浙江乡试正考官,周福清为其子和乡里向殷疏通关节,因事机泄露而成科场舞弊案,周家因此败落。

② 来新夏主编:《清代科举人物家传资料汇编》(94),学苑出版社2006年版,第229页。

③ 来新夏主编:《清代科举人物家传资料汇编》(94),学苑出版社2006年版,第520、521页。

④ 来新夏主编:《清代科举人物家传资料汇编》(98),学苑出版社2006年版,第256页。但刘承荫在履历中记有"襄校辅仁书院吕椒生夫子懋光",将吕懋光列为辅仁书院"襄校",与他人说法不同。

⑤ 来新夏主编:《清代科举人物家传资料汇编》(97),学苑出版社2006年版,第339、340页。

　　据《翁同龢日记》所载,光绪二十三年(1897)八月初四日,翁氏曾致信直隶总督兼北洋大臣王文韶,推荐沈曾桐(子封)主问津讲席。日记中云:"函致王夔石,为沈子封荐问津书院。"但此事似未成。① 从叶昌炽《缘督庐日记》的片段记述看,朱启勋和林贻书两位进士或者与问津书院讲席也发生过联系。叶氏光绪二十五年(1899)正月十七日记云:"幼笏来久谈,其问津一席,因新运使万莲初与林诒书昆仲同乡至好,托诒书介绍,即为诒书攘而有之。郦寄卖友,宜其不平也。"②"幼笏"即朱启勋,江苏宜兴人,光绪二十年(1894)甲午恩科进士。万莲初即万培因,福建崇安人,曾任天津道、永定河道等职,光绪二十四年(1898)冬接任长芦盐运使。"诒书"应为林开暮,号贻书,福建长乐人,光绪二十一年(1895)乙未科进士,时任翰林院编修,后任河南学政等。从叶昌炽的记述中,似可推知此前朱启勋曾求问津讲席,后为林贻书所得。但具体情形如何,尚有待进一步查证。

————————

　　① 翁同龢:《翁同龢日记》,陈义杰点校,中华书局1989年版,第3029页。翁氏当年十月二十日(11月14日)又记:"作致邓小赤中丞书,荐沈子封(曾桐)书院",见《翁同龢日记》,第3058页。邓小赤中丞即邓华熙,时任安徽巡抚。十二月廿四日(1898年1月16日),"王夔石寄鹿尾,即复之。(为沈曾桐)"。不知是否仍为书院讲席事。见《翁同龢日记》,第3081页。

　　② 叶昌炽:《缘督庐日记》,江苏古籍出版社2002年影印本,第2832页。

第二节　其他书院之山长

辅仁书院山长

在晚清天津各书院中，规模最大者为辅仁书院。该书院的创建和运行，以天津本籍士绅为主，其历任山长均由津籍人士担任。早期梅成栋、吴士俊、吴惠元、沈兆沄等均为天津著名士绅。沈兆沄担任辅仁山长至少到同治九年（1870），在此之后，天津著名文人杨光仪长期主讲该书院。民国《天津县新志》称，杨光仪为咸丰二年（1852）举人，"学优运蹇，十一就礼部试不第"，"自二十岁后即设帐乡里，从之游者每发名成业以去，于是担簦负笈接踵而至，门墙以内几莫能容。主讲辅仁书院，一以先正法程规范后进，殷殷训课垂二十年，故一县之人无长幼贵贱，凡为操觚之士，莫不在门弟子之列。值书院费绌，议者思损生徒膏火，光仪持不可，宁减己所岁得束脩以益之"。杨光仪也是天津著名诗人，"自海上多故，时局变迁，知所怀抱者与世枘凿，遂绝意仕进，专致心力于诗。乡人以诗得盛名者，前有梅成栋，光仪实为继起，而与成栋子宝璐、于士祜、孟继坤辈联吟结社，追步前尘，然人谓光仪诗格独高，近百年来无出其右者。南北名流及当代显宦往往闻名先施，造门请谒，相与讲道论艺，欢若平生，至风节所关,从未因人稍贬。晚年与乡中耆旧结九老会,诗酒酬畣,极林泉之乐"。① 赵元礼称杨"品端学粹,吾津之乡祭酒也"。② 1883 年杨光仪《碧琅玕馆诗续钞》刻印时,徐士銮题词云:"艺院深沉开讲幄,一堂风月不知寒",注曰"时吾师主讲辅仁书院"。③ 杨卒于光绪二十六年(1900),时年 79 岁。据此推算,其设塾教读应在 1840 年后不久。其主讲辅仁书院二十年,时间起止虽不得其详,但大致或应在 19 世纪 70 年代到 90 年代间。④ 天津士人多为出其门下,说明辅仁书院在当地社会的影响力。

其他新设书院之山长

在几处新设书院中,集贤书院曾先后由王文锦、张人骏、张佩纶等任山长。据张佩纶的记述,该书院成立后,讲席由京官兼任。其时在京供职的严修在光绪十三年(1887)日记中曾多次提到代阅集贤书院课卷事。当年四月十二日记称:"云翁来属看课卷",即集贤书院经古卷。此后连续数日都有"看集贤卷""看卷子"的记述,四月十六日,"至是日共看完五十余本",四月二十日"卷子看毕"。⑤ 当年五月十六日又记:"云翁来,属

①　高凌雯纂,民国《天津县新志》,天津市地方志编修委员会编著:《天津通志》旧志点校卷(中),南开大学出版社 2001 年版,第 799 页。

②　赵元礼:《藏斋诗话》,杨传庆整理:《津门诗话五种》,天津古籍出版社 2018 年版,第 164 页。不过,赵称杨戊戌年为八十寿。

③　杨光仪:《碧琅玕馆诗钞》,《清代诗文集汇编》(689),上海古籍出版社 2010 年影印本,第 730 页。

④　光绪二十三年(1897)举人张克一、詹荣麟、王新铭等人,均记杨光仪"现主讲辅仁书院"。参见来新夏主编:《清代科举人物家传资料汇编》(93),学苑出版社 2006 年版,第 534 页;来新夏主编:《清代科举人物家传资料汇编》(94),学苑出版社 2006 年版,第 345、440 页。

⑤　严修原著、陈鑫整理:《严修日记:1876—1894》,天津古籍出版社 2015 年版,第 416—418 页。

代看卷子",五月十八日:"代云翁看集贤卷共七十本,是日毕。"①严修所说的"云翁",即天津人王文锦,王字云舫,同治十年(1871)进士,此时在京师翰林院任职,与严修颇多来往。据严修的记述推测,王文锦应在光绪十三年(1887)主持集贤书院讲席。

王文锦之后,张人骏曾主讲该书院。张人骏(1846—1927),直隶丰润人,原字健庵,号安圃,为张佩纶之堂侄。同治七年(1868)中进士,时在北京任职。张人骏后来历任广西按察使,广东、山东布政使,山东、河南、广东、山西巡抚,两广总督、两江总督兼南洋大臣等,1927年卒于天津。张佩纶光绪十三年(1887)十一月二日记称:"得合肥书,延安圃主集贤书院讲席。致安圃书,告之。"②十一月初六日张佩纶在给李鸿章的信中也提及此事称:"王云舫充会典馆撰修,辞集贤一席。昨健庵舍侄人骏书来,云公春间告实夫,许为留意。寄卷讲席,此馆甚为相宜。属为代恳,如蒙见允,可属胡芸楣代致关聘。"③胡芸楣即胡燏棻,字云楣,时任长芦盐运使。十一月十七日李鸿章致张佩纶云:"健荄集贤讲席,已属云楣寄关。"④张佩纶在十二月初一日的信中再次提到,称"舍侄讲席足以疗贫,感感!"⑤可知张人骏主讲集贤书院,系由李鸿章聘请,时间是光绪十四年(1888)。

张人骏主持集贤书院到何时,目前尚难以查证。不过,光绪十六年

---

① 严修原著、陈鑫整理:《严修日记:1876—1894》,天津古籍出版社2015年版,第431页。当年九月二十九日,严修日记中又有"代看试卷"的记载,但未言及是否为集贤卷。见严修原著、陈鑫整理:《严修日记:1876-1894》,天津古籍出版社2015年版,第495页。

② 张佩纶著、谢海林整理:《张佩纶日记》,凤凰出版社2015年版,第174页。早在光绪七年(1881)八月给李鸿章的一封信中,张佩纶云:"书院一席尚望留意,但恐不易得也",即系代张人骏向李鸿章谋求书院之席。见姜鸣整理:《李鸿章张佩纶往来信札》,上海人民出版社2018年版,第169页。

③ 姜鸣整理:《李鸿章张佩纶往来信札》,上海人民出版社2018年版,第577页。

④ 李鸿章:《致张佩纶》(光绪十三年十一月十七日),戴逸、顾廷龙主编:《李鸿章全集34》,安徽教育出版社2008年版,信函六,第294页。

⑤ 姜鸣整理:《李鸿章张佩纶往来信札》,上海人民出版社2018年版,第579页。

(1890)，该院讲席则由张佩纶主持。张佩纶在张家口戍所期间致李鸿章的信中，曾两次提到日后拟以书院讲席为依归。光绪十二年（1886）正月十八日信中称："佩纶谪居改岁，读书走入训诂文字一路，渐涉琐碎，于经世之学未必有益。而日手一编，温故知新，颇有所得。瓜代归来，乞一讲席，为买山教子之计。"①当年十一月七月初五日信中云："但苦异书难致，钞录无人，否则三年之中，所得不少，放归以后，足以教授自给也。"②光绪十四年（1888）张佩纶自张家口戍所归来后，李鸿章一度计划安排其主讲保定莲池书院，但此事终未成。③ 在闲居天津期间，张佩纶于1890年主讲集贤书院一年。光绪十六年（1890）三月初七日张氏日记称："天津新设

---

①　姜鸣整理：《李鸿章张佩纶往来信札》，上海人民出版社2018年版，第521页。
②　姜鸣整理：《李鸿章张佩纶往来信札》，上海人民出版社2018年版，第551页。
③　当年六月初一日李鸿章致信直隶省司道称，湖北巡抚奎乐山请张裕钊主持江汉书院，"昨张幼樵学士自塞上还，文学风节，北士所慕，鄙意廉卿若就鄂聘，则此席幼樵最宜。南北经师，各主其乡，亦至妥洽也。"同日又致信莲池山长张裕钊，转致奎乐山来书，表示"执事楚国耆旧，儒林大师，况以贵乡文史之渊，重以阖部士民之望，情辞如此，恐难靳辞，弥念高年，亦便故里。"称如果张裕钊决定回湖北，张佩纶将接替莲池讲席，"适张幼樵学士还自塞上，北学之秀，曾主问津，津人至今慕恋，将来如延致礼堂，定能画守萧规，不坠孔业也"。见李鸿章：《致省司道》《致莲池书院山长张》，戴逸、顾廷龙主编：《李鸿章全集34》，安徽教育出版社2008年版，信函六，第384—385页。张裕钊接受了湖北方面的聘约后，李鸿章复信奎乐山说："幼樵学士，返自塞上，文学风节，北士所慕，廉卿行后，即如尊意，延主石室，允称得人"。张佩纶"本籍并无生业"，又不愿住京津，以保定最适合。信中请奎乐山敦促张裕钊南返，"如此则幼樵今年便早得栖泊之地"，同时不耽误明年两处书院开馆。见李鸿章：《复湖北抚台奎》（光绪十四年六月初九日），戴逸、顾廷龙主编：《李鸿章全集34》信函六，第388页。从中推测，奎乐山之所以请张裕钊主讲江汉书院，意图很可能在为张佩纶入主莲池提供方便。七月初八日，李鸿章复信张裕钊，转呈湖北方面关书、聘金、路费及催促张裕钊南返之意（见李鸿章：《复莲池书院山长内阁张》，戴逸、顾廷龙主编：《李鸿章全集34》信函六，第399页）。张佩纶六月初九日给李鸿章的信中也提到此事："公属乐山延莲青，而以莲池见处，各归乡里，莲翁谅亦乐从。如彼以中秋后南下，则佩纶当秋初回里"，俟九、十月赴保定。信中"莲青"即张裕钊，字廉卿。六月二十六日信中又云："莲池一席，承公位置。廉卿行止迟速，尽可听之。"见姜鸣整理：《李鸿章张佩纶往来信札》，上海人民出版社2018年版，第606、608页。但张佩纶最终未入主莲池，而是由吴汝纶辞官接替。其缘由当在于张佩纶与李鸿章之女李经璹成婚后，为避物议起见，且不便迁居保定。

集贤书院,试各省寓津之士,讲席向由京官兼之,颇形废弛,司道等坚请余为院长……坚辞,不获,姑就之。修俸甚薄,庶处不争之地,而生徒略有裁正,亦成就后学之义也。"①在给李鸿藻的信中,张佩纶也提到此事:"天津新设集贤书院,专考流寓士子,安圃尝主此席。今年山长无人,合肥属佩纶代阅一二课。三月后司道遂坚求佩纶主讲。如玉如、芸楣均素识,而修脯本不丰,无人争席,因允一年之约。但文赋均不如问津远甚。"②不过,张佩纶任集贤院长仅有一年。当年十二月二十二日张记称:"作书辞集贤席。明年思作汗漫游耳。"③

曾经出任集贤书院山长的,还有刘仲仪。张佩纶光绪十八年(1892)四月十七日日记中云:"翰香偕刘仲仪(文凤)来。刘生,桐城人,集贤都讲也。"④张佩纶后来延请刘仲仪课家馆,教其二子沧、潜。⑤ 不过,有关刘仲仪的资料十分有限,还需要再进行考察。

此外,曾在集贤书院肄业的苏州吴县人陆是奎履历中曾列有集贤书院肄业师,除李鸿章等为集贤书院命题课士的天津官员和张佩纶外,还记有"陈聘臣夫子,印名珍,集贤书院斋长"。⑥ 陈名珍,字聘臣,江苏江阴人,光绪九年(1883)进士,翰林院编修。陈名珍去世于1894年,其任集贤书院山长应在此之前。

---

① 张佩纶著、谢海林整理:《张佩纶日记》,凤凰出版社2015年版,第243页。据张佩纶日记,此前其曾代行过集贤书院的考课。光绪十六年(1890)闰二月二十一日:"献夫留晚饭,见其次子更寿。(字锡眉,余代行集贤山长两课,生均高列。"(《张佩纶日记》,第238页)。"献夫"即刘汝翼,时任天津海关道。

② 张佩纶:《致李兰孙师相》,《涧于集》,上海古籍出版社1995年影印本,书牍五,第20页。

③ 张佩纶著、谢海林整理:《张佩纶日记》,凤凰出版社2015年版,第295页。此后,张佩纶与集贤书院生徒也有来往,如光绪十八年(1892)八月初一日:"璩楚珍孝廉(珩)来谒,集贤生徒也",见《张佩纶日记》,第490页。

④ 张佩纶著、谢海林整理:《张佩纶日记》,凤凰出版社2015年版,第464、465页。

⑤ 张佩纶著、谢海林整理:《张佩纶日记》,凤凰出版社2015年版,第568页。

⑥ 来新夏主编:《清代科举人物家传资料汇编》(51),学苑出版社2006年版,第538页。

甲午之后,浙江嘉兴人、著名学者王蘧常之父王甲荣也担任过集贤书院和辅仁书院的山长。王甲荣,字部畇,一字步云,号次逸,晚号冰镜老人,生于 1830 年,光绪十五年(1889)中举人后,曾数次入京会试。光绪十八年(1892)入台湾巡抚邵友濂幕府办理文案。光绪二十一年(1895),王甲荣再次入京会试未售。"五月出京,道出天津,津海关道盛杏孙尚书(宣怀)委办西沽分关税务","十月黄花农观察(建筦)代理津海关道,聘兼集贤书院山长,既又兼辅仁书院山长"。次年又入天津道署办理文案,"以一身摄四事,事皆举,未尝延误"。①据此,王甲荣应在 1896 年正式主持集贤书院,此后又兼辅仁山长,但其担任山长到何时,未见记载。在此期间,王甲荣除了光绪二十三年(1897)春南还一次外,在天津一直生活到 1900 年。光绪二十四年(1898)荣禄任直隶总督后,王入荣禄幕府办理文案,次年裕禄接替荣禄后,对王甲荣也颇为看重。1900 年夏八国联军侵华期间,王甲荣一度避走胜芳、沧州,下半年携眷属南还。期间如果没有变化,王甲荣或是集贤最后一任山长。

会文书院最初创办时未设山长,张焘《津门杂记》中如此说,王守恂《天津政俗沿革记》亦称会文书院、稽古书院均不设山长,但两书院均设襄校之席,实则等同于山长。根据叶昌炽《缘督庐日记》的片段记载,陆润庠和叶昌炽本人都曾担任过会文书院和稽古书院的讲席。光绪十八年(1892)正月初四日,李鸿章在给兵部左侍郎洪钧的一封信中称:"承示陆凤石宫庶讲席一节,昨与士周都转及津关两道商及,即当照办。津门书院,骈罗经古时艺,各有专席。惟字课系近日所特创,往者黔桂中丞设为此课,而赵、张两修撰即出于肄业诸生中。津郡自青相后,不得大魁者四十五年,今以台端推毂凤石主讲,异时人士科第,得望二公,亦足为地方增

---

① 王迈常、王蘧常编:《部畇府君年谱》,《北京图书馆藏珍本年谱丛刊》(181),北京图书馆出版社 1999 年版,第 468、469 页。

色。"①从信中可知，陆润庠之讲席系由洪钧推荐而来。光绪二十年（1894）甲午科举人姜择善在其履历中所列课师，即有"掌教会文书院元和陆凤石夫子润庠"。② 叶昌炽日记光绪二十一年（1895）闰月初五日云："得凤石书，以津门会文、稽古两书院关道两席见让，可感也"。十八日又云："得盛杏孙李勉林书，送稽古、会文两席关聘"。③ 此外，陈文炳履历中则有陆润庠襄校稽古书院的记述："陆凤石夫子，印润庠，襄校稽古书院。"④刘承荫履历中也有同样的记述。⑤ 从中可知，至少在光绪二十一年（1895）前后，两处书院均设有襄校之席，由津海关道负责聘请。陆润庠（1841—1915），字云洒，号凤石，江苏元和（苏州）人。同治十三年（1874）会试状元，授修纂，甲午前曾任湖南山西乡试同考官、翰林院侍讲、国子监祭酒等，与叶昌炽关系密切。庚子后任工部、吏部尚书，实录馆正总裁，体仁阁大学士等。光绪二十一年（1895）陆因丁内艰自国子监祭酒任上开缺回籍，由叶昌炽代为主课两处书院。但叶氏日记中仅在当年提到两书

---

① 李鸿章：《复总理衙门大臣兵部左堂洪》（光绪十八年正月初四日），戴逸、顾廷龙主编：《李鸿章全集35》，安徽教育出版社2008年版，信函七，第308页。

② 来新夏主编：《清代科举人物家传资料汇编》（98），学苑出版社2006年版，第170页。

③ 叶昌炽：《缘督庐日记》，江苏古籍出版社2002年影印本，第2320、2324页。

④ 来新夏主编：《清代科举人物家传资料汇编》（94），学苑出版社2006年版，第229页。与陈文炳为同年举人的金恩科履历中还有陆润庠襄校辅仁书院的说法。见来新夏主编：《清代科举人物家传资料汇编》（94），第520、521页。

⑤ 来新夏主编：《清代科举人物家传资料汇编》（98），学苑出版社2006年版，第256页。

院考课事,推测其主课时间并不长。①

　　上述情形可见,除了辅仁书院外,晚清天津各书院山长一席多由京官兼任。早期问津、三取等书院的讲席,多系退职官员或未出仕的功名之士担任,但至晚清时期现任官员则成为主流。究其原因,一方面,清代京官收入水平不高,特别是翰林院官员,地位虽清高,但所得十分有限,生活不易。对这些官员来说,山长束脩是一份重要的经济补助。天津距离京师不远,类似于问津书院这样待遇优厚之席,对不少京官是有吸引力的。前述可见,天津书院山长之席甚至引发各人竞相谋求,经济因素显然是原因之一;另一方面,天津书院山长的聘任,由直隶总督、长芦盐运使、津海关道等官员负责,对他们而言,山长之席是其位置故交、拉拢私人的一个工具。在天津书院山长的聘任中,人脉关系有很明显的作用。问津书院山长待遇之优厚,甚至让人怀疑李鸿章设学海堂经古课的目的,很可能是专为位置张佩纶起见。就书院教读而言,受聘担任山长的官员既系科举出身,也有一定的学识、阅历优势,对书院生徒应对科举考试乃至未来仕途也不无助益;且官员主持讲席,也有助于书院与官方保持关系,获得官方的持续支持。官场与书院各取所需,造成了官员兼任山长成为普遍现象。清中期学者梁章钜曾对江南书院为"市惠应酬之具"的现象进行过批评,②晚清天津书院的山长聘任,即可见类似的情形。天津各书院中,除

---

　　① 叶昌炽光绪二十一年(1895)日记中多次提到与盛宣怀、李勉林书信来往及评阅会文、稽古两书院课卷事。如闰月二十日:"寄季士周廉访书",并复书盛、李。八月十三日:"寄李勉林观察会文大卷廿三本,文课卷五十五本。"八月十八日:"得盛杏荪观察书,会文课卷"。八月廿九日:"得杏荪书,稽古书院卷捌拾本"。九月初十日:"寄杏荪书,课卷八十本"。九月廿七日:"阅蕊珠卷甫毕,又得杏荪书,会文课卷六十一本,大卷廿二本"。见叶昌炽:《缘督庐日记》,江苏古籍出版社2002年影印本,第2325、2348、2349、2353、2355、2359页。日记中提到的"蕊珠"指上海蕊珠书院,叶氏1893年开始主课该书院。日记中可见叶为蕊珠书院所出课题,但未提及天津书院课题。1896年日记中也未提到天津课卷事,或者叶昌炽仅仅是当年代陆润庠主课两处书院。
　　② 璩鑫圭编:《鸦片战争时期教育》(中国近代教育史资料汇编),上海教育出版社2007年版,第312页。

了李慈铭之与学海堂、问津书院、三取书院,杨光仪之与辅仁书院外,其余山长更替颇为频繁,表明主持书院讲席往往只是他们在特定时期的短暂行为,对书院教育而言也有不利的影响。但无论如何,晚清天津各书院山长的聘任情形,揭示出晚清部分官员特别是京官特定的生存侧面。

当然,山长之聘任也要兼顾学术声望,否则难为士子信服。晚清曾担任天津各书院山长的人士,大部分此前都获得过进士功名,诸如张佩纶、黄国瑾、李慈铭、王文锦、陆润庠、叶昌炽等人,更属于学有所长的学者。他们在天津书院的主课活动,对当地知识与学术风气的变迁也产生了直接影响。

第三节　山长之待遇与日常

山长之待遇

张正藩先生论及清代书院山长待遇时称,收入高者每年可得千余金, "至下者岁亦二百金",一般南方比北方为优。① 晚清天津各书院山长之 待遇,可考的资料不多,但问津书院山长待遇颇不一般。张佩纶、黄国瑾 任山长时,虽然没有直接的资料证明其收入,但依前述郭嵩焘日记中的说 法,张佩纶一年所得为 1200 两。尽管张佩纶其时自述其经济状况十分紧 张,但这样的收入,在清代书院中已属于最高水平。张佩纶虽为官场名 人,但此前并无书院教读经历,其待遇之优厚,可见李鸿章之用意。事实 上,除了束脩之外,张佩纶还获得过李鸿章的馈赠。如光绪七年(1881) 末,李鸿章在给张佩纶的信中就提到,"循例奉上炭赀百金,聊佐辛盘,勿 却是幸"。②

除修金外,山长收入还包括关聘银以及其他各种名目的福利,如夏季 凉棚银,冬季炭火银,端午节敬、中秋节敬等。束脩按季节每年分四次致

---

① 张正藩:《中国书院制度考略》,江苏教育出版社 1985 年版,第 34 页。
② 姜鸣整理:《李鸿章张佩纶往来信札》,上海人民出版社 2018 年版,第 197 页。

送,大致提前一季支给。李慈铭每年千余两的修金,每次所得二百余两不等。李慈铭在接受问津书院之聘时曾提到,其"岁修约千余金",这从《越缦堂日记》的记述中可以得到印证。光绪九年(1883)十二月十二日,李慈铭接受关书时,曾收到聘金十二两。① 次年(1884)春到津主课期间,四月初三日长芦盐运使额勒精额(字玉如)"送来夏季束脩并春夏岁脩、凉棚等银三百四十三两"。七月二十日:"额运使送来秋季脩脯等银二百四十一两。"八月十五日:"得额玉如书并两书院节敬十六金。"九月二十一日:"额玉如送冬季脩金、饭银、碳银、岁脩银及明年聘金来",但未记金额。当年十二月三十日,盐运使季邦桢(字士周)致书,"送来明年春季两书院脩膳等银二百四十一两"。②

李慈铭日记中对问津书院束脩所得多有记录。光绪十一年(1885)所记较为完整,包括春季束脩二百四十一两,夏季二百九十六两,秋季二百四十一两,冬季二百六十五两,当年书院收入合计一千零四十三两,尚不包括关聘银在内。③ 光绪十二年(1886)春季二百五十七两,夏季二百九十六两,秋季二百四十一两,冬季二百七十一两,加上端午、中秋节敬各十六两,共计一千零九十七两。④ 李氏此后的日记中还常见类似记录,数

---

① 李慈铭:《越缦堂日记》,广陵书社 2004 年影印本,第 10147 页。

② 李慈铭:《越缦堂日记》,广陵书社 2004 年影印本,第 10266、10413、10414、10445、10485、10626 页。

③ 当年李慈铭所记历次收到束脩如下:三月二十四日,"得季士周书,送来夏季束脩等银二百九十六两。"六月二十六日,"两得季士周书,并秋季脩膳银二百四十一两"。十月初三日,"得季士周书,送来冬季脩膳、煤炭等银二百六十五两,及明岁关聘银十八两"。十二月初八日,"得季士周书,送来岁金及明春束脩共二百五十七两"。见李慈铭:《越缦堂日记》,广陵书社 2004 年影印本,第 10715、10814、10902、10957 页。

④ 该年李慈铭所记为:四月十一日,"得季士周书,送来夏季束脩、饭食、凉棚等银共二百九十六两"。五月二十一日,"得士周书,并前月课卷及学海堂课卷,端午节敬十六金。"七月十六日,"得季士周书,送来秋季束脩等银共二百四十一两。"九月初十日,"得季士周书,并中秋节敬十六金"。十月十七日,"得季士周书,送来冬季修脯银二百七十一两,明岁聘金十二两"。当年十二月二十三日,李慈铭还收到盐运使周馥来书,并明年春季三书院脩金,但未记数额。见李慈铭:《越缦堂日记》,广陵书社 2004 年影印本,第 11067、11098、11150、11200、11225、11226、11293 页。

额与这两年大致一致。

除了这些收入之外,李氏在问津书院期间,还有天津方面官员的馈赠收入。如光绪十年(1884)李慈铭首次来津期间,周馥命其三子周学海、周学铭、周学熙拜李慈铭为师,①周馥因此多次赠银与李慈铭。李鸿章也有过馈赠,如光绪十九年(1893)五月十九日李慈铭记曰:"得季士周书,送来银三百两。合肥傅相嘱盐务中筹此为余续刻诗集也。作书复谢,寄去诗集四部。"②等等。

张正藩先生将李慈铭之与北学海堂,与王闿运之与尊经书院、船山书院,俞樾之与诂经精舍,陈澧之与菊坡精舍,并列为清代最有声望的书院山长。③ 在晚清天津各书院山长中,张佩纶、李慈铭收入之高应属特例。光绪二十三年(1897)叶昌炽受聘主持学海堂时,其收入为"岁修四百金,每节节敬八两"。④ 其中的缘故,可能是因为叶昌炽当时仅为学海堂山长,而不与问津书院和三取书院事。光绪二十三年(1897)十一月十二日叶氏日记云:"津盐馈冬季修金百金,节敬八两。"次年(1898)四月廿八日:"方勉甫书,学海一百八金。"⑤

晚清天津其他各书院的山长待遇,目前尚无详细资料,但应低于张佩纶、李慈铭的数额。辅仁书院由天津地方官员和士绅支持,经费来源有限,杨光仪甚至因此自行减少束脩,显然不能与盐运使署的财力相比。会文书院、稽古书院不设山长,也是因为经费不足,故后来所立襄校之席,待

---

① 当年四月二十三日李氏记曰:"周玉山观察命其三子来执贽门下,呈所业文字。长学海,字澄之,年二十六,去年已得选拔贡生。次学铭,字绅之,年二十四,已补廪生。季学熙,字缉之,年二十,去年亦食饩矣。"见《越缦堂日记》,广陵书社 2004 年影印本,第 10280 页。周学熙年谱光绪十年(1884)条下称:"四月,奉吾父之命,随两兄执贽李莼客先生慈铭门下。"见周学熙著,文国明编:《周学熙自述》,安徽文艺出版社 2013 年版,第 9 页。

② 李慈铭:《越缦堂日记》,广陵书社 2004 年影印本,第 13442 页。

③ 张正藩:《中国书院制度考略》,江苏教育出版社 1985 年版,第 34 页。

④ 叶昌炽:《缘督庐日记》,江苏古籍出版社 2002 年影印本,第 2566、2567 页。

⑤ 叶昌炽:《缘督庐日记》,江苏古籍出版社 2002 年影印本,第 2598、2687 页。

遇应不会太高。集贤书院受津海关道和长芦盐运使司的支持,其经济状况应好于上述几处,张佩纶任集贤山长时曾提到"修俸甚薄""修脯本不丰",或者不能轻信。

无论如何,对这些兼任山长的官员而言,书院修金还是一笔颇为可观的收入。李慈铭在户部任上,年入不过四百金。在接受李鸿章的聘约之前,李慈铭曾在光绪七年(1881)三月二十六日"至贤良寺投刺于李合肥,以近日窘甚,冀其随例有酬应也"。① 张人骏受聘集贤书院时,张佩纶在给李鸿章的信中还特地表达了"舍侄讲席,足以疗贫"的谢意。至于翁同龢光绪二十三年(1897)为沈曾桐代谋问津讲席,以及叶昌炽提到的朱启勋与林开暮因问津讲席的龃龉,其动机都在于谋取山长一席的收入。叶氏本人对学海堂讲席更十分看重,其时叶氏经济窘迫,除了学海堂讲席外,还主课上海蕊珠书院。戊戌变法期间,诏令书院改为学堂,叶氏颇担心因此而失去北学海堂和蕊珠书院的讲席。学海堂最终得到保留后,叶氏当年八月初四日记云:"又得方都转书、秋季修脯。各书院已改为学堂,学海万幸为漏网之鱼,天之所以不绝我也。"②从中可见,每年四百两的学海堂山长收入,对叶昌炽而言已属十分难得。

山长之日常

晚清天津书院均为考课制书院,山长最重要的日常职责就是命题课士。有关张佩纶主课问津书院的具体情形,由于缺乏材料,尚难有细致的了解,但在其与李鸿章的往来信札中可见一斑。如光绪七年(1881)十月十九日张佩纶信中云:"九月分课卷,谕与再同编修同阅,旋于月初经如冠翁将卷寄到,共生童仅八十六本,较上课大减,向来冬令大半如此。详

---

① 李慈铭:《越缦堂日记》,广陵书社 2004 年影印本,第 8994 页。
② 叶昌炽:《缘督庐日记》,江苏古籍出版社 2002 年影印本,第 2733 页。

加批校,佳卷颇少,兹拟定名次,寄呈鉴定。内外课膏奖候示。以下循其旧例可也。(向例,附课五名前有薄奖。此次佳卷甚少,不值加赏。)阅后乞饬填定名次,并将内课各卷存院传观,评语加盖吾师图章为荷。"①李鸿章在十月二十六日复信称:"二十二、三日递奉十九、二十一日手示并课卷一箱,慰欣一一。各题均难出色,无怪佳卷较少。浏览一过,评骘精当,已照来单名次填写,不敢复有轩轾。奖银照前案批发,加惠冬学,惟执事与再同世兄费心衡校如严父师,殊令诸生感仰主人踧踖耳。"②校阅文字之繁重,令张佩纶不无感慨。光绪七年(1881)十一月十五日张在给李鸿章的信中云:"佩纶之困于生徒文字,与公之困于属吏案牍,想复同耳"。③

李慈铭主持问津讲席期间,常年在北京为问津书院、三取书院和学海堂命题阅卷,课题、课卷往返寄送则由先后担任长芦盐运使的额勒经额(玉如)、季邦桢(士周)、周馥(玉山)、贺良桢(幼甫)、胡燏棻(云楣)等人中转。其日记中命题、阅卷之类的记述十分常见。如光绪十年(1884)五月初六日:"作书致额玉如,寄五月小课经古题。"十二日:"作书致额玉如,寄十六日斋课题。"十七日:"阅书院课卷。"二十二日:"得额玉如二十日书,并是月斋课、小课卷。"当月二十三到二十五日,也均有"阅课卷"的记录。④

再看光绪十一年(1885)五月下旬到六月中旬情形。五月二十一日:"为学海堂诸生出策目两纸,一问易学,一问说文小学。"同日又记:"复季士周书,并是月问津、三取课题两纸,学海堂课题三纸。"二十八、二十九日,李慈铭评阅学海堂和问津诸生课卷。⑤ 从六月初六至十五日,每日均

---

① 姜鸣整理:《李鸿章张佩纶往来信札》,上海人民出版社2018年版,第171页。

② 李鸿章:《致张佩纶》(光绪七年十月二十六日),戴逸、顾廷龙主编:《李鸿章全集33》,安徽教育出版社2008年版,信函五,第89页。

③ 姜鸣整理:《李鸿章张佩纶往来信札》,上海人民出版社2018年版,第177页。

④ 李慈铭:《越缦堂日记》,广陵书社2004年影印本,第10300、10303、10307、10316、10320页。

⑤ 李慈铭:《越缦堂日记》,广陵书社2004年影印本,第10759、10769页。

记有阅卷事。① 当年十一月也是如此。十一月初九日："夜评定七月中问津、三取诸童卷。"初十日："作书致季士周，寄去课卷，并是月望课题两纸"，"夜阅学海堂经古卷"。十一日："评改学海堂经古卷。"十四日："评阅学海课卷讫。"本月下旬从二十二日到二十七日，李慈铭连日阅卷。二十八日："作书致季士周，并阅定诸课卷，及十一月学海经古题。"三十日："评阅问津九月诸童课卷讫。"②

根据光绪十四年（1888）问津书院和三取书院的甄别录取情况，当年问津书院取生员内、外、附课一百二十名，文童八十名，三取书院取内、外、附课生员六十名，文童四十名。但实际参加考课者往往或不足此数。从李氏日记中可见，问津书院月课生员常在百人上下，童生三四十人到六七十人；三取书院生员多为五六十人，童生三四十人。应学海堂经古课者主要来自问津书院，一般生、童各约三五十人。但尽管如此，总计每月应试者已在三百人上下，批阅课卷之繁重可想而知。李慈铭对此事虽然颇为尽心，但课卷往往仍需迁延数月才能阅定，故日记中常见请浙江同乡京官代阅的记述，如袁昶（爽秋）、吴讲（介唐）、王彦威（弢夫）、鲍临（敦夫）、陈梦麟（书玉）、沈曾植（子培）等。如光绪十二年（1886）八月初二日："评阅问津诸生课卷讫，凡百十人……作书致敦夫，以问津未阅课卷八十本属代阅。作书致介唐，以三取童卷六十本乞代阅，得复。"初六日："作书致敦夫，以学海堂第三次未阅童卷二十本属代阅，得复。"二十六日："评改问津诸生卷讫，凡百七人……自外课以下敦夫所代阅。"③同年十一月，李氏的阅卷记录也很频繁，初二、初三、初五、初六、初八、初十各日以及十一、十二、十八日，李氏都在评阅课卷，还数次请人代阅。如十九日：

---

① 李慈铭：《越缦堂日记》，广陵书社 2004 年影印本，第 10792、10793、10794、10795、10797、10798、10800 页。

② 李慈铭：《越缦堂日记》，广陵书社 2004 年影印本，第 10933、10934、10939、10945、10946、10947、10948、10950 页。

③ 李慈铭：《越缦堂日记》，广陵书社 2004 年影印本，第 11167、11170、11171、11185 页。

"作书致书玉、敦夫、介唐,皆属其分阅课卷。"二十二日:"是夕评阅问津诸生课卷讫,百十三人","二十名外,皆托敦夫代阅"。二十七日:"阅三取书院诸生课卷讫,凡五十余人",又诸童课卷三十余人,其中"属介唐代阅者六十余人"。二十九日:"阅问津诸童课卷讫,凡七十人……林兆翰第一。又阅三取诸生卷讫,凡五十余人。"其中"属书玉代阅者九十余人"。①

　　一直到光绪十八年(1892),李慈铭日记中还常见这类记录。当年八月初九日,李云:"自前月二十二日风动厥疾后,久不出门,日阅学海、问津诸生童课卷,亦无暇晷。"②九月初四日:"作书致季士周并课题两纸。"二十四日:"作书致季士周,并是月望课题。"③十月二十一日:"得季士周书并课卷一箱,即复。"④十二月初三:"下午日景满窗,评阅学海诸生课卷,甫得一二本,日斜砚冻,不能用笔矣。"此后初四到初六日,连日有阅卷记述。初八日:"阅问津诸生课卷,比日评改得一百卷,将乞敦夫竟阅其余,作书致之。"十一日:"评改三取诸生课卷,得四十本,以其余托介唐代阅,作书致之。"十四日:"阅学海堂课卷。"十七日:"自定六、七两月三取课卷。"二十二日:"作书致季士周,并课卷三箱。"本次所寄为六月、七月问津、三取课卷,"两次问津卷多托敦夫代阅"。⑤

　　山长之劳,令李慈铭时有感叹。如光绪十年(1884)六月二十九日:"比日咳嗽,困甚。阅学海堂经古卷,不可耐也。"⑥光绪十二年(1886)五月二十日:"比日酷热,兼以手足之痛,忽忽若失,而疲于此事,多加改削,

　　①　李慈铭:《越缦堂日记》,广陵书社 2004 年影印本,第 11252、11256、11257、11261、11262 页。

　　②　李慈铭:《越缦堂日记》,广陵书社 2004 年影印本,第 13196 页。

　　③　李慈铭:《越缦堂日记》,广陵书社 2004 年影印本,第 13206、13231 页。

　　④　李慈铭:《越缦堂日记》,广陵书社 2004 年影印本,第 13261 页。

　　⑤　李慈铭:《越缦堂日记》,广陵书社 2004 年影印本,第 13300、13301、13302、13303、13304、13307、13310、13313、13317 页。

　　⑥　李慈铭:《越缦堂日记》,广陵书社 2004 年影印本,第 10384 页。

文字大半谬恶,头目为昏,平生不吝诲人,凡作一事,无不竭尽心力。"①九月初二日:"竟日评改问津诸生课卷,近年心力疲于此矣。"②光绪十六年(1890)八月初九日:"评改问津诸生课卷,比来纷冗,兼以疾病,久不暇理此事,又积至五匦矣"。③ 光绪十七年(1891)九月十一日,"评改学海诸生卷……陈生文炳一卷,尽录毛诗稽古编总诂及诸篇中训释语,双行书十余纸,阅之目力为昏"。④ 光绪十九年(1893)三月二十三日,李慈铭记曰:"津门送来夏季修脯,久不能阅文卷,甚自恧也。"⑤六月十六日,李氏日记又云:"比日评改学海堂课卷,该半年病废不事此矣,深愧素餐无以对诸生也"。⑥

课卷不能按时评定发榜,意味着参加考课的生徒不能及时获得奖赏银,也会引起书院士子的不满。天津《时报》光绪十四年(1888)五月有报道称:"本月十六日斋课之期,以山长李莼客部郎题目封寄未至,改于今日扃门补课。惟生童等以斋课校阅稽迟,往往皆趑趄不进。盖引客秋八月斋课至今月杪始行发榜、今岁考过斋课均未出案为前车之鉴,意谓观摩、膏火二者胥弗克有济故也。特部郎为文章名宿,夙以引掖后进为心,当必有细心评衡,俾诸生得受裁成之益者。若必以迟速论之,亦所见之不广也。"⑦从中可见,由于课期拖延,使得一部分生徒对斋课兴味大减,不愿参与。《时报》报道虽劝生徒不必以"迟速论之",但李慈铭作为山长,对此不能不负有责任。

其他曾任天津书院山长的张佩纶、叶昌炽等人的日记中,也可见此类命题阅卷的记录。光绪十六年(1890)张佩纶主课集贤书院,当年四月二

---

① 李慈铭:《越缦堂日记》,广陵书社 2004 年影印本,第 11098 页。
② 李慈铭:《越缦堂日记》,广陵书社 2004 年影印本,第 11193 页。
③ 李慈铭:《越缦堂日记》,广陵书社 2004 年影印本,第 12565 页。
④ 李慈铭:《越缦堂日记》,广陵书社 2004 年影印本,第 12997 页。
⑤ 李慈铭:《越缦堂日记》,广陵书社 2004 年影印本,第 13392 页。
⑥ 李慈铭:《越缦堂日记》,广陵书社 2004 年影印本,第 13463 页。
⑦ 《书院补试》,《时报》(天津)1888 年 6 月 30 日,第 3 页。

十九日记云："望课以《晋书·礼志书后》命题，诸生均取一二节立论，无能通阅三卷者。或取钱氏《考异》，无能以《宋书·礼志》对勘者。盖院中高才和惟杨雪庐一人，余皆文士，而非学人耳。"①五月三十日："以'溥彼韩城，燕师所完'解课士。"②七月二十九日："阅卷三日毕，明日交去。"九月二十二日："阅课卷，三日竣。"二十七日："阅卷竣。"十一月初九日："病后强将课卷阅竣交院，颇疲累也。"十一月二十二日："日阅课卷十余本，疲甚。"二十四日："课卷竣。"③等等。

叶昌炽《缘督庐日记》中也常有为学海堂拟题、阅卷及收寄课卷的记述。如光绪二十四年（1898）二月十三日："津门寄学海百金来，即作一函……并三月课题一纸。"④三月初七日："得方勉甫都转书，颇殷拳。此后官课亦由鄙人出题，评定甲乙。"⑤闰月初二日："又得方勉甫观察书，学海斋课卷五十五本。王夔帅前来生童卷四箧二百零七本。"廿三日："阅学海官课卷毕，生内课十四名，皆斐然可观。"⑥四月十一日："阅学海三月课卷毕。"十六日："寄方都转一缄，学海课卷四十一本。"⑦五月初五日："得方观察书，并学海课卷二箧。"初七日："阅学海卷。"廿三日："阅学海卷讫。"⑧六月廿八日："竟日未出，阅学海卷毕。"⑨十一月十六日："竟日未出，阅三取问津加课卷毕，共二十五本。"三十日："阅津门童卷，较生卷尤劣。"⑩其光绪二十五年（1899）日记中，也常见类似记录。如十一月初

---

① 张佩纶著、谢海林整理：《张佩纶日记》，凤凰出版社2015年版，第249页。
② 张佩纶著、谢海林整理：《张佩纶日记》，凤凰出版社2015年版，第257页。
③ 张佩纶著、谢海林整理：《张佩纶日记》，凤凰出版社2015年版，第282、287、291、292页。
④ 叶昌炽：《缘督庐日记》，江苏古籍出版社2002年影印本，第2633页。
⑤ 叶昌炽：《缘督庐日记》，江苏古籍出版社2002年影印本，第2648页。
⑥ 叶昌炽：《缘督庐日记》，江苏古籍出版社2002年影印本，第2660、2670页。
⑦ 叶昌炽：《缘督庐日记》，江苏古籍出版社2002年影印本，第2679、2682页。
⑧ 叶昌炽：《缘督庐日记》，江苏古籍出版社2002年影印本，第2690、2691、2697页。
⑨ 叶昌炽：《缘督庐日记》，江苏古籍出版社2002年影印本，第2713页。
⑩ 叶昌炽：《缘督庐日记》，江苏古籍出版社2002年影印本，第2803、2809页。

五日:"得方勉甫一函,课卷二十八本。"①直到光绪二十六年(1900)四月二十二日,还有"阅学海三月课卷毕"的记录。②

命题阅卷是颇费心力的一项日常事务,在考课制下则是书院山长最重要的职责所在。除了辅仁书院外,晚清天津各书院山长或襄校多系进士出身,本身有较高的学养,且身处文化和政治中心的京城,作为京城士大夫圈子里的成员,应能更早感受到科场文风的变化趋向,进而体现在命题课士中,对天津书院生徒进入科场或有帮助。但在另一方面,京、津之间毕竟存在空间上的距离,加上各书院山长往往更替频繁,也有各种不便之处。光绪十八年(1892)李鸿章在一封信中曾称:"近日书院一席,比于宋人奉祠,大抵为林下巨公优游养老之地。"③天津书院之讲席,也不能免除此弊。

---

① 叶昌炽:《缘督庐日记》,江苏古籍出版社 2002 年影印本,第 2997 页。

② 叶昌炽:《缘督庐日记》,江苏古籍出版社 2002 年影印本,第 3108 页。

③ 李鸿章:《复前团练大臣山西藩台林》(光绪十八年十二月初八日),戴逸、顾廷龙主编:《李鸿章全集 35》,安徽教育出版社 2008 年版,信函七,第 458 页。

第五章

晚清天津书院之生徒

书院是读书人的聚集之地,在传统社会,追求仕进者多有在书院接受科举训练的经历,科场不如意者往往长期在书院应课,甚至依附书院考课而生活,书院由此成为士子日常生活的重要空间。书院生徒的生活样貌,是士人阶层生存状况一个侧面。晚清是天津书院的鼎盛时期,书院生徒的日常状态,也透露出这一时期天津士人的生活状况。本章对晚清天津书院生徒的学业、考课收入及交往活动等略作介绍,以期有助于对书院士子群体的了解。

第一节　生徒之甄别与课业

生徒之甄别

就肄业生徒资格而言,在天津各书院中,问津、三取、辅仁三书院为生员和文童,会文书院专为举人而设,稽古书院和集贤书院则为举贡生监。一般而言,各书院对生徒资格有严格要求。1898 年一则报道称:"津郡稽古书院专试诗赋经解策论诸作,凡应试者均是举贡生监,而童生不与焉。口昨为督宪甄别之期,有某童冒充监生,开考时提篮混入院中,司事令该童将监照呈验,该童无以应,遂垂头丧气而出。是真乘兴来者,败兴返也。"①书院每年甄别一次,一般在农历二月举行,但也有分两次进行的,如稽古书院即在春季和秋季分别举行甄别。被录取者可以进入书院学习,参加本年书院课试。关于书院甄别的具体情形,在可见的天津《时报》中,有光绪十四年(1888)初集贤、辅仁、问津、三取这几处书院的甄别消息。下面据此略作介绍。

本年集贤书院的甄别定于二月十五日举行。二月初三日《时报》有

---

① 《童子无言》,孔祥吉、村田雄二郎整理:《国闻报》(外二种),第二册,1898 年 3 月 30 日,第 36 页。

消息称:"运宪贺幼甫都转以现届开课伊迩,复经详订规例,申请督爵宪,拟于本月十五日举行甄别,凡有外省举贡生监报名投考者,非取具同乡正印官印结及候补官书押者,概不收录,现已出示晓谕矣。"①两天后,该报登载了盐运使贺幼甫的示谕,其内容为:

> 钦命二品顶戴长芦都转盐运使司盐运使加十级纪录十次贺,为晓谕事。照津郡创建集贤书院,课试外省举贡生监,前系暂借问津书院开办。现在集贤书院已修造告成,详请督宪于二月十五日开课,在集贤书院领题散卷,凡外省举贡生监即行报名投考,务须先期取具同乡正印官保结,现任者钤印,候补者书押,结内载明籍贯三代年貌住址,仍由保人亲送本署查收,以免假冒,方准注册领卷,以后如两月不应课,即行扣除。除谕知首领官查收保结外,合先晓谕。为此谕仰举贡生监俱各遵照,限三日内投齐,勿稍自误。特示。②

二月十五日甄别当天,《时报》报道说:"今日为集贤开课之期,各省士子均纷纷赴院领卷,计有百二十人有奇,今岁戊子正科,循例三文一诗,限于明日下午交卷。"③

辅仁书院当年的生员甄别略早于集贤书院。二月十五日《时报》消息称:"日前辅仁书院甄别合郡生员,例应道宪胡芸楣观察主课。是日黎明,观察亲莅该院,点名给卷,与考者计四百余名,皆衣冠济楚,肃静无哗。出题后限于晚十点钟一律交卷,否则定不录取。"④文童甄别则在此后,该报二月十七日报道说:

① 《集贤开课》,《时报》(天津)1888 年 3 月 15 日,第 3 页。
② 《示谕照登》,《时报》(天津)1888 年 3 月 17 日,第 2 页。
③ 《辟门吁俊》,《时报》(天津)1888 年 3 月 27 日,第 2 页。
④ 《辅仁题目》,《时报》(天津)1888 年 3 月 27 日,第 2 页。

　　道宪胡云楣观察十四日甄别辅仁书院生员题目以及考童日期，均详前报。兹悉昨日考童，观察仍按旧例，黎明莅院，点名给卷发题后，仍限于晚十点钟一律缴卷，与考者计六百余名。谨将题目列后。文题：及其成功一也子曰好学。诗题：赋得清明前后峭寒多，得多字，五言六韵。①

　　三取书院和问津书院的生员甄别在二十二日，文童甄别则在二十五日。《时报》称："三取问津两书院牌示一切迭经登报，二十二日扃试诸生，二十五日甄别诸童……与此课者，三取书院二百四十一名，问津书院四百七十一名，后又有因事外出未及报名注册，求补四名。本司亲笔填写，拨入两书院各二名。"②

　　根据上述报道，当年问津书院投考者四百七十一人，三取书院二百四十一人，而辅仁书院则达到六百多人，吸引的士子最多。不过，此种情形与书院规模大小、甄别录取人数、所处位置便利与否等都有关系。光绪二十一年（1895）天津《直报》的相关报道中也提及各书院的应考和录取人数，分别如下：

　　三取书院，"计生应考者共一百四十余人"，取内课十名，外课十名，附课四十名，备取二十八名；"童应考者共二百五十余人"，取内课七名，外课七名，附课二十六名，备取二十名。③ 不包括备取人员在内，生、童合计一百名。

　　辅仁书院，生员"应考者三百八十余人，共挑取一百五十二人"。④ 在甄别文童的考试中，"应考者四百余人"，"上取十五名，中取十五名，次取

---

① 《辅仁童题》，《时报》（天津）1888年3月29日，第2页。
② 《书院开课》，《时报》（天津）1888年4月7日，第2页。
③ 《三取试题》，《直报》1895年3月5日，第2页；《书院榜示》，《直报》1895年3月8日，第2页。
④ 《辅仁课题》，《直报》1895年3月8日，第2页。

四十名,备补三十名"。① 实际的录取结果是:生员超等十六名、特等三十六名、一等六十名、备取生四十名。文章上取十四名、中取十八名、次取四十八名、备取三十名。② 按照报道内容,辅仁书院备取生、童亦可应课,故实际录取生、童合计二百六十二名。

问津书院甄别生童考试,生员"应考者二百五十余人",取一百五十名,包括内课二十名,外课二十名,附课八十名,备取三十名。文童"应考者一百六十余人",取一百名,其中内课十五人,外课十五人,附课五十人,备取二十人。③ 不包括备取人员在内,生、童合计二百名。

在招录生员和文童的几所书院中,从应考人数看,辅仁书院生、童合计约计八百人,为数最多,问津书院四百余人,三取书院约四百人,相差不多。就录取人数看,辅仁书院包括同样可以应课的备取人员在内,达到二百六十二名,规模最大,问津书院其次,三取书院则人数最少,大致可见这几处书院在本地社会影响力的大小。

此外,稽古书院和集贤书院以举贡生监为对象,稽古书院为本地士子肄业之所,当年春季甄别中"应考者二百六十余人",按照该书院课试章程,共挑取一百名,其中正取十五名,副取二十五名,次取四十名,备取二十名。④ 面向外籍士子的集贤书院在二月初五日进行甄别,当年录取名额为一百二十名,包括超等二十名,特等四十名,一等六十名。⑤ 会文书院专课本地举人,当年为会试之年,书院甄别提前在正月二十二日举行,并将二月的盐运使课提前到正月十八日举行。

一般而言,士子经过私塾教育阶段后,就可以参加书院童生甄别。后成为北洋军政人物的李廷玉在三十岁前,大抵就是按照士子的生活程式,

---

① 《书院课题》,《直报》1895 年 3 月 21 日,第 2 页。
② 《业精于勤》,《直报》1895 年 3 月 30 日,第 3 页。
③ 《问津甄别》,《直报》1895 年 3 月 9 日,第 2 页。
④ 《书院课题》,《直报》1895 年 3 月 21 日,第 2 页。稽古书院备取人员亦可应课。
⑤ 《集贤榜示》,《直报》1895 年 3 月 22 日,第 2 页。

读书应课的同时设馆教学。李廷玉字实忱,1869 年生于天津城西运河北岸大觉村,1876 年李八岁时,其父在该村倡设一所私塾,李廷玉得以入塾读书。1881 年十三岁时读《左传》《易经》《礼记》及古今诗文,十四岁开笔习作诗文,十六岁"文已完篇,诗亦略知作法"。1885 年十七岁时入梅鹤山主讲的崇正官塾,次年梅辞职后受聘于鼓楼东姚家家馆,随带李廷玉入读。在此期间,李廷玉参加了学海堂的甄别课试,取得外课第一名。"是年李傅相鸿章,循例在学海堂考试生童诗古文词,领卷回家写作,限十日交卷。余每作一艺,求鹤师胞兄小树师核改。小树师认为可教,由鹤师告余曰,'家兄久不就馆,以汝好古学,拟衣钵传之'。从此又从小树师学作经解史论及诗赋。春试发榜,余列取外课第一名,以榜上内课只取三名计之,余列第四名耳。"①1889 年李廷玉取得生员功名后,大体上就是一面教读家馆,一面参加书院课试和岁科考试。

士子如果因特殊情况未能按期参加甄别,还可以申请补考。光绪二十一年(1895)春《直报》有消息称,集贤书院本届甄别时"尚未开河,致回南诸君未得与试"。一位名为李其坦的安徽监生因此禀请署北洋大臣兼直隶总督王文韶,恳请补课。"署督宪王夔石大帅接阅之下,批示具禀已悉,是否与定例相符,即候郡城司道查核办理等因。"《直报》就此事称,"按补课事所恒有,第须同乡官出具印结,即可附入,另题考试",②可见此类事例应不少见。不过,集贤书院的补课只是特例。光绪二十六年(1900)有报道说,"集贤书院向有随时补考甄别之例,体恤寒畯,为本郡书院所不及"。③ 由此可见,这种做法并不见于面向本地士子的天津其他书院。

在某些情形下,未被录取的士子还有其他门路可寻,以获得参加考课

①　李廷玉:《李实忱回忆录(节录)》,中国人民政治协商会议天津市委员会文史资料研究委员会编:《天津文史资料选辑》第 43 辑,天津人民出版社 1988 年版,第 51 页。
②　《禀请补课》,《直报》1895 年 5 月 14 日,第 3 页。
③　《课事琐缀》,孔祥吉、村田雄二郎整理:《国闻报》(外二种),第九册,1900 年 3 月 21 日,第 252 页。

的机会。光绪十四年(1888)三月二十三日,李慈铭日记云:"得天津门生张大仕书,言今年书院甄别在备取中,不得肄业,乞为言之运使,许其附课。"① 从李氏此后日记中可知,张大仕参加了当年问津书院和学海堂的课试,李慈铭在其中应该起了某种作用。

对士子而言,可以在不同的书院同时应课。光绪二十一年(1895)十月初《直报》刊登的稽古书院和会文书院榜单中,高桂馨、杨凤藻分列稽古书院副取第一名和第二名,在会文书院两人则列名在次取名单。② 同一年,天津士子魏震出现在辅仁书院甄别榜单中,被取为超等第一名;而稽古书院由直隶总督王文韶所录正取十五人中,也有魏震的名字。③ 当年问津书院五月初二日的官课中,魏震获内课第三名。④ 五月十六日斋课中,同样被取为内课生。⑤ 问津书院其他几次榜单中,同样出现魏震的名字。⑥ 在当年几处书院的榜单中,魏震屡次出现。⑦ 从榜单中可见,魏震当年还参加学海堂课试。⑧ 可见士子在不同书院同时应课的情形,应是普遍的做法。

---

① 李慈铭:《越缦堂日记》,广陵书社2004年影印本,第11737页。

② 参见《稽古开榜》,《直报》1895年11月20日,第2页;《会文开榜》,《直报》1895年11月21日,第2页。

③ 分别见《业精于勤》,《直报》1895年3月30日,第3页;《稽古榜示》,《直报》1895年4月10日,第3页。

④ 《问津榜示》,《直报》1895年7月15日,第2、3页。

⑤ 《示奖问津》,《直报》1895年8月22日,第2、3页。

⑥ 《问津领奖》,《直报》1895年8月3日,第2页;《问津奖示》,《直报》1895年8月6日,第2、3页;《问津开榜》,《直报》1895年11月27日,第2页。

⑦ 参见《荣分稽古》,《直报》1895年8月23日,第2页;《辅仁领奖》,《直报》1895年8月30日,第2页;《奖以辅仁》,《直报》1895年9月6日,第3页;《问津奖示》,《直报》1895年10月2日,第2页;《学古□获》,《直报》1895年11月16日,第2页:《稽古开榜》,《直报》1895年11月20日,第2页。

⑧ 《初开花榜》,《直报》1895年9月22日,第2页;《学海开榜》,《直报》1895年10月31日,第2页。

生徒之课业

清代书院多实行考课制，书院的主要活动就是按期举行考课。"凡课期，诸生黎明登堂，向院长揖坐，封门发题。如官课委员监场，监院教官于课日清晨请题封发，试卷即日收齐，次早由该委员亲自呈送。"①晚清天津各书院情形相类似。一般而言，每年除了正月、腊月停课外，其余十个月为考课期。各书院课数不定，一般月初为官课，由天津地方官员轮流命题主课；月中为斋课，由书院山长命题。但各书院的考课安排或有不同，如辅仁书院，据光绪二十四年（1898）天津《国闻报》的一则报道："辅仁书院课期，定章一斋三官，周而复始，统计一年二十课。"②官课的拟题和评定等第，往往是由署中幕友或另聘专人负责，而斋课拟题和评阅，则由山长自行承担。官课、斋课一般均为生员、童生文题、诗题各一，当日在院内做答交卷。

经古考课大致类似。学海堂经古课也是每月两课，月初为官课，月中为斋课，领卷后限十日内完卷。1898 年《国闻报》有消息称："学海堂每届二月间，督宪开考，经古函题到司，由运司转饬吏、礼两房，牌示诸生，照章领卷，回寓缮作，例限十日交卷，逾期不收。"③稽古书院、会文书院和集贤书院情形类似，都是士子领卷后回寓作答，定期缴卷。考课之前，各书院会以主课官员的名义牌示考期，提醒应考生徒按期领卷。如光绪十二年（1886）八月盐运使牌示谓：

---

① 张正藩：《中国书院制度考略》，江苏教育出版社 1985 年版，第 35 页。

② 《辅仁斋课》，孔祥吉、村田雄二郎整理：《国闻报》（外二种），第二册，1898 年 3 月 27 日，第 25 页。

③ 《学海开考》，孔祥吉、村田雄二郎整理：《国闻报》（外二种），第二册，1898 年 3 月 24 日，第 12 页。

运宪牌示。问津三取两书院肄业生童,并备取生童及甄别未取生童知悉:光绪十二年八月二十七日奉中堂批示,定于九月初一日考试学海堂经古课,今行牌示各生童等,届期亲身来司领取课卷题目,回寓缮作,限十日内交卷,以凭呈送中堂校阅,其各恪遵,毋得迟误。特示。①

考课结束后,与课者的等第名次及奖赏银、膏火银数目也予以牌示,并示以领取日期,由本人按期到书院领取。

在天津各书院中,问津书院、三取书院、学海堂生徒均按考课成绩分内课、外课和附课。辅仁书院生员则分为超等、特等、一等三个等次,文童分为上取、中取、次取三等。专课举人的会文书院、稽古书院则常用正取、副取、次取,或超取、特取、次取等名目。集贤书院举贡生监考课多分为超等、特等、一等三个等次。1898 年,三十岁的李廷玉曾参加稽古书院课试,其记某次月课称:

稽古书院月课,出有《筹边策》题。余以此题颇可发挥意见,乃大发议论,都为一万五千余言。此院向例领题在外拟作,限三日交卷。余所作策,已于两日抄清,此外尚有史论经解题两题,决计不作。挚友魏君梯云曰:"首次两艺照交,必获首选。"答以"前学海堂经古课题五道,余只作《勾践论》,分为上下两篇,每篇八十余字,即列第二,此则少作两艺,不可列第一乎?"梯云又曰:"今距交卷尚有一日,总以交齐为妥。"余不听,发榜竟列第二名,梯云惜之。总批:"洞达时务,晓畅治体,有景略扪虱而谈,旁若无人气概。本拟首选因少两艺,故抑之。"顶批:"按时势以立论,洞悉边情,异日立朝,定为救时良相。"又批:"旁征博引,如数家珍,公真于书无所不读也。"其他顶

---

① 《牌示照录》,《时报》(天津)1886 年 9 月 30 日,第 3 页。

批尚多,姑从略。学友请将此艺传观,以开讲求实学风气,允之。①

关于天津书院生徒的学业状况,从李慈铭日记对士子课卷的点评中可见一斑。光绪十年(1884)首次到津主课期间,李四月初六日记云:"津士制艺甚劣,不堪注目。于一一评抹之间加删润示,良苦矣。"十九日记称:"阅经古课卷毕,生员于克勤第一,童生顾文敏第一。""其经解皆出抄袭,论、制亦无合作,赋尤劣,诗小有思致。为卷卷细评,稍可取者改润之,余亦多加勾乙。于张生大仕卷全改,拟制一首,似远胜赫文忠陵川集中所拟也。"②此行回京后,李慈铭闰五月初七日记云:"改学海堂李凤池、华承勋两生课卷……余诲人不倦,未知诸生能启发否耳。"当月二十七日:"改撰院中肄业生张大仕问津书院增祀汉唐经师议一首,约二千余言。示以北学源流,经师升降,欲使津士略知师法。"③六月初六日:"竟日阅卷,多为改窜。"④七月初五日:"阅闰五月学海堂经古课卷讫……多加评改。生员取李凤池第一,张大仕第二,孟继墫第三,朱墉第四,赵士琛第五,皆有可观。"⑤九月初三日:"评改学海堂经古卷讫……生员取陈泽霖第一,李家驹第二,李凤池第三,姜秉善第四。陈生经解及赋甚佳,李生家驹论分上中下三首,由肃宗至昭宗,按切时势,言之有物。李生凤池及姜生赋皆工,姜生经解亦佳,而以陈生赋为第一。援宋事以拟今,胎息于子虚上林……可称名作。"⑥十二月初五日:"批改问津诸生十月课卷讫……凡八十七人,佳卷甚众,取朱墉第一。李凤池、陈泽霖两生皆在外课卷中,于其

　　① 李廷玉:《李实忱回忆录(节录)》,中国人民政治协商会议天津市委员会文史资料研究委员会编:《天津文史资料选辑》第43辑,第53页。

　　② 李慈铭:《越缦堂日记》,广陵书社2004年影印本,第10267、10277、10278页。

　　③ 李慈铭:《越缦堂日记》,广陵书社2004年影印本,第10333、10349页。

　　④ 李慈铭:《越缦堂日记》,广陵书社2004年影印本,第10365页。

　　⑤ 李慈铭:《越缦堂日记》,广陵书社2004年影印本,第10394页。

　　⑥ 李慈铭:《越缦堂日记》,广陵书社2004年影印本,第10471页。

文尾批示以作时文之法。"①二十一日:"评改学海堂十月份诸生经古卷
讫……取陈泽霖第一,李凤池第二,高振冈第三。陈生论甚佳,为删改数
百字,可称名作矣。高生拟表极工,诗亦高秀。赵生士琛表极华瞻,以余
艺不称,置第八。经解以李生及华生承勋、张生大仕为佳,华列第四,张列
第七。"②当年值西太后五十寿辰,问津、三取两书院二十四名生员拟"皇
太后五秩万寿颂",李慈铭在十二月十九日记曰:"阅两书院诸生公拟皇
太后五秩万寿颂。华生承勋、李生凤池装潢锦册,写作俱佳。陈生泽霖
序,集文选,赵生士琛颂,集十三经,经为一章。皆追琢工巧。"③此后,李
慈铭为诸人评定文字等第,并发给奖赏银:"第一华承勋,第二陈泽霖,第
三李凤池,第四赵士琛,皆奖给膏火银各二两;第五高振冈,第六韩荫樾,
第七孟继墫,第八马家彬,第九张大仕,第十姜秉善,各一两;顾恩荣、孟继
坡、张伟、李家驹各六钱;孙履胥、刘嘉瑞以下各四钱。"④

　　李氏此后日记中,此类记述还十分多见。如光绪十一年(1885)八月
初九日:"评改问津诸生课卷讫,凡一百十余人","取杨凤藻第一(第二陈
骧,第三刘葆善,第四乔瑞淇,第五李家驹,第六李智荣,文皆佳)"。⑤ 九
月二十五日:"是日评阅问津诸生卷讫……凡九十余人,第一张大仕,次
华学澜、李凤池、李家驹、孟继坡、刘嘉琛、姜秉善、李春泽。"⑥等。以光绪
十三年(1887)为例。当年二月初四日,"学海堂诸生课卷讫",取陈泽霖、
陶喆甡、李凤池、张大仕、费登太为前五名。"陈生考辨中知申郑义,而未
能通贯,为删改证明之。陶生两宋辩亡论,分上中下三篇,思笔俱佳。"初
九日改问津诸生课卷讫,取陈泽霖等为前五名,"内课二十卷中,多为改
润,颇有可观"。同日又记:学海堂诸童课卷八十八人,取周兴铭第一,华

　　① 李慈铭:《越缦堂日记》,广陵书社 2004 年影印本,第 10592 页。
　　② 李慈铭:《越缦堂日记》,广陵书社 2004 年影印本,第 10614、10615 页。
　　③ 李慈铭:《越缦堂日记》,广陵书社 2004 年影印本,第 10613、10614 页。
　　④ 李慈铭:《越缦堂日记》,广陵书社 2004 年影印本,第 10618 页。
　　⑤ 李慈铭:《越缦堂日记》,广陵书社 2004 年影印本,第 10850 页。
　　⑥ 李慈铭:《越缦堂日记》,广陵书社 2004 年影印本,第 10895、10896 页。

承运第二,赵承恩第三,陈泽寰第四:"内课十卷中,亦多加改削。余于此事可谓尽心矣。虽甚不通者,亦随手钩末之间易以一二字,不计其为镂冰雕朽也。"①四月十一日,"学海堂童卷讫",取赵承恩等为前三名,"特改赵生一论一赋以示生徒"。②五月二十三日,学海堂"取内课八名:陈泽霖、张大仕、王锡涛、孟继塼、杨希曾、李楫、李家驹、陈文炳。汪生一解一论甚佳,不知何人所作,赋及诗亦可取而不纯,为改之。又外课第二顾恩荣一启甚密丽,李凤池在外课第三,改其经解数百言,以示读书之法"。二十四日,"阅学海堂四月课卷,为李楫改一赋"。二十七日,"取内课六名:李楫、虞际唐、张大仕、汪锡涛、李家驹、李凤池。楫两论一疏皆甚佳,际唐一解两论亦简当有作意,锡涛两论俱笔力老成,不知谁所为也。陈泽霖经解不主段说,颇与余意合,而引证未博,余艺皆不佳,抑之外课第六"。③六月初三日,阅学海堂童卷,"诸童实无能作经古者,四卷中赋论书启颇有可观,皆不知何人所为,其余妄钞经解恶札,荒谬甚不可耐,虽多用大笔浓墨抹勒之,然卷卷为之改润虚字,且指其谬处,亦可谓尽心矣"。④当年十二月二十日,李慈铭评改九月学海堂童卷讫,取内课华承运等三名,日记云:"华生九月卷中两论固佳,然首论讥贬光武,次论微刺朱子,及言伊川门人多流禅悟语,皆过峻。此次第一论唐宋诸儒辟佛浅深,虽大旨轩唐轻宋,语亦有木,而文笔崭绝,从子家出。末幅及近日天主教之害,蓄意深远,笔尤悠漾不尽直,足称名作。此等古文,南中英髦亦未尝见也。第二论明以来稗官小说之害,谓自明祖以时文取士,士人才力无所发舒,故小说日多,而所习不过讲章八比,耳目甚陋,辞气日鄙,故所作小说里俗荒谬,不似唐以前人,能华藻粉饰,而妇女市井皆能读之,故所害滋甚。其言极有名理,文亦痛快而简尽,为之增润数百字,卓然足以传矣。"⑤

---

① 李慈铭:《越缦堂日记》,广陵书社 2004 年影印本,第 11327、11330、11331 页。
② 李慈铭:《越缦堂日记》,广陵书社 2004 年影印本,第 11390 页。
③ 李慈铭:《越缦堂日记》,广陵书社 2004 年影印本,第 11444、11446 页。
④ 李慈铭:《越缦堂日记》,广陵书社 2004 年影印本,第 11450 页。
⑤ 李慈铭:《越缦堂日记》,广陵书社 2004 年影印本,第 11637、11638 页。

光绪十六年(1890)李慈铭补山西道监察御史后,日记中评阅课卷的记载虽见减少,但仍时常可见。如光绪十七年(1891)三月初八日:"评改学海堂课卷。杨生凤藻、张生大仕作辽宫词皆四十首,甚典瞻有思致,杨生作尤佳,为改数首示之"。① 十月十六日:"评阅三月学海堂诸生课卷讫……取内课李凤池、张大仕、张昌言、费登太、杨凤藻五名。张煦林筛旗考,训诂名通,卓然可传。"②等等。

在问津书院、三取书院和学海堂生徒中,经常被李慈铭取为内课的有张大仕、李凤池、华承勋、李家驹、孟继堉、姜秉善、朱墉、赵士琛、杨凤藻、陈骧、胡濬、张昌言、陶喆甡、陈文炳、华承运、华世奎、刘凤翰、陈向滋、陈泽寰、张壎、孟继坡、赵承恩、高桂馨、蔡彬、高凌雯等。若仅以经古课而论,李慈铭尤为器重的则是张大仕、陶喆甡、李凤池、杨凤藻诸人。张大仕字煦林,地方志中称其"博闻强识,肄业学海堂,院长李慈铭极赏之,得其裁成,学艺大进"。③ 从李慈铭日记可见,从光绪十年(1884)至光绪十八年(1892)间,张大仕一直参与学海堂经古课试。张大仕光绪二十二年(1896)53岁时去世,肄业学海堂期间是其治学的重要阶段。张从事小学、音韵、训诂皆有根柢,李慈铭称其"长于解经,分肌擘理皆以声音通之,凡古今疑义、诸儒聚讼者,皆能折中一是,训诂明通,足解人颐"。④ 所著《古礼释》一卷,被认为"涉猎群书,博引而慎取,凡所断制,皆谨守师法,以经诂经,不涉臆造也。"⑤所著《解经一粟集》,"非因袭恒订者所

---

① 李慈铭:《越缦堂日记》,广陵书社2004年影印本,第12806页。

② 李慈铭:《越缦堂日记》,广陵书社2004年影印本,第13035页。

③ 高凌雯纂,民国《天津县新志》,天津市地方志编修委员会编著:《天津通志》旧志点校卷(中),南开大学出版社2001年版,第780页。

④ 高凌雯纂,民国《天津县新志》,天津市地方志编修委员会编著:《天津通志》旧志点校卷(中),南开大学出版社2001年版,第961页。

⑤ 高凌雯纂,民国《天津县新志》,天津市地方志编修委员会编著:《天津通志》旧志点校卷(中),南开大学出版社2001年版,第922页。

能"。① 张大仕的其他著作还有《四书音补》《说文拾遗》《说文一贯》《古人姓名通假考》等,虽多未刊行,但亦可见其成绩。再如陶喆甡,"其为学务知经义之异同,史事之得失,博览而强识之,发为文章朴茂精实,其气灏然。张佩纶、李慈铭主讲学海堂,每试辄列上等"。② 李慈铭日记中首次提到其名字是光绪十二年(1886)十一月,此后陶在学海堂和问津书院课试中常被李慈铭取为内课,并多有赞评。问津生徒杨凤藻也很受李慈铭的欣赏,多次被李慈铭取为学海堂内课生。杨氏后致力于经世之学,光绪二十八年(1902)与友人甘韩选文五百六十余篇,编成《皇朝经世文新编续集》,为晚清经世文编之一。又如曾作为童生、生员长期参加问津书院考课的顾文敏,后来也是天津新学界的重要人物。有记述称:顾初名文敏,后改名宗越,字捷年,又字叔度,号当湖越外史。其应学海堂经古课时颇受李慈铭赏识,曾为天津《大公报》第一任主笔。1907年还与温世霖创办了《人镜画报》。③

即以应试者的经古课作而论,也可见其治学成绩。光绪十二年(1886)天津《时报》曾分两日刊载张大仕的《先生长者考》一文,④即系前一年李慈铭为学海堂所命课题。张氏《小邹鲁居诗集》所收三百七十余首诗作中,"光绪以来率皆书院课作"。⑤ 学海堂经古课对陶喆甡的治学也颇有影响,其所著《抑斋诗文集》,即"以学海堂课作为多"。⑥ 凡此,均可见学海堂经古考课的成效。

---

① 高凌雯纂,民国《天津县新志》,天津市地方志编修委员会编著:《天津通志》旧志点校卷(中),南开大学出版社2001年版,第924页。
② 高凌雯纂,民国《天津县新志》,天津市地方志编修委员会编著:《天津通志》旧志点校卷(中),南开大学出版社2001年版,第795页。
③ 章用秀:《沽上文谭》,天津古籍出版社2015年版,第80页。
④ 张大仕:《先生长者考》,《时报》(天津)1886年9月30日、10月1日。
⑤ 高凌雯纂,民国《天津县新志》,天津市地方志编修委员会编著:《天津通志》旧志点校卷(中),南开大学出版社2001年版,第961页。
⑥ 高凌雯纂,民国《天津县新志》,天津市地方志编修委员会编著:《天津通志》旧志点校卷(中),南开大学出版社2001年版,第964页。

第二节　生徒之收入：考课的另一面

对书院生徒而言,定期参加考课,既在于为科举考试做准备,也是其经济收入的一个来源。李廷玉曾提到,1890 年林墨青曾介绍他到闸口某张姓宅教读,"因学生骄顽,年终辞馆"。在失去经济来源后,李廷玉即以书院奖赏银为日常生活补助。"因失馆无补家计,乃以月考各书院,为补助日用之一法。"①对于一些科场不得意的年老生员而言,除了读书之外,没有其他谋生能力,甚至只能长期依附书院,借奖赏和膏火为生。李慈铭光绪十年(1884)来津时,曾在日记中特别记下问津书院两位年长的肄业生,一位叫李秉铎,"册年五十四",另一位是李廷琛,"册年五十二","盖皆将六十矣"。按照规定,问津书院列附课前十名者可得膏火银五钱,但两人月课均在附课之末,李氏"闵其贫老而文不工",特意"各予以津钱二千,遣吏谕之,两生敬谢而去"。②类似这样的年老生员,实则已无仕进机会,参加考课以获得奖赏与膏火银是其一项经济来源。李慈铭本人科举之路并不顺畅,中进士很晚,或者因为这个原因,李氏对年老肄业生徒颇见关照。其光绪十年(1884)七月十八日记云:"阅问津课卷讫。生员百余人……有邓生(霖),册年已六十四,其文……与余意合,而文甚粗率。

---

① 李廷玉:《李实忱回忆录(节录)》,中国人民政治协商会议天津市委员会文史资料研究委员会编:《天津文史资料选辑》第 43 辑,第 52 页。

② 李慈铭:《越缦堂日记》,广陵书社 2004 年影印本,第 10275、10276 页。

为改润之,置之第五,可得膏火银八钱、奖赏银一两。"同日李氏阅三取书院生员课卷,"取张伟第一,此生册年亦已五十四矣"。① 光绪十三年(1887)七月二十七日,李氏日记中又记云:"天津门下士罗生清源及其子应湉修牍请安",并寄来虾脯等物,"余初颇怒,欲却还之,既阅院籍,生年老矣。或以贫甚而求润膏火,或以感知而敬馈物,一见掷还,恐滋愧赧……姑受之"。② 此后李氏对罗清源确有关照。九月十二日评阅问津生员课卷讫,罗清源被李慈铭取为内课第二名,③十一月又再次将罗取为内课。④

在得中进士之前,只要有条件,不少人都长期参加书院考课。以张大仕为例。光绪十年(1884)李慈铭主课问津书院之际,张即参加学海堂和问津书院的考课。一直到光绪二十一年(1895),亦即张去世前一年,其名字还出现在问津书院考课获奖的名单中。张大仕进入问津书院的时间不详,但可知其长期为该院生徒。再如光绪十年(1884)出现在李慈铭日记中的顾文敏,其时身份为文童,到光绪二十一年(1895)则作为生员仍多次出现在问津书院和辅仁书院考课获奖名单中。李凤池至晚在光绪十年(1884)已以生员身份参加学海堂经古课试,到光绪二十三(1897)冬,仍出现在问津书院的获奖名单中。三取书院肄业生员陈文炳的名字从光绪十一年(1885)开始出现在李慈铭的日记中,光绪二十一年(1895)还在以生员身份参加三取书院、辅仁书院和学海堂的课试。凡此,都说明不乏长期参加书院考课的士子。

在传统时代,对不少寒士而言,书院奖赏银和膏火银是一项重要的经济来源。在这样的情形下,书院设置更多的考课,意味着士子有更多的获奖机会。光绪十四年(1888)夏天津《时报》一篇关于辅仁书院的报道称:

---

① 李慈铭:《越缦堂日记》,广陵书社 2004 年影印本,第 10411 页。
② 李慈铭:《越缦堂日记》,广陵书社 2004 年影印本,第 11518 页。
③ 李慈铭:《越缦堂日记》,广陵书社 2004 年影印本,第 11553 页。
④ 李慈铭:《越缦堂日记》,广陵书社 2004 年影印本,第 11623 页。

郡城辅仁书院为津邑生童肄业之所,向章除由道宪主课、山长斋课外,按月有关、道宪及府、县两尊以次递课,皆厚分鹤俸,俾助雄膏,体恤寒儒,有加无已。洎乎光绪纪元,分府陈襄夔司马锡麟以名进士来莅斯邦,夙负文名,且时以造就人才为己任。因于各宪官课外增加二课,并立案以垂久远,识拔既真,膏奖亦厚,至今士林犹称颂不衰。后经某司马因缺瘠议裁,书院遂少此两课。今当冯少芝司马下车伊始,院中绅董因即具禀呈请加课,适司马亦远闻佳士辄心许者,遂已荷蒙批示允准矣。说者谓司马此举不特沾溉儒林,实足后先辉映耳。①

这段报道强调书院奖赏银对寒士的意义。文中的陈锡麟(襄夔),冯少芝即冯清泰,均曾担任天津府河防同知。实际上,为了博取奖赏,天津书院考课中也有请人代笔或冒名与考的现象。徐珂笔记中一则记述为:

常熟言謇博大令有章、仲远次长敦源,皆博学能文,尝于光绪中叶应天津古学之试,声于朔方。盖会稽李莼客侍御慈铭,方主讲问津书院。其试经古者,为学海堂月试五艺:曰经解,曰史论,曰策问,曰律赋,曰古今体诗。与浙之诂经精舍、粤之学海堂相类似,凡十日始受业。謇博、仲远冒天津士子名领试卷,移写其题。至京师时,仅恃信局急递,往返至速,需八昼夜。二人者竭一日之力,约宜兴徐研甫、艺甫合作十艺,更以一日缮校之。每弋高第,得膏火,辄买书沽酒以为乐。②

言有章在科考履历中填报为顺天宛平人,曾肄业保定莲池书院、天津

---

① 《辉映后先》,《时报》(天津)1888年5月3日,第2页。
② 徐珂:《康居笔记汇函》,山西古籍出版社1997年版,第190、191页。

集贤书院,也确曾在学海堂应课,①徐珂这段记述应大致有据。言有章等人冒天津士子之名领学海堂经古卷,合力做题,博得膏火后"买书沽酒为乐",应非偶然现象。学海堂经古课由生徒领卷回家后完成,请人代作课卷也是常见的事情。李慈铭日记中点评课卷时出现过"不知何人所作""不知何人所为""不知何人捉刀"之类的记述,即可推想此类试卷应有请人代作的嫌疑。非惟如此,李慈铭对一些代作课卷的来路也是清楚的。光绪十四年(1888)元月十五日,李慈铭记云:"萧山人何澄斋孝廉(文澜)来言,去年学海堂六月课李炜卷乃其丙子同年杭人蒋子鹤(廷黻)所作。八月九月华承运卷乃伊与蒋共作者,其言果信,则两君年少,而古文笔力识见,俱亦卓荦可喜。从此日进,所造未可量也。"②八月初二日记:"得蒋生廷黻书,并寄来学海堂生华世奎、黄宝田经古课卷两本,皆其所代作也。"③九月十八日:"夜重阅学海诸童经古卷,略加评改,取黄葆和卷第一,蒋生廷黻所作也。"④可见在山长与生徒之间,代作课卷乃是心照不宣之事。

对部分士子来说,书院考课所得奖赏甚至是一笔颇为可观的收入。这一点可以通过生员魏震、陈文炳的例子予以进一步说明。光绪十六年(1890)李慈铭的日记中,已经有取魏震为内课生的记录。魏后来于光绪二十三年(1897)中举。从《直报》光绪二十一年(1895)的报道中可知,作为生员的魏震当年参加了包括辅仁书院、稽古书院、问津书院、学海堂等四处书院的课试。在《直报》有关这几处书院榜单的所有报道中,魏震几乎都名列其中。根据这些报道,以下对魏震本年在书院中获得的部分奖赏银和膏火银数做一统计。

---

① 来新夏主编:《清代科举人物家传资料汇编》(48),学苑出版社 2006 年版,第 567、570 页。

② 李慈铭:《越缦堂日记》,广陵书社 2004 年影印本,第 11657 页。

③ 李慈铭:《越缦堂日记》,广陵书社 2004 年影印本,第 11834 页。

④ 李慈铭:《越缦堂日记》,广陵书社 2004 年影印本,第 11866 页。

表1　魏震光绪二十一年(1895)书院奖赏银和膏火银收入(部分)

书院	等第名次	奖赏及膏火银数	报道出处
辅仁书院	超等 第一名	奖银三两	《业精于勤》,三月初五日,第三页
稽古书院	正取 第十三名	奖银一两	《稽古榜示》,三月十六日,第三页
问津书院	内课 第三名	奖银一两加奖一两五钱,膏火银八钱	《问津榜示》,闰五月二十三日,第二、三页
问津书院	内课 第十八名	奖银六钱加奖六钱,膏火银八钱	《问津领奖》,六月十三日,第二页
问津书院	内课 第三名	奖银一两加奖一两五钱,膏火银八钱	《问津奖示》,六月十六日,第二、三页
问津书院	内课 第六名	奖银八钱加奖八钱,膏火银八钱	《示奖问津》,七月初三日,第二、三页
稽古书院	正取 第四名	奖银二两	《荣分稽古》,七月初四日,第二页
辅仁书院	特等 第二名	奖银五钱	《辅仁领奖》,七月十一日,第二页
辅仁书院	超等 第一名	奖银二两	《奖以辅仁》,七月十八日,第三页
学海堂	内课 第五名	奖银三两	《初开花榜》,八月初八日,第二页
问津书院	内课 第二名	奖银一两加奖一两五钱,膏火银八钱	《问津奖示》,八月十四日,第二页
学海堂	内课 第十名	奖银四两	《学海开榜》,九月十四日,第二页
问津书院	内课 第六名	奖银八钱加奖八钱,膏火银八钱	《甲乙津文》,九月二十五日,第二页
稽古书院	正取 第十三名	奖银一两	《学古□获》,九月三十日,第二页
稽古书院	正取 第一名	奖银三两	《稽古开榜》,十月初四日,第二页

书院	等第名次	奖赏及膏火银数	报道出处
问津书院	内课 第四名	奖银一两加奖一两,膏火银八钱	《问津开榜》,十月十一日,第二页
辅仁书院	超等 第十一名	奖银数额不明	《辅仁开榜》,十月十四日,第二页
稽古书院	正取 第八名	奖银一两五钱	《稽古开榜》,十月十六日,第二页
问津书院	内课 第十四名	奖银六钱加奖六钱,膏火银八钱	《问津开榜》,十月二十日,第二页
辅仁书院	特等 第二名	奖银五钱	《榜示两期》,十月二十七日,第二页

　　魏震本年参加课试的四处书院中,问津书院、辅仁书院、学海堂均分官课、斋课,每月二课,一年分别有二十课,稽古书院则为十课,故理论上魏氏全年可参加七十次课试。《直报》中可见的只是其中二十次的成绩。上述二十次课试奖赏银数额明确的有十九次,共得奖赏银为三十六两六钱,膏火银为六两四钱,合计四十三两。这只是魏氏全年三分之一考课所得,据此推算,魏氏当年所得奖赏银和膏火银应有可能在百两以上。

　　光绪十一年(1885),陈文炳作为三取书院肄业生员,其名字已经出现在李慈铭的日记中。此后,陈在三取书院和学海堂考课中多次被李慈铭取为内课生。光绪二十一年(1895)《直报》的报道中,陈文炳的名字多次出现在三取、辅仁和学海堂课试获奖名单中。同样列为下表。

表 2　陈文炳光绪二十一年(1895)书院奖赏银和膏火银收入(部分)

书院	等第名次	奖赏及膏火银数	报道出处
辅仁书院	超等 第一名	奖银三两	《业精于勤》,三月初五日,第三页
稽古书院	正取 第十三名	奖银一两	《稽古榜示》,三月十六日,第三页

书院	等第名次	奖赏及膏火银数	报道出处
问津书院	内课 第三名	奖银一两加奖一两五钱, 膏火银八钱	《问津榜示》,闰五月二十三 日,第二、三页
问津书院	内课 第十八名	奖银六钱加奖六钱,膏火 银八钱	《问津领奖》,六月十三日, 第二页
问津书院	内课 第三名	奖银一两加奖一两五钱, 膏火银八钱	《问津奖示》,六月十六日, 第二、三页
问津书院	内课 第六名	奖银八钱加奖八钱,膏火 银八钱	《示奖问津》,七月初三日, 第二、三页
稽古书院	正取 第四名	奖银二两	《荣分稽古》,七月初四日, 第二页
辅仁书院	特等 第二名	奖银五钱	《辅仁领奖》,七月十一日, 第二页
辅仁书院	超等 第一名	奖银二两	《奖以辅仁》,七月十八日, 第三页
学海堂	内课 第五名	奖银三两	《初开花榜》,八月初八日, 第二页
问津书院	内课 第二名	奖银一两加奖一两五钱, 膏火银八钱	《问津奖示》,八月十四日, 第二页

在上述可见的十一次考课获奖中,陈文炳获得奖赏银和膏火银共计二十五两八钱,这只是陈文炳本年部分考课所得。从表中可见,陈文炳当年参加了多处书院考课,其考课收入有可能远超过这一数目。对普通士子而言,书院考课所得是一笔不可忽视的收入,甚至赡养家口已属有余。当然,天津作为经济条件较好的城市地区,一般来说士子的生活状况要好于周边其他地区。光绪二十六年(1900)春直隶学政张振清按临天津府举行院试期间,《国闻报》的一则报道称:"本日为阖属文生覆试之日,津属文生衣履鲜洁,彬彬可观。外邑则静海、南皮庠序中人尚不失为儒雅,

余则等诸自邻以下矣。"①文生衣着与形象的差异,可见不同地区士子生活状况的不同。

---

① 《院试十四志》,孔祥吉、村田雄二郎整理:《国闻报》(外二种),第九册,1900年3月12日,第181页。

第三节 师生之间

师生关系是传统社会一项基本的人伦关系。书院生徒除了接受山长的考课之外,往往与山长有各种私人交谊和来往。师生名分下的这些来往,既有学业训导,也有人情往还,既是伦理关系,也是社会关系,具有礼仪、师道、亲情等多重意蕴,是传统社会普通士人交往活动的一个基本方面。

张佩纶主持问津讲席后,并未长居书院,光绪七年(1881)五月十六日,他在给李鸿章的信中自称"讲舍徒拥虚名,几于席不暇暖",①但对书院生徒仍颇为提携。严修自订年谱记称:"辛巳丰润张篑斋师来主问津书院,就所取前列诸生十人,往谒文忠(李鸿章),余与焉。公一一问姓名,各问数语而出。是为余随班谒见之始。"②光绪十年(1884)严修日记中有与张佩纶来往的记录,如五月二十三日,"往谒幼樵师,不遇"。二十四日,"再谒幼樵师,不遇"。二十五日,"晤幼樵师,谈甚久"。③ 此时是中法战争前夕。中法战争失败后张佩纶遭遣戍,光绪十四年(1888)自张家口戍所释回,寓居天津至光绪二十一年(1895)初,期间与问津旧日生徒

---

① 姜鸣整理:《李鸿章张佩纶往来信札》,上海人民出版社2018年版,第142页。
② 严修自订、高凌雯补、严仁曾增修:《严修年谱》,齐鲁书社1990年版,第24页。
③ 严修原著、陈鑫整理:《严修日记:1876—1894》,天津古籍出版社2015年版,第142、143页。

时有来往。严修等人对张佩纶颇为维护，有记严修事迹称，张佩纶因马江丧师而获咎，"有好事者戏为联，刺张幼樵有'北洋赘婿''南海冤魂'之语，某孝廉录入日记。公见之，深以文人轻薄相戒，促删去之。"①光绪十七年（1891）严修还曾推荐天津举人杜彤任教张佩纶家馆。② 张氏日记中也有与严修、张灿文、陶喆甡、高凌雯、孟继坡等人来往的记录，光绪十九年（1893）十月二十五日："张宜闲孝廉来见。（名灿文，问津生徒）"二十六日："新孝廉陶喆甡（字仲明）、高凌雯（字叔彤）来见。（问津生徒）"③十一月初四日："严范孙自都乞假过谈。"二十一日："午后，答严范孙，久不出门，藉以排闷也。"④十二月初七日："孟孝瞻茂才（继坡）来见，问津旧生徒也。"⑤次年（1894）四月初五日又记："陶仲明孝廉（喆甡）来。"⑥当年甲午战争爆发后，上谕以张佩纶在天津"干预公事，屡招物议，实属不安本分"，令李鸿章将张驱逐回籍，问津诸生为此呈请李鸿章挽留。张氏八月二十一日记称："问津诸生欲递呈相留，余以为不必递。"二十三日又记："茝臣亦至，云诸生呈已递，合肥方被谗讥，岂能于救过不遑之时兼顾鄙人？余已不愿再入署，志之以见诸生深意而已。"⑦

清末曾任军机章京的天津人华世奎也曾肄业于问津书院。张佩纶去

①　陈诵洛辑：《蟫香馆别记》，《陈诵洛集》，广陵书社 2011 年影印本，第 305 页。

②　张佩纶光绪十七年正月十六日记曰："严范孙荐杜孝廉（彤），未知其就馆否"。见张佩纶著、谢海林整理：《张佩纶日记》，凤凰出版社 2015 年版，第 305 页。杜氏后未就张馆。

③　张佩纶著、谢海林整理：《张佩纶日记》，凤凰出版社 2015 年版，第 573 页。

④　张佩纶著、谢海林整理：《张佩纶日记》，凤凰出版社 2015 年版，第 575、579 页。

⑤　张佩纶著、谢海林整理：《张佩纶日记》，凤凰出版社 2015 年版，第 584 页。

⑥　张佩纶著、谢海林整理：《张佩纶日记》，凤凰出版社 2015 年版，第 630 页。

⑦　张佩纶著、谢海林整理：《张佩纶日记》，凤凰出版社 2015 年版，第 651、652 页。此事为御史端良奏请，端良在片中称：张佩纶释回后，"投在李鸿章门下，为司文案营务等处笔札，李鸿章以女妻之。近闻复令在电报馆综理事务"，恃才妄为，应驱令回籍。见《光绪二十年八月十二日京报全录》，《申报》1894 年 9 月 20 日，第 11 版。张佩纶在八月十二日见到上谕内容，十六日记称："孝达电来，云因高阳会议有复用之机，忌者下此毒手。"见张佩纶著、谢海林整理：《张佩纶日记》，第 652 页。日记中提到的"茝臣"即天津人曹茝臣，中法战争期间曾任广东水师提督，此时在天津办理团防。

世后,光绪三十年(1904)其子仲炤致信华世奎,拟刊张佩纶奏议,苦无副本,华世奎为录"方略所贮者"。此后两人同在宪政编查馆共事,华世奎参与了《涧于集》奏议卷的录编。在撰于1918年的序文中,华世奎称:"奎少肄业问津,得厕门墙,师绳课严,崖岸弥峻,敬惮而已,未知师也。及橐笔枢垣,直庐夜宿,辄发师奏议读之,始服其忠诚郁结,直合贾长沙、董江都为一人,而叹向者知师之不尽也。"①凡此,颇见问津生徒与张佩纶的师生情分。

光绪十六年(1890)张佩纶曾主课集贤书院,与集贤书院生徒也有一些来往。如四月二十六日:"杨洛鉴(雪庐,壬午副榜,戊子举人)、刘麒祥均来见。"六月初二日:"晚,杨生洛鉴来","书院屡列前茅"。②杨此后还有来往的记录。光绪十八年(1892)八月初一日:"璩楚珍孝廉(珩)来谒,集贤生徒也。"③

李慈铭主课问津、三取两书院及学海堂达十年以上,日记中常记被取为内课的生、童姓名,约略统计,达一百数十人之多,其中不少人与李慈铭常有来往。李慈铭自称:"津门诸生从余有年,颇相亲也。"④李氏为人狂涓,但与天津士子颇多互动,既有书信往还,也有门人的拜访与馈赠。从光绪十一年(1885)到光绪十九年(1893)历次顺天正科、恩科乡试期间,以及光绪十二年(1886)、十六年(1890)、十八年(1892)会试前后,李慈铭日记中常有天津门生借进京考试之机前来拜访的记录。在天津书院生徒中,张大仕、陶喆甡颇受李慈铭的器重。从李氏日记可见,张大仕与李慈铭除书信来往外,张还多次在京拜访过李慈铭。光绪十一年(1885)秋乡试之际,张大仕先后四次来访,并有馈赠,如七月十八日,"张生大仕馈食物四包,受其虾末一包"。⑤光绪十二年(1886)末,张大仕致书并馈赠,李

① 华世奎:"序",张佩纶:《涧于集》,上海古籍出版社1995年影印本,奏议卷首。
② 张佩纶著、谢海林整理:《张佩纶日记》,凤凰出版社2015年版,第249、259页。
③ 张佩纶著、谢海林整理:《张佩纶日记》,凤凰出版社2015年版,第490页。
④ 李慈铭:《越缦堂日记》,广陵书社2004年影印本,第12154、12155页。
⑤ 李慈铭:《越缦堂日记》,广陵书社2004年影印本,第10836页。

慈铭记曰:"其意甚诚,辞之不得。"①光绪十五年(1889)年十一月二十九日,李慈铭得张大仕书,"为余推禄命两纸,言七十后当位至卿贰焉"。②陶喆甡与李慈铭也有不少来往,光绪十九年(1893)陶中举后,自九月十三日到十月初一日间,曾先后四次到访。

华学澜、李家驹、姜秉善、杨凤藻、陈泽霖、赵士琛等问津士子与李慈铭的关系也颇密切。华学澜系光绪十一年(1885)举人,次年中进士,当年在京会试期间及此后,常有拜访李慈铭的记录。李家驹光绪十二年(1886)入京会试期间,曾来访五六次之多,李慈铭为其点评闱艺和行卷诗,如三月十三日,"李生家驹呈所作闱艺",十七日,"为李生家驹改去秋行卷诗"。李家驹原字"天闲",李慈铭为其改为"伯闲"。③姜秉善光绪十一年(1885)乡试期间即数次拜访李慈铭,李还为姜"改乡试闱艺三首及诗"。④次年春姜秉善入京会试期间,也常来拜访。光绪十六年(1890)李慈铭补山西道监察御史后,还收到了李家驹、姜秉善的贺信。⑤杨凤藻也多次在京拜访李慈铭。光绪十五年(1889)杨凤藻中举人,还与李慈铭谈及家世,自称本为浙江山阴人,自其祖来津,今即父子两人。⑥次年杨凤藻在京拜见李慈铭,李在日记中记杨之家世,并称其父贫病早卒,仅存杨凤藻一人。⑦在学海堂和问津书院多次考课名列前茅的陈泽霖,与李慈铭也有不少来往。光绪十五年(1889)春在京参加会试期间,李慈铭二月十五日记云:"陈生泽霖来见,去年问津书院肄业生,新举京兆试者。以豕脯、醋鱼、虾米、蟹黄等为贽。还其豕脯、醋鱼。"三月二十一日,李慈

---

① 李慈铭:《越缦堂日记》,广陵书社 2004 年影印本,第 11644 页。
② 李慈铭:《越缦堂日记》,广陵书社 2004 年影印本,第 12292 页。
③ 李慈铭:《越缦堂日记》,广陵书社 2004 年影印本,第 11044、11046、11029 页。
④ 李慈铭:《越缦堂日记》,广陵书社 2004 年影印本,第 10902 页。
⑤ 李慈铭:《越缦堂日记》,广陵书社 2004 年影印本,第 12542 页。
⑥ 李慈铭:《越缦堂日记》,广陵书社 2004 年影印本,第 12225 页。
⑦ 李慈铭:《越缦堂日记》,广陵书社 2004 年影印本,第 12406 页。

铭"为陈生泽霖评试艺,即作书还之,并馈以食物"。^①当年陈泽霖中进士后,分工部任主事,十月十六日来访,李慈铭日记云:"其房师滇人倪恩龄也,翰林中无行尤著。余恐其沾染习气,今日与言人生立品守身之要,止足为富,无求为贵二语,当铭之坐右。且勉以官闲为学,循分供职,自可上进,亦不必以我为法,此老生之常谈,然亦常谈者见不常也。"^②赵士琛也颇为李慈铭看重,光绪十七年(1891)赵士琛中举后,李九月二十五日记称:"北士荒陋已久,近年颇知向学,乡、会两试,津士多有对策者。今年书院诸生如赵生、张生等,皆以二三场补荐获隽。即月课制艺亦渐能蓄畜经训,是可喜也。"^③其中"赵生"即赵士琛,"张生"则是屡次被取为内课生的张克家。此后赵士琛在京多次拜访李慈铭。次年春赵士琛赴京会试,李慈铭二月初二日记云:"赵生士琛自天津来,以橙橘青果为馈。命僧喜出见之,受其橙。"^④

　　李慈铭日记中提到的天津士子中,还有不少与李慈铭有过来往。胡潏为光绪十一年(1885)举人,在问津肄业期间曾多次拜访李慈铭,并时有书信往还。光绪十四年(1888)三月三十日李慈铭记:"得天津及门胡芟孙孝廉(潏)书,乞仍附课书院中,并以紫楮求书斋额,其意甚可嘉,当一应之。"^⑤光绪十五年(1889)正月初六日:"得天津门生胡孝廉潏贺正书,并呈诗文乞改定。"^⑥光绪十七年(1891)四月十六日:"天津胡生孝廉(潏)书来,告其母梅太宜人讣,当书联挽之。"^⑦胡后来曾先后任刑部主事、法部主事等职。陈文炳为三取书院肄业生,在书院考课及学海堂经古

---

①　李慈铭:《越缦堂日记》,广陵书社 2004 年影印本,第 11998、12035 页。

②　李慈铭:《越缦堂日记》,广陵书社 2004 年影印本,第 12244 页。

③　李慈铭:《越缦堂日记》,广陵书社 2004 年影印本,第 13013、13014 页。

④　李慈铭:《越缦堂日记》,广陵书社 2004 年影印本,第 13147 页。僧喜为李慈铭季弟之子,李慈铭从子。

⑤　李慈铭:《越缦堂日记》,广陵书社 2004 年影印本,第 11745 页。

⑥　李慈铭:《越缦堂日记》,广陵书社 2004 年影印本,第 11954 页。

⑦　李慈铭:《越缦堂日记》,广陵书社 2004 年影印本,第 12830 页。

课中屡次名列前茅。光绪十一年（1885）八月初三日李慈铭记云："天津府学拔贡陈生文炳来谒，三取书院肄业生也。贽二金，却之。"①此后陈文炳多次在京拜访李慈铭。此类来访记录还有很多，如光绪十五年（1889）七月二十七日："天津孟生继坡来，胡生溶来，黄生耀庚来。胡生字敬臣，送贽金二两，还之。黄生字梦虞，馈饼饵两匣，受之。"②八月十七日："胡生溶、黄生耀庚来，为评点闱艺，命僧喜款之"。③ 光绪十六年（1890）三月十七日："天津门生数人来呈闱艺。"④光绪十七年（1891）八月一日："天津肄业陈生泽寰、姜生择善来谒，馈果脯、糟鲥鱼、豕脯等四篓，收鲥鱼。"⑤等等。这些来往，可见李慈铭与天津书院士子的师生情分。

叶昌炽在主课学海堂期间，或因为时较短，叶氏本人也未来过天津书院，加以其时科举已趋衰微，士子逐渐倾向西学，与天津生徒来往较少。其日记中仅见光绪二十四年（1898）三月初四日陈文炳来访的记录："天津陈孝廉文炳来见，肄业学海堂诸生也。"⑥

生徒与山长之间的这些来往，是书院生活一个特定的侧面。对书院在读生徒而言，与师长亲近交好不仅有机会当面求教指点，有助于个人学识的提高，也是日常人情来往乃至营建人脉关系所需，当然也不乏在考课中获得赏识的现实利益考量。这种关系并不随生徒书院生涯的结束而终止，而是往往延续下来，成为传统文人社会关系的一个组成部分。

---

① 李慈铭：《越缦堂日记》，广陵书社 2004 年影印本，第 10846 页。
② 李慈铭：《越缦堂日记》，广陵书社 2004 年影印本，第 12154 页。
③ 李慈铭：《越缦堂日记》，广陵书社 2004 年影印本，第 12185、12186 页。
④ 李慈铭：《越缦堂日记》，广陵书社 2004 年影印本，第 12431 页。
⑤ 李慈铭：《越缦堂日记》，广陵书社 2004 年影印本，第 12961 页。
⑥ 叶昌炽：《缘督庐日记》，江苏古籍出版社 2002 年影印本，第 2646 页。

第六章

经古与西学：书院学风的转移

清代书院就知识内容而论,接近于官学,均以四书五经为主,注重理学研读和制艺训练,目的在于为士人进入科场做准备。天津较早出现的问津、三取、辅仁各书院大致均以此为旨。及至晚清,为因应数千年未有之变局,同时也是在西学东渐和洋务文化氛围的影响下,天津书院考课内容发生了变化。最为引人注目之处,一在于经古课的设立,一在于西学的被接纳。就晚清中国传统书院变革而论,实学和西学是其主要知识方向,天津书院不仅在这两方面均有表现,且处于当时书院变革的前列,具有开风气之先的意义。书院知识的变动,带动天津士子学风的转移和观念的趋新,也使书院成为近代天津知识转型的重要场域。

第一节　经古课与经世之学

北学海堂经古课的创设

如前所述,李鸿章主政直隶后,注重实用人才的培育,其洋务干才吴赞诚光绪元年(1875)在《增修辅仁书院记》中称,士子应"共相砥砺,以勉为国家有用之才,而不仅以区区文艺争长",①即有督促天津士子留心实学的意味。李鸿章后来曾表示,书院教育的目的在于培养"通人"而非功名之士。光绪十九年(1893)五月在给吴汝纶的复信中,李鸿章说:"至秋闱得失,本与学业无关,得百举人,何如得一通人。若书院亦如八旗教习之例,以中式为成效,则诚如李菊圃之言,当为路闰生设博士矣。"②为了转移当地士风,李鸿章在扩充天津书院的同时,对书院的考课内容也进行改革,最主要的举措,就是在问津书院创设了北学海堂经古课。

---

① 高凌雯纂,民国《天津县新志》,天津市地方志编修委员会编著:《天津通志》旧志点校卷(中),南开大学出版社 2001 年版,第 1026 页。

② 李鸿章:《复莲池书院山长吴》(光绪十九年五月二十一日),戴逸、顾廷龙主编:《李鸿章全集 35》,安徽教育出版社 2008 年版,信函七,第 529 页。李菊圃即李用清,同治四年(1865)进士,晚清名臣。路闰生即路德,嘉庆十四年(1809)进士,曾官户部主事,后主讲书院数十年,多有成就。

所谓北学海堂,为问津书院讲舍。问津书院建成之际,由钱陈群命名为学海堂。钱为浙江嘉兴人,康熙六十年(1721)进士,曾任内阁学士、礼部及刑部侍郎等职,历康熙、雍正、乾隆三朝,与乾隆尤相得,君臣二人常有唱和之作,被视为东南文人领袖。钱陈群与天津早有渊源,康熙五十四年(1715)钱会试下第,[①]此后曾客居天津,参与水西庄文人雅集,与当地文人多有交往。其自称:"臣少游京师,每南宫下第,客居津门者五六年。"[②]康熙六十年(1721)钱陈群中进士后,入翰林院为庶吉士,散馆授编修,曾担任顺天学政历时七年,与直隶学界关系颇为密切。乾隆十七年(1752)钱因病乞归,于这年秋天南返,"八月由潞河南下,冬十一月抵家"。[③] 其《木门行》一诗,题注为"感旧记游兼示学海书院诸生",即为途经天津之作。诗中谓:"当年下第归不得,残书一束曾游此",指其早年即曾游历天津。又称:"为问新来绛帐人,即是当年蓬户客。津人从此知读书,富商子弟争凫趋。翩翩裘马各弃去,鱼鱼雅雅尊群儒。"[④]即指问津书院的创办而言。在天津期间,钱陈群与同年进士、时任长芦运使的卢见曾相会。钱后来在《同年卢雅雨都转七十初度寄怀一首》中云:"无何移节到长芦,旧雨来时看倒屣。我昨抱疴辞鹓行,潞河挂席还故乡,君携家酿出相劳,扁舟迟我沽水旁",[⑤]即指此次相会。就情理推测,钱陈群为问津书院题学海堂额即应在此时。后为区别于著名学者阮元在广州的学海

① 钱陈群:《香树斋诗续集》,《清代诗文集汇编》(261),上海古籍出版社 2010 年版,第 496 页。

② 钱陈群:《香树斋诗续集》,《清代诗文集汇编》(261),上海古籍出版社 2010 年版,第 559 页。据钱氏年谱,钱陈群于 1715 年秋到天津,与当地诗人龙东溟、佟蔗村等交游,此后数年间多居于天津。见钱仪吉初编、钱志澄增订:《文端公年谱》,《北京图书馆藏珍本年谱丛刊》(93),北京图书馆出版社 1999 年版,第 199、200 页。

③ 钱仪吉初编、钱志澄增订:《文端公年谱》,《北京图书馆藏珍本年谱丛刊》(93),北京图书馆出版社 1999 年版,第 375、389 页。

④ 钱陈群:《香树斋诗续集》,《清代诗文集汇编》(261),上海古籍出版社 2010 年版,第 258 页。

⑤ 钱陈群:《香树斋诗续集》,《清代诗文集汇编》(261),上海古籍出版社 2010 年版,第 373 页。

堂,问津书院又被称为北学海堂。李慈铭主课学海堂及问津、三取两书院后,以天津学海堂早于广州,不应称北,其此后的日记中均记作"学海堂"而非"北学海堂"。

北学海堂经古课创始于何时,各处记述并不一致。光绪《重修天津府志》称设于光绪二年(1876),王守恂《天津政俗沿革记》则称设于光绪四年(1878),高凌雯则称:"问津于常课外,月课经古一次……其制始于光绪六年"①,即1880年。后世提及者也多因袭此数种记述,而未加细辨,但这几种说法都不准确。光绪十六年(1890),由杨光仪撰写的《天津问津书院学海堂碑记》则云:

> 天津书院创自乾隆十六年,前都转卢公雅雨颜曰问津,钱香树尚书复申其义,颜其堂曰学海,与河上三取书院并课之……惟肄业之士方专攻帖括,其力每有所不暇,自卢公雅雨后,如管公椒轩、伍公实生、叶公筠潭、杨公慰农,曾兼课以诗赋乐府,而经学则阙焉。我赫舍里公冠九之都转来津也,谓士先器识后文艺,而欲观士之器识,必自书院甄别始。爰为厘定章程,量材而激励裁抑之,而犹未遽责以所不习也。阅二载,肄业者皆知争自策励,公顾之欣然曰:是不可不有以深造之。因于制艺试帖外,增设学海堂经古课,并设书局,倍损其价,虽寒素者亦得坐拥群书,抗心希古,非徒以供涉猎、弋声华……益以见公所厚期于士子与士子所勉以报公者,如薪传火,自足留贻于无穷也。②

其时如山升任四川布政使,书院肄业举贡生童勒石为纪。杨光仪在

---

① 高凌雯:《志余随笔》,天津市地方志编修委员会编著:《天津通志》旧志点校卷(下),南开大学出版社2001年版,第734页。

② 高凌雯纂,民国《天津县新志》,天津市地方志编修委员会编著:《天津通志》旧志点校卷(中),南开大学出版社2001年版,第1031页。

碑记中提到的"赫舍里公冠九"即长芦盐运使如山,称其到任两年后设立经古课。如山受任长芦盐运使是光绪二年(1876)十月二十四日,但到任接印则是三年(1877)四月二十一日。① 据此推算,北学海堂经古课应创设于1879年前后。但这一说法仍不准确。

依照杨光仪的说法,增设经古课的建议或由如山提出,但北学海堂经古课的正式设立,实始于光绪七年(1881)张佩纶主讲问津书院之际。1881年初,张在给友人顾肇熙一封信中提到:"问津已增经古,适与尊指合,然佩纶夙未治经,抗颜正复可愧。"②从张氏所言推测,问津书院经古课此前已有筹划,顾肇熙则是支持者。同年张佩纶在给顾肇熙的另一封信中也提到,由于问津书院增设经古课,一时难以找到替代者,故明年仍然由他主持。③ 可见经古课实设于张氏出任问津院长之际。光绪十八年(1892)进士赵士琛履历中提到课师有李嘉端、张佩纶、李慈铭,并称张佩纶"创设学海堂经古课"。④ 在陶喆焌的履历中,也有同样的说法,⑤可以佐证。

张佩纶主持问津书院期间,颇受李鸿章的关照,张佩纶对学海堂经古课也很用心,从两人往来信札中可见一斑。光绪七年(1881)六月二十八日,李鸿章在给张佩纶信中称:"昨奉手书,代拟经古课题,家务纷扰之际,心思尚如此微密,感佩曷任。"⑥七月二十五日信中说:"经古卷闻颇可

---

① 《光绪三年五月二十日京报接录》,《申报》1877年7月18日,第3版。

② 张佩纶:《复顾皞民观察》,《涧于集》,上海古籍出版社1995年影印本,书牍一,第57页。

③ 张佩纶:《致顾皞民观察》,《涧于集》,上海古籍出版社1995年影印本,书牍一,第69页。

④ 来新夏主编:《清代科举人物家传资料汇编》(19),学苑出版社2006年版,第233页。

⑤ 来新夏主编:《清代科举人物家传资料汇编》(97),学苑出版社2006年版,第601页。

⑥ 李鸿章:《致张佩纶》(光绪七年六月二十八日),戴逸、顾廷龙主编:《李鸿章全集33》,安徽教育出版社2008年版,信函五,第55页。

观,务恳代批代定,名次悉照寿翁成例,俟寄还时捧读一过为幸。"①闰七月初五日信中又云:"初十前后由水道来津,极慰渴念,日内派长龙船赴潞河迎候高轩。第念问津书院前经棣华同住,未免触目伤心,拟作十日畅谈,即请下榻敝署。若有院中应酬,随时暂往小住,似为两宜,幸勿客气,至祷至祷……课卷烦再同详阅,非独合例,实尤得人,晤再同希为致感。"②其时张佩纶之兄去世,李鸿章请张佩纶移住署中,以免张在书院触景伤情。八月十七日:"试卷蒙约同再同评阅,琐费清心,曷任感谢。"③八月二十日:"昨奉手书并课卷,俶装倥偬,仅抽暇翻阅所订内课卷一遍,敬审衡校精详,品评公允,内多再同手批,尤服其根柢之深厚,憕拟将生卷第一二者移置,其余全未更动,未知是否已填名次,属都转传观,并将前列生童酌加奖赏,仰副造就寒畯之盛心……再同世弟,晤时道谢。"④九月初七日:"冠九年丈书来,请九月经古课题,前奉面允代办,感甚,望即由尊处寄交,将来乞仍与再同世兄校阅为荷。"⑤光绪八年(1882)二月初三日,李鸿章的信中还提到"经古课题昨属冠丈代恳费心定拟"。⑥

光绪九年(1883)黄国瑾主讲问津书院期间,对学海堂经古课应有完善之功。光绪十八年(1892)李鸿章与湖广总督张之洞、湖北巡抚谭继洵联名奏请将黄彭年、黄国瑾父子事迹宣付史馆。文中称,黄国瑾通籍后,专以"读书考古、讲求经济为事",在受聘主持问津书院期间,"其父彭年

①　李鸿章:《致张佩纶》(光绪七年七月二十五日巳时),戴逸、顾廷龙主编:《李鸿章全集33》,安徽教育出版社2008年版,信函五,第61页。

②　李鸿章:《致张佩纶》(光绪七年闰七月初五日巳刻),戴逸、顾廷龙主编:《李鸿章全集33》,安徽教育出版社2008年版,信函五,第63页。

③　李鸿章:《致张佩纶》(光绪七年八月十七日),戴逸、顾廷龙主编:《李鸿章全集33》,安徽教育出版社2008年版,信函五,第73页。

④　李鸿章:《致张佩纶》(光绪七年八月二十日),戴逸、顾廷龙主编:《李鸿章全集33》,安徽教育出版社2008年版,信函五,第75页。

⑤　李鸿章:《致张佩纶》(光绪七年九月初七日),戴逸、顾廷龙主编:《李鸿章全集33》,安徽教育出版社2008年版,信函五,第77页。

⑥　李鸿章:《致张佩纶》(光绪八年二月初三日亥刻),戴逸、顾廷龙主编:《李鸿章全集33》,安徽教育出版社2008年版,信函五,第118页。

方主讲莲池书院,以朴学振兴学者。该故编修遂推行于天津,仿广东学海堂章程,增设北学海堂经古课,手订规条,示诸生以研经考古之法。数年之间,人才辈出"。① 黄彭年第二次主讲莲池书院始于光绪四年,即1878年,当年在莲池书院创立学古堂,以经古课士。黄国瑾主问津讲席之际,黄彭年已出任湖北安襄郧荆道。但这并不妨碍黄国瑾在北学海堂借鉴莲池书院的做法。

在黄国瑾主持北学海堂经古课期间,张佩纶也未完全脱离。光绪九年(1883)下半年张佩纶写给如山的信中称:

> 承属校刻北学海堂课作,鄙见亦乐有此举,但鄙经学本浅,诸生初学,所以导之者,尤不能不从浅处下手,近诸生始稍稍入门耳,恐未可行世。过晋商之香涛,谓欲刻须大加改正。晚既罕暇,再同近体稍弱,而功课亦劳,加以不肯自信,恐改定未能猝办。然则刻不刻殊费裁断,乞酌示。②

张佩纶本年七月下旬奉旨赴陕西查办事件,途经晋省,故有与时任山西巡抚张之洞会晤。从"近诸生始稍稍入门"看,张佩纶其时仍兼书院事。关于张佩纶主讲问津书院的具体情形,尚不知其详。1886年张氏谪居期间的日记中,曾记一则课题为"九河名义解",当为此前主讲问津书院时的课题。③ 光绪十一年(1885)十一月初七日,张佩纶日记云:"严范

---

① 《光绪十八年十月初二日京报全录》,《申报》1892年12月1日,第9版。

② 张佩纶:《致如冠九提刑》,《涧于集》,上海古籍出版社1995年影印本,书牍三,第11页。

③ 光绪十二年七月二十六日:"在问津,以九河名义解课士。钩般河,多指勾股之说……然则此河或谓其如带,或谓其水如车行,钩曲盘旋,曲直有正,勾股之说非也。"见张佩纶著、谢海林整理:《张佩纶日记》,凤凰出版社2015年版,第113、114页。就文义推测,系张佩纶此前在问津书院所命课题。此处所谓"九河",系出于"禹疏九河"之说。

孙吉士书来,论刻北学海堂课艺"。[①] 严修提到的北学海堂课艺,应系张佩纶主持书院时学海堂生徒之作,否则无必要向张氏论及此事。

张佩纶、黄国瑾之后,李慈铭主持北学海堂经古课至光绪二十年(1894),堪称北学海堂经古课最重要的人物。在此之后,学海堂经古课应由冯煦、吴庆坻相继主持,最后一任山长则为叶昌炽。

上述数人相继主持北学海堂经古课,对天津士子风气颇有影响。经古课以学术经世为原则,将传统的经史实学纳入书院考课,体现了晚清书院变革的一个重要方向。清代书院多偏重理学,讲求心性,但经史实学之脉仍存。嘉庆道光时期,经世致用之风复兴,一代文宗阮元嘉庆六年(1801)在杭州立诂经精舍,嘉庆二十五年(1820)在广州创办学海堂,即以讲求经史致用之学为主。北学海堂经古课仿照广州学海堂章程设立,以经古课士,提倡经世致用之学,致力于振兴学术精神,与莲池书院的学古堂一样,都可视为晚清经世实学在北方兴起的重要标志。此后不久,19世纪 80 年代先后任江苏学政的黄体芳、王先谦也致力于崇经术,倡实学,促使当地学风为之一变。黄体芳光绪八年(1882)在江阴创办南菁书院,即以经史词章之学为重。张正藩先生指出:"清之季世著名之书院,浙则有诂经精舍;粤则有学海堂及广雅书院;直则有天津之学海堂,保定之莲池书院;苏则有江宁之钟山书院,江阴之南菁书院;蜀则有尊经书院;湘则有船山书院;闽则有致用书院,皆专课古学,人才蔚起。"[②]将天津学海堂以与诂经精舍、广东学海堂等著名书院并列,实则是对其开风气地位的肯定。事实上,李鸿章也有意将学海堂发展为直隶学术的中心。光绪十六年(1890)正月李鸿章在给顺天学政周德润的一封复信中称:"承示津、河

---

① 张佩纶著、谢海林整理:《张佩纶日记》,凤凰出版社 2015 年版,第 90 页。学海堂书院课艺是否印行尚有疑问。严修光绪十二年(1886)正月二十七日记:"张安圃前辈来,言书院课卷幼师无暇改定。余言似可缓办,若倩代,恐不得其人也。"严修原著、陈鑫整理:《严修日记:1876—1894》,天津古籍出版社 2015 年版,第 271 页。

② 张正藩:《中国书院制度考略》,江苏教育出版社 1985 年版,第 34 页。

两属文风最优,汉代贤王修学之区,邺台七子赋诗之地,经术词赋,代有刘光伯、高常侍其人。近如静海之励,献县之纪,流风未沫,缘起方新。至于书院之兴,泊为学校之辅,然必地局都会,或在要津。风气所归,人文斯聚。故汉儒言学,必始京师,唐士取解,远赴大郡。庄岳之喻,自昔亦然。河间东接天津,西连保定,承学之士,来游颇多,即使别开礼堂,仍不若近趋学海也。"①从内容推测,周德润有意在河间兴办书院,李鸿章则以书院应设于都会要津之类人文聚集之处,不如就读于学海堂。刘成禺在所著《世载堂杂忆》中也将问津书院列为晚清朴学书院的代表之一。其谓:

> 自阮芸台总督两广,创建学海堂,课士人以经史百家之学,士人始知八股试帖之外,尚有朴学,非以时艺试帖取科名为学也。陈兰甫创菊坡精舍继之,浙江余荫甫掌诂经书院。及南皮督学湖北,创经心书院;后督鄂,创两湖书院;督学四川,创尊经书院;督两广,创广雅书院。于是湖南有校经堂,江苏有南菁书院,苏州有学古堂,河北有问津书院等,皆研求朴学,陶铸学人之地。士人不复于举业中讨生活,皆力臻康、乾、嘉、道诸老之学,贱视烂墨卷如敝屣,光绪中叶以前之风气如此。②

经古课的推广与影响

北学海堂经古课设立后,应课者以问津书院生、童为主,但并不仅限于问津一处。三取书院向与问津书院并课,光绪十年(1884)李慈铭来津

---

① 李鸿章:《复学台周》(光绪十六年正月十七日),戴逸、顾廷龙主编:《李鸿章全集35》,安徽教育出版社 2008 年版,信函七,第 14 页。

② 刘成禺:《世载堂杂忆》,文海出版社影印本,第 20 页。

期间也提到三取书院为问津分设,故该书院也有应课者。李日记中多次提到应学海堂经古课的陈文炳,即为三取书院肄业生。王守恂称会文书院举人也可应北学海堂经古课,与李慈铭日记中数处提到"举贡生监"应试的情形相吻合。此外,稍晚设立的稽古书院,"其课程仿北学海堂,专课经古,不设山长,仿会文书院请官署轮流主课,应试者均生员、举人"。① 高凌雯也称,问津书院设经古课,"后六、七年,稽古继之,但课经古"。② 面向客籍子弟的集贤书院,"系为广育人才,造就实学起见",③每月两课制艺、试帖外,"兼课经文、经解、策论,并诗赋骈散杂文以及天文、算学、时务"④,天津《时报》《直报》有关该书院课试消息的报道也可证明这一点,另外,光绪二十四年(1898)上海《申报》的报道中也称该书院"向试经古"。⑤ 从上述情形可见,其时除辅仁书院外,问津、稽古、集贤三书院均设经古课,而三取、会文两书院肄业生徒则可参加北学海堂经古课试,经古课实已推行于天津多数书院。

北学海堂经古课设立后,对天津士人治学风气多有影响。张佩纶主持学海堂时间虽然不长,但为严修等人留下了颇深的印象。有记严修事迹称:"公尝应学海堂月课,丰润张幼樵时为山长,批公卷曰:五艺再求典实,可借书更作之,幸勿以征逐之故,荒其本业也。公如命更作,并屡为人诵此批,谓后日幸获寸进,微名师督责之力不及此。"⑥严修的学术路径,亦受到张佩纶影响:"先生通《说文》之学,其读许书,由于张幼樵、蒯礼卿

① 王守恂:《天津政俗沿革记》,天津市地方志编修委员会编著:《天津通志》旧志点校卷(下),南开大学出版社2001年版,第46页。

② 高凌雯:《志余随笔》,天津市地方志编修委员会编著:《天津通志》旧志点校卷(下),南开大学出版社2001年版,第734页。

③ 《应课须知》,《时报》(天津)1886年8月30日,第3页。

④ 沈家本、荣铨等修,徐宗亮、蔡启盛纂,光绪《重修天津府志》,天津市地方志编修委员会编著:《天津通志》旧志点校卷(上),南开大学出版社1999年版,第995页。

⑤ 《复试八股》,《申报》1898年11月10日,附张。

⑥ 陈诵洛辑:《蟫香馆别记》,《陈诵洛集》,广陵书社2001年影印本,第304、305页。

两先生之惢悤。"①汉代许慎的《说文解字》在中国传统小学中占有重要地位,对后世之文字、音韵、训诂诸学都极有影响。清代学人尤其重视对《说文解字》的研究,"说文学"或"许学"已成专门之学,被视为通经致用的当然门径。严修在张佩纶、蒯光典的影响下治《说文》,实则是学术路径的重要选择。光绪十年(1884)五月二十五日,严修拜访张佩纶后,日记中录有张佩纶对治经读史的看法,如"经学以小学为入手,经学可以从略,小学则不可不讲。孙刻《说文》最善,间有可议,亦假手之咎。段注虽杂,而解甚透辟,此二书为最善之本"云云,②可见严修对张氏治学经验的看重。

李慈铭主持学海堂经古课时间最长,对天津士人也影响最大。关于书院课读,李慈铭在出任问津山长前,在给赵铭的复信中曾表达过自己的见解:"如四川之尊经书院,湖南之校经堂,条教繁多,功课严密,殆非人情所近。宁波、上海从而效之,分师相课,河北书院亦相仿为然,既已行之数年,未见人才辈出,此由振奇之士,务欲以第一流自居,而不顾其教之不行也。北士浑厚而多椎鲁,天津之习颇染嚣诈,为之教者,不必多设科条,博名泛滥,当先课以诗文根柢,诗律章法,教之说文以识字,授之广雅以定音。质敏能文者,劝其读十三经,质钝未能文者,劝其读五经宋元注解,而尤当化以礼让,示之道谊,以伦纪为本,以名节为先,使广斥之氓兴于礼乐,鱼盐之秀悉为干城,激扬畿辅之风,宜播相君之泽,此区区之意也。至于师之于弟,宜以朔望群进礼谒,盍各言业,略示指归,进艺之时,语以得失,不必时时进见,人人尽言……近来湖南湖北皆呈日记,此亦非是,日记

---

① 严修自订、高凌雯补、严仁曾增修:《严修年谱》,第24页。蒯礼卿即晚清著名学者蒯光典,与严修为进士同年(1883),且同入翰林院,两人的交往当在这一时期。严修光绪十三年(1887)正月十八日记:"蒯礼卿来劝余治说文,因发奋,自是日始点《段注说文解字》五页。"在严修制定的每日程课中,有"看《说文段注》五页"内容。见严修原著、陈鑫整理:《严修日记:1876—1894》,天津古籍出版社2015年版,第392页。

② 严修原著、陈鑫整理:《严修日记:1876—1894》,天津古籍出版社2015年版,第143页。

200

者贤士以之律身，博学以助强识，非可强人之为之也。"①高凌雯曾称："慈铭一代经师，授受之间具有家法。"②从李慈铭日记中可见，其生员经古题目一般为五道，即经解、史论、策问、律赋、古今体诗，还涉及其他文体如启、颂等；文童经古课则注重诗文。以光绪十二年（1886）六月学海堂经古课斋课题目为例。该次生员考课题目为："东房西室解；嵇绍王裒优劣论；相送柴门月色新赋，以题为韵；拟吴越诸王子约瓜战张宴小启；萧后梳妆楼怀古诗，不拘体韵。"童生题则为："邻家来往竹荫中赋，以竹深留客鸡犬往来为韵；白莲花赋，以月晓风清无言有恨为韵；赋得漠漠水田飞白鹭，得田字五言八韵；赋得阴阴夏木啭黄鹂，得黄字五言八韵；萧后梳妆楼怀古诗，不拘体韵。"此外，本月考试中，李慈铭还专课陈泽南、张大仕两生经解史论题目，分别是"屋漏解""东房西室解""贾捐之拟弃东厓论""嵇绍王裒优劣论"。③

以李慈铭日记中所记的经解史论题目而论，光绪十年（1884）有"九族考""张居正论""五亩之粟解""马援论""蒹葭解""宋绍兴隆兴两次和战论""问津书院增祀汉唐经师议""尧典东作南讹西成朔易解""徐光启论""旆旗解""唐藩镇功罪论""黄衣狐裘解""黜朱梁纪年论"等。光绪十一年（1885）有"先生长者考"等，光绪十二年（1886）则可见"九夏考""幽雅幽颂解""试士有臣考""禩义解""荀彧裴枢论""宋史补传周三臣论"等。此后历年日记中所记题目还有"今鲁方百里者五""殷自契至汤八迁、汤至盘庚五迁考""唐宋诸儒辟佛浅深论""明以来稗官小说之害论""闷台祀姜嫄说""汉世祖自后元帝论""朱子尝读佛经论""公羊三科九旨得失考""古人称公说""古人自称臣说""宋太祖都汴论""易户卦变

---

① 李慈铭：《越缦堂骈体文》，《清代诗文集汇编》（713），上海古籍出版社2010年版，第375页。

② 高凌雯纂，民国《天津县新志》，天津市地方志编修委员会编著：《天津通志》旧志点校卷（中），南开大学出版社2001年版，第924页。

③ 《学海堂题目》，《时报》（天津）1886年8月13日，第3页。

卦孰长解"科举不坏人才及不必改法论",以及"易学源流""黄河迁变""汉唐石经异文异义""汉书地理志续汉书郡国志误文隐义""大夫以上昏礼与士礼不同考""终日七襄解""汉昭烈帝无庙号论""毛传训诂与尔雅同异考""左传官名合于周礼考""马融蔡邕论"等。

经古官课的题目与此类似。光绪十二年(1886)学海堂九月初一日官课经古题目为:"书旅獒篇正义。读汉书西域志论。六甲五龙赋,以六甲五龙相拘绞也为韵。书朔方备乘后。和昌黎荐士诗。"①此类题目,不仅要求应试者对经史之学有广泛涉猎,并能在释解考论中形成个人见解。高凌雯回忆早年应课情形称:"余少时尝应书院经古课,十日之内,走向朋友借书,归而读之,千端万绪,疑义环生,不以为琐也。夜深烛尽,自检书,自属稿,自写卷,不以为纷也。"②

在集贤书院,经古题目是与制艺试帖并行的考课内容。光绪十二年(1886)八月初二日,盐运使考课集贤书院经解史论题目为"汉文帝除肉刑论",经文策问题则有"怀柔百神及河乔岳"等。③ 九月十五日,津海关道轮课集贤书院,其题目中包括赋、论及杂体诗等,其中论题为"张居正论"。④ 十月一日天津道课题中则可见"天子始裘"这样的题目。⑤ 十一月初一日,天津知县课试集贤书院,其经文策问题为:"凤凰鸣矣于彼高岗,梧桐生矣于彼朝阳,菶菶萋萋雍雍喈喈。问古者立教未尝轻言性命,后世言性理者乃纷纷,自孟子外若庄周、荀卿之属,推其原委亦本于孔氏,而卒不胜其刺谬者何也? 三代后董仲舒、韩愈、李翱所论性理,亦时有纯驳,将何所去取欤? 昔孔子四教文、行、忠、信而已,孟子始言四端,及宋,周子又举仁、义、忠、正,夫道一而已。圣贤所举之目,何其参差也,将有同

---

① 《书院课题》,《时报》(天津)1886年10月5日,第2页。
② 高凌雯:《志余随笔》,天津市地方志编修委员会编著:《天津通志》旧志点校卷(下),南开大学出版社2001年版,第694页。
③ 《集贤课题》,《时报》(天津)1886年8月30日,第3页。
④ 《集贤课题》,《时报》(天津)1886年10月12日,第2页。
⑤ 《集贤课题》,《时报》(天津)1886年10月27日,第2页。

条共贯者存欤? 周子言无极、太极,陆子疑之,朱子守之,然考其语颇近于太始无始之论。正学异端悬于霄壤,判于微茫,奚以为析焉?"经解史论题则为"原筮元永贞无咎解""张魏公论"。① 1888 年天津《时报》在一则报道中称:"津郡自创建集贤书院以来,广厦万间,欢胪寒士即其间,所有试题,每课除四书文外,如诗赋律算及时务策论经解,学皆有本,非率尔操瓠者所能猝办。诚哉,意至美法至良也。"②

稽古书院的经古考课题目,则可见浓厚的时务意味。光绪二十一年(1895)天津《直报》曾数次刊登过该书院课题。如当年二月稽古书院举行甄别,其课题为"君子听鼓鼙之声则思将帅之臣""周亚夫论""海防策"。③ 当年三月,天津道考试稽古书院举贡生监,其经解题为"岂不怀归畏此简书",论题为"甘延寿陈汤论",策题则为:"问用兵之道不外主客奇正,然何者为主,何者为客,何在为奇正变动无定时,转移无定势,能一一区别言之欤? 杀敌致果不贯懦情,然圣人有言,临事而惧;庄子亦云:两军相对,哀者胜矣。此中具有精意,能推阐其意欤? 兵者不得已而用之,故常存一不敢为先之心,然持重太过,往往反落后著,能明其得失欤? 行兵之道,有依次而进者,有越敌人所守之寨而先攻他处者,然考之前史,其由水路越攻者,各有胜败,由陆路越攻者,亦互有得失,能约举史事而析言之欤? 叙兵事莫详于史记,史记莫详于淮阴侯传,然木罂渡军,囊沙壅水,揆之事理,果可信欤? 戚继光纪效新书有立牌有圆牌有刚柔牌,其制居何? 有谓刚柔牌可以御炮子者,然欤否欤? 古者兵法自为一家,近时无专习兵家者,然学者考古论今,必有心得,其各以所知著于篇。"④此类题目,特别是其策题内容,已十分贴近时务,可见甲午之后经古考课内容上的特点。实际上,这一时期学海堂经古课题也出现类似的变化。如当年闰五月学

---

① 《集贤课题》,《时报》(天津)1886 年 11 月 26 日,第 2 页。
② 《集贤开课》,《时报》(天津),1888 年 3 月 15 日,第 3 页。
③ 《书院课题》,《直报》1895 年 3 月 21 日,第 2 页。
④ 《稽古课题》,《直报》1895 年 4 月 16 日,第 3 页。

海堂经古课题,其歌题即为"火轮车"。① 一些经解史论题目,也往往有针对现实的意味。如当年十一月初刊出的学海堂课题中,即有"晋元帝中兴论""拟明左懋第盐政考"等。②

陈宝泉早年曾应稽古书院、学海堂经古课试,其《退思斋文存》中收有论辩疏证策对十二首,为其"二十岁前后之作"。《叔孙通论》一文在稽古书院考试中曾列第一名,时任天津知县吕秋樵批谓"波澜壮阔,神似大苏"。③《唐九节度围相州论》一文"作于甲午,为应学海堂考试者"。④ 此外还有《南宋四将优劣论》《直隶河防水利论》《治河从下口入手说》等,应均系其时应课之作。从这些篇目中,亦可见经古课在内容上的特点。

以经史治世为原则,将传统的经世之学纳入书院考课范畴,象征着书院知识与学术取向的变动。19 世纪七八十年代天津书院在这一方面的变革,在国内居于开风气之列。与八股制艺相比,经古课以经史及实学甄验、训练士子,对士子治学方法和求实精神的养成颇具意义。就其与科场文章的关系而言,经古课的训练虽然不无意义,但终属有限。学海堂经古课的开设,其目的在于引导士人转移学风,培养经世人才。或者是因为李慈铭本人科举之路的坎坷,李氏在问津、三取和学海堂的考课中,也不以科场文章规范为唯一衡量标准。光绪十七年(1891)顺天乡试发榜后,李慈铭九月十三日记称,北方科考"甚易","如二乔、二陈、王、金诸生,皆文仅成章,在院中亦为下驷,一时俱捷。然如张生大仕之经学,二三场必当独出,及李生凤池、陶生喆甡之文学,亦北人之秀而皆久困场屋,此固不可一概论也"。⑤ 光绪十五年(1889)杨凤藻中举人后,李慈铭日记中又云:

① 《学海课题》,《直报》1895 年 7 月 4 日,第 3 页。

② 《学海题目》,《直报》1895 年 12 月 17 日,第 2 页。

③ 陈宝泉:《退思斋诗文存》,文海出版社 1970 年影印本,第 346 页。按吕秋樵任天津知县为光绪二十四、二十五年(1898、1899),故该课作应即在此时。

④ 陈宝泉:《退思斋诗文存》,文海出版社 1970 年影印本,第 348 页。

⑤ 李慈铭:《越缦堂日记》,广陵书社 2004 年影印本,第 12999 页。

"天津书院诸生中十余人,惟杨生凤藻时列内课耳。"①实际上,李氏所器重的张大仕、陶喆姓、李凤池、杨凤藻等人,除了杨凤藻二十余岁即得中举人外(杨凤藻约生于同治二年即 1863 年,光绪十五年即 1889 年中举),其余各人在科场上都不甚得意。张大仕终其一生,仅获得过生员功名。陶喆姓直到光绪十九年(1893)才得中举人,若据其履历生于咸丰庚申年亦即 1860 年的说法,其时陶已三十余岁。李凤池光绪二十年(1894)得中副榜贡生,按其履历生于咸丰甲寅年(1854)的说法,其时已四十岁。但从另一个角度看,经古课突破了科场文章的藩篱,引导士人学风趋向的转移而进入经世实学的领域,恰恰体现了其独特的价值和意义。

曾肄业学海堂的王守恂后来称,北学海堂经古课设立前,"天津书院校试文艺,与聚徒讲学规制有异,循文守法,一时得士称彬彬焉。惟晨夕讲求者,只功令文字而已"。北学海堂经古课设立后,月试经解、史论、古今体诗及赋、骈散杂文,本书院肄业生及会文书院举人均得应试,"以经义史论及诗古文词课士,于是津人士得渊懿博雅之材"。王氏称,其时科举方盛,天津各书院考课,"皆制举文,问津书院经卢见曾提倡风雅,继其后者间课诗赋乐府,偶一试之,非常课也"。北学海堂经古课设立后,与同一时期设立的官书局一起,促成了天津士人风气的转移,"于制举之外得以通达经史,讲求文艺,则北学海堂及官书局之设盖有力焉"。②

同样肄业学海堂的高凌雯也有类似的见解。高氏后来对曾任长芦运使的如山在天津期间的课士活动颇为肯定,称如山"捐置文庙祭器,筹增书院膏火,每课士必躬自策励,开学海堂,延名师课以经古;设官书局贩南省书籍,廉其值以惠寒士,由是治朴学者多,文风一变"。③ 高凌雯评价

---

① 李慈铭:《越缦堂日记》,广陵书社 2004 年影印本,第 12204 页。

② 王守恂:《天津政俗沿革记》,天津市地方志编修委员会编著:《天津通志》旧志点校卷(下),南开大学出版社 2001 年版,第 43、46 页。

③ 高凌雯纂,民国《天津县新志》,天津市地方志编修委员会编著:《天津通志》旧志点校卷(中),南开大学出版社 2001 年版,第 604 页。

说:"光绪初开学海堂,以经古课士。设官书局,贱直以供士子取求,于是藏书者众,初不过翻阅钞袭,藉博膏奖。迨涵濡二十年,好学深思之士,类能窥见门径,已由饤饾之学,渐入贯通之域,出所心得,即成著作。"又称:"光绪以来,文风日盛,得书院观摩之力居多。至于士子知读书以研求古学,则以李越缦师主讲席,日久生徒受其裁成,故争自淬厉,而书院附设官书局,任人购取,功效尤大。"①高凌雯之兄高凌霄,为李慈铭同年进士。从李慈铭日记中可知,高凌雯至晚在光绪十四年(1888)十一月已开始参加北学海堂经古课,1893年顺天乡试中举后,高凌雯在当年十月初一到初七短短七天里,三次拜访李慈铭。作为当事人,他对北学海堂经古课和李慈铭的评价,出于切身体验,应可视为中肯之论。北学海堂经古课的设立,以及书院文风的变革,使之不再只是八比文字的训练所,也成为经史之学的扩散场,是近代天津学风变迁中值得注意的一个方面。

---

① 高凌雯:《志余随笔》,天津市地方志编修委员会编著:《天津通志》旧志点校卷(下),南开大学出版社2001年版,第728、734页。

第二节　时务与西学

书院考课中的新知识

时务与西学进入书院,是晚清传统书院变革的另一个主要方向。作为北方最大的通商口岸和洋务中心,从19世纪70年代起,西学在天津社会的影响力渐次扩大,城市文化氛围也由此发生了明显的变化。集贤书院设立后,即以西学为考课内容。而同一时期设立的博文书院和中西书院,则以西学教育为目标。及至维新运动期间,问津书院与学海堂也将西学纳入考课内容。西学进入书院,既是晚清书院知识变革的表现,又可视为西学社会影响扩大的结果,是晚清天津书院知识风气的另一个重要变动。

天津书院考课时务与西学,始于19世纪80年代,以集贤书院为最早。集贤书院一经设立后,其课试即有算学时务内容。1886年7月李鸿章为集贤书院所命课士题目,除了制艺、试律、经解之外,还有"天文算学时务策论题":"禹贡导水必原山脉后为舆图,学者往往详水而略山,惟南唐杨筠松撼龙、疑龙二书,略举天下名山形势及脉络联接,此外尚有舆地之书详言山脉者,试一一征之""天文占验推步二者得失考""书贾思勰齐民要术后"。①

在现今可见的天津《时报》中,这一年也数次刊登该书院课题。八月初二日盐运使课试集贤书院,有题为:"问:兵制莫备于我朝禁旅,编旗之制初分为四,后分为八,能详其缘起钦? 或谓天地自然之数皆立于九而取用于八,旗制实仿其意,而说见于何书? 外省分布绿营初甚精强,后渐不振,今欲转弱为强,宜如何整顿钦? 乡勇之设,练军之制,始于何时,创于何地,孰得孰失? 试备书之。"②九月十五日,津海关道轮课集贤书院,算学题为"代数式",时务题则涉及圜法:"自古钱法轻重因时制宜,我朝乾嘉以前,京局、各省鼓铸不绝,民用不乏。嗣因铜价渐昂,而奸民图利私销,甚有运出外洋者,遂致铸不敌销。近今各省停铸,虽无奸民运出外洋,而私铸仍不能绝,各州县市面皆苦乏钱。今欲铸钱以便民,每铸钱一枚,照章应用铜铅各五分,仍恐难免私销之弊,若用铜过少,恐不合市用,且奸民因而私铸。何法可调剂使平钦?"③十月一日,天津道课试集贤书院,策题为:"问近人益津吴氏邦庆著有《畿辅水道管见》《水利私议》等篇,其立说果皆可从钦? 试综全书而详言其得失。"论题则为"海防近时形势论。"④十月十五日,天津道所出算学题为:"假如有银甲、丙发商生息,每两一年之利率为乙,每年推还本利共银为丙,推至酉年本利同清。今欲于酉年之内预知第几年放出之本银若干,推还之本银若干,并设甲、乙、丙、酉四件中有一件为未知之数,其求法若何?"另外还有议题为"筹备仓储议"。⑤

1887年李鸿章为集贤书院一次命题为:"制艺试帖:子曰君子不器;赋得七月既望得游字五言八韵。诗赋骈散文:火轮车赋古体。拟北岳神庙碑。读北齐书小乐府不拘首数。天文算学时务策论:岁星每百四十四

---

① 《集贤甄别》,《时报》(天津)1886年8月2日,第2页。
② 《集贤课题》,《时报》(天津)1886年8月30日,第3页。
③ 《集贤课题》,《时报》(天津)1886年10月12日,第2页。
④ 《集贤课题》,《时报》(天津)1886年10月27日,第2页。
⑤ 《集贤课题》,《时报》(天津)1886年11月10日,第2页。

年而超一辰考；求造整形不同式之勾股积等勾弦和等其形可多至恒河沙数法；问从前南河积弊论者皆望北流，当铜瓦厢改道之初，颇称顺轨，谓可百年无大害矣，至今日而遽为山东之患，复有挽回故道之议，与初徙时情形迥不相同，地气之转移欤？人事之未尽欤？可极言之。"①从这些课题中，大致可见集贤书院的知识取向。

甲午战争之后，科举制度不断遭受批评，经济、时务成为士大夫热门话题，集贤书院的时务与西学课题更为多见。如光绪二十一年（1895）六月官课中，赋题为"电线歌"，②九月则有"东三省边防""地球一行星说""平甘回策"等题。③ 十一月的课题则涉及通商问题，"通商以来各国并集，而均以海口为埠头，原东洋之阿赛加、南洋之柬埔寨、阿拉根、竹屿以及巴萨、马神等口，均系繁富，是否招商于中国？或言伊自为贸易，而中商亦时有至者，其详言其始末。荷兰入据爪哇之地，立埠于三宝垄……道里形势能确指之欤？过红毛浅为马六甲，有中国会馆，造于何年？英国新立之新加坡槟榔屿与孟加拉等地能否相垺？麻大拉萨之海滨有法国之埔，日本第治利，其地属英属法，当明言之。阿富汗之堪达哈哈斯邦，商贾所聚，是否与俄罗斯接壤……中国之澳门、厦门等处，本系自为繁富，而各国争立埠头，渐至于上海诸地，通商之盛，莫过于斯，其间利弊若何，试详言毋隐"。④ 光绪二十五年（1899）八月课题中有算学、电学等题，⑤九月算学

<hr />

① 《傅相望课集贤书院题》，《字林沪报》1887年9月9号，第3版。

② 《官课题单》，《直报》1895年8月7日，第2页。

③ 《课题汇录》，《直报》1895年11月4日，第2页；《集贤课题》，《直报》1895年11月12日，第2页。

④ 《集贤课题》，《直报》1895年12月25日，第2页。

⑤ 《书院课题》，孔祥吉、村田雄二郎整理：《国闻报》（外二种），第七册，1899年9月24日，第81页。

题为几何计算,①十月算学题为勾股计算,格致题则涉及提炼金银等。②

　　光绪二十四年(1898)戊戌新政期间,问津、辅仁两书院改为学堂,但"变通办理,兼课中西各学"。③ 因为政变的发生,这些举措并未实行,但问津书院和学海堂的考课则就此纳入了西学。当年八月初四日问津、三取两书院行长芦运司官课,生童题目均为"以三十年之通制国用论""问西国年岁亦有丰歉,备荒之政若何策"。④ 政变发生后的十月初四日,盐运使司告示云:"所有问津、三取两书院每月官课,仍以四书文一篇、试帖一首;斋课则以经解史论各一道、西学一则,如算法格致天文舆地矿务铁路光学化学等类,分为数种命题,各专一门,如有余力或兼数门亦听其便。其不习西学者亦听。"关于学海堂,该告示称:"问津书院近年另设学海堂,此后归并问津斋课,将杂出西学各题。"⑤此前的九月廿五日,叶昌炽日记亦云:"得方勉甫书,学海堂本系三取、问津两书院生童领卷应课,今并归问津斋课,另设西学一门,每课三四题不等,属鄙人承其乏。欧洲典籍,向未浏览,何敢忝颜抗席,然辞之则珠桂之资计无所出,不得已拟四题,明日寄之。"其所命课题包括"墨子二光夹一光说""抱朴子刚风世界广证""推广邮政议"等。⑥ 叶氏日记中还记有当年十月、十一月问津书院的西学课题。十月份有题为"半圆内容相等,相切二小圆,有大圆径甲,求小圆径若干",另有题涉及化学知识。十一月份则有"问京师同文馆、

　　① 《书院课题》,孔祥吉、村田雄二郎整理:《国闻报》(外二种),第七册,1899 年 10 月 24 日,第 203 页。

　　② 《集贤课题》,孔祥吉、村田雄二郎整理:《国闻报》(外二种),第七册,1899 年 11 月 12 日,第 458 页。

　　③ 《督辕批示》,孔祥吉、村田雄二郎整理:《国闻报》(外二种),第三册,1898 年 9 月 17 日,第 489 页。

　　④ 《两院同课》,《直报》1898 年 9 月 10 日,第 3 页。

　　⑤ 《县示照录》,孔祥吉、村田雄二郎整理:《国闻报》(外二种),第四册,1898 年 11 月 17 日,第 379 页。

　　⑥ 叶昌炽:《缘督庐日记》,江苏古籍出版社 2002 年影印本,第 2772 页。

江南制造局译出化学各书原质名目异同"等题目。① 光绪二十五年（1899）叶氏为学海堂所命经古课题中，也屡见西学内容。如四月题目涉及锡矿开采冶炼，五月有"书熊三拔泰西水法后""埃及古碑考"以及有关中西医学的课题，六月有"中国轮船电线矿务利益归公议""以器盛水，旋转其器，水面必中凹，求其凹面成何曲线"等题。其他各月课题中还有彼得大帝和华盛顿论、日耳曼疆域考等内容。

算学、时务、西学纳入书院课题，在一定程度上成为士子读书的指南。1888 年天津《时报》报道称："十年前岁科试经古一场，但有报考诗赋诸门，罕见报考算学之人。近岁掌文衡者黜华崇实，于是算学生童各郡不绝。无他，取算学之后，则生员可以望优等，童生可以望入学耳。"② 在这一过程中，李鸿章等主政官员的提倡，不仅推动了天津士子读书风气的变化，也为书院教育赋予了时代色彩。

博文书院与中西书院

在晚清西学东渐的背景下，一些来华外国人也有开设书院之举，如上海的中西书院、格致书院，即为最著名者。前者由美国传教士林乐知（Young John Allen）于光绪七年（1881）开办，光绪十三年（1887）林乐知称，该书院"创立六年，从学者竟有千人之多"，③可见其影响之大。傅兰雅（John Fryer）等人在上海创立的格致书院，则以传播科技知识而著称。此类教育机构虽以书院为名，实则以西学为主。

在晚清天津书院中，也有两处西学书院，即设立于光绪十二年、十三年间（1886、1887）的博文书院和中西书院。有记述称，集贤书院成立后，

---

① 叶昌炽：《缘督庐日记》，江苏古籍出版社 2002 年影印本，第 2780、2800 页。

② 《论格致之学》，《时报》（天津）1888 年 6 月 11 号，第 1 页。

③ 《林乐知先生回国小启》，《申报》1887 年 10 月 19 日，第 3 版。

其服务对象是客籍子弟,"津人不与",①时任津海关道周馥又"禀建博文书院于东门圩外,召学生习洋文"。这所书院由周馥捐银三千两开设,后来售卖给了德国人。②但这一说法并不完全准确。该院实际上由周馥和天津海关税务司德璀琳(Gustar Von Detring)共同倡议,多方捐资而成立。周馥在光绪十二年(1886)四月二十九日禀稿中,对该书院进行了初步规划。其禀稿称:"国之强弱以人才为根本,而人才之盛衰以书院多寡为消息,讲西学者原在实用,非徒取语言文字也,而必自语言文字始。为今之计,似宜在沿海地方多设书院,讲求中西之学,地方官倘能认真提倡,当不难辟其风气,培植日多。天津为北洋总汇之区,民贫地瘠,生齿日繁,水师各学堂招募学生反远求于闽、粤,本地聪俊竟不知力图上进,致使谋生日拙,虽愚民囿于识见,亦有司应有以提倡而培养之也。"禀稿称,经与海关税务司德璀琳商量,并询问总税务司赫德(Robert Hart),赫德允诺为书院建设筹银五千两,并按年筹拨五千两经费,同时赫德本人还提供两千两的赞助。周馥表示,书院建设费用约计三万两,除赫德提供的七千两外,其与德璀琳等捐银八千两,不足的一万五千两,希望由支应局筹拨。常年经费暂定每年一万两,除了赫德提供五千两外,另五千两也由支应局按年拨解。书院定位为官绅合办的地方书院,所请监院、中西教习,"拟由职道等访聘充选",入院学生则"专拣聪颖子弟年在十五岁以下者,但取身家清白,不拘本籍、外籍,均准进院",肄业期限为六年,期间日夜不得离院。同时每年向学生收取供给银五十两,书籍、伙食、剃头、洗衣、医药等费,则由书院备办。学生学成之后,"先尽北洋兵船,水师、武备、鱼雷各学堂挑选,俾授专门之学,有不愿者听其自谋生计"。至于院中功课,以中西文字并重,"身心之学专课汉文,技艺之学专课洋文"。"略仿宋儒胡瑗经义治事两斋之意,颜曰博文书院。"关于书院院址,"查有李姓地亩一业,坐

---

① 羊城旧客:《津门纪略》,张格、张守谦点校:《天津皇会考天津皇会考纪津门纪略》,天津古籍出版社1988年版,第27页。

② 周馥:《秋浦周尚书全集》年谱卷上,文海出版社1970年影印本,第22页。

落梁家园墙外，计地一顷八十七亩八分五厘，价银一千四百两"。禀稿中同时还附有博文书院章程。章程中规定了总办、监院、董事、洋汉教习的选聘办法及职责，以及学生资格、学费、课程内容，作息时间、假期及请假规定，考核、膏火、学生出路等事项。[1] 李鸿章随即批复称：开办博文书院"洵为切要之图，亟应照办"。并要求"中西教习人等必须详慎访选，克尽厥职，毋徇情面。并请精于中西学问、心细耐劳之员绅驻院监督，严定程课，切实考究，庶各生日有进境"。同时按照周馥禀稿的意见，派德璀琳"襄办一切，随时随事与该道妥商筹办"。[2]

与此同时，天津官员也在为博文书院物色人选，洪汝奎就是其一。洪汝奎字琴西，湖北汉阳人，早年曾入曾国藩幕府，官至两淮盐运使，后因失察罪戍遣，获释后居家。其年谱光绪十二年（1886）条下记云："天津设立博文书院，季士周都转，胡云楣、周玉山两观察以书见招，先生将允之，有书示子恩广。"[3]但洪氏因两广总督张之洞奏调，并未赴津，不久即在广东去世。

从周馥禀稿中博文书院章程看，其目的显然是建设一所高水平的西学教育机构。博文书院不设山长而设监院，也没有沿用书院的考课形式。学生入院需缴纳月费，尽管为考核优异者设有膏火以资奖励，但膏火标准低于学费。从学习内容看，书院教学拟两天西学、一大中学依次交叉进行，西学俨然已成主体。在学生出路上，也不以参加科举考试、博得功名为目的，而是进入各洋务学堂进一步学习，培植洋务人才。因此，博文书院虽然被定位为一处"地方书院"，但实则已有了新式学堂的体制和意味。

---

① 戴逸、顾廷龙主编：《李鸿章全集 37》，安徽教育出版社 2008 年版，诗文，附录（一）批札与咨文，第 244–247 页。

② 戴逸、顾廷龙主编：《李鸿章全集 37》，安徽教育出版社 2008 年版，诗文，附录（一）批札与咨文，第 243、244 页。

③ 章洪钧：《泾舟老人洪琴西先生年谱》，《北京图书馆藏珍本年谱丛刊》（166），北京图书馆出版社 1999 年版，第 487 页。

德璀琳自称,开办博文书院的设想是他在 1885 年提出的,其目的既在于为中国培养西学人才,也作为李鸿章在天津的一个成就。"入院肄业者专习中国有益之西学,仍兼诵中国诗文经史,学至六七年,举凡根柢之学,如天文、地理、西国文武水陆军制、大小工程等,均可成就。"在得到李鸿章的同意后,"本税司随向各处捐银三万零八百四十五两六十六分,择吉开工"。① 包括总税务司赫德、期间曾任津海关道的刘汝翼等,都为书院提供了资助。李鸿章在奏报光绪十二年(1886)北洋海防经费支出情形时,也列有"津海关建造博文书院,工料银一万四千四百七十四两"。② 该书院前后建造三年,"基址之宏敞,工程之巩固,洵津城居屋中首屈一指"。③ 光绪十三年(1887)有报道称:

> 津海新关税务司德璀琳奉李傅相之命,就梁家园营门外建造博文书院,教授中西各学,自去冬兴工,业今工已及半,核其基址,计一百一十余亩。所建西式楼房,南北长英尺二十一丈九尺二寸,东西二十二丈五尺二寸,地上垫高一尺五寸,平屋高十七尺,楼高十五尺,每日工匠约三百人,大约来春可讫事矣。④

光绪十五年(1889)书院完工后,拟"聘请中西名宿为书院章教,培植华人聪颖子弟,为将来樽俎折衝之用"。⑤ 但由于建造书院的经费不足,只得向银行商借,"计亏银三万二千五百九十三两零三分",加以李鸿章

---

① 天津市档案馆、天津海关编译:《津海关密档解译——天津近代历史记录》,中国海关出版社 2006 年版,第 213 页。

② 李鸿章:《海防用款立案折》(光绪十四年十二月初十日),戴逸、顾廷龙主编:《李鸿章全集 12》,安徽教育出版社 2008 年版,奏议十二,第 534 页。

③ 《津沽秋汛》,《申报》1888 年 9 月 24 日,第 2 版。

④ 《天津纪实》,《申报》1887 年 8 月 8 日,第 2 版。

⑤ 《培植人才》,《申报》1889 年 2 月 20 日,第 2 版。

"目睹出洋回华之学生无差可派，是以此事暂行缓图"。① 这所规模宏大的西学书院，因此并未招生，一直由津海新关派人看守。②

尽管相关报道将书院未能使用的原因归于经费不敷，但问题似乎并非如此简单。甲午战争期间，博文书院校舍由李鸿章的德国顾问汉纳根（Von HanneKen）请用为练兵之地。光绪二十一年（1895）北洋大学堂创办后，这里成为大学堂头等学堂校舍。由美国传教士丁家立（Charles Daniel Tenney）提供的材料称：

> 直隶省创办官立学堂，应当归功于津海关税务司德璀琳的首先倡议。他首先把这个问题向总督李鸿章提出，并且，在得到他的批准之后，在欧洲租界的下面海河右岸的地方获得一块土地。在这块土地上，用中国官员与欧洲人的捐款建造了后来通称之为北洋大学堂的主要建筑。这是在一八八七年。虽然进展到这样的程度，但是李鸿章气馁了，推迟了学堂的开办，因此这座建筑一直空了八年之久。③

天津正式运行的以书院命名的西学教育机构，以丁家立的中西书院为最早。在此之前的 1887 年左右，天津法租界曾计划开办一处中西书院。报道称："天津法租界近由工部局议定，意欲创收新捐，除公用外，将所余之银在紫竹林水师营务处之旁建造法文中西书院，教习子弟，培养人才。"④但此事似乎未见下文。在博文书院的创办过程中，根据丁家立的说法，丁本人被推选为负责该书院事务，"在等待中国政府行动之时为中

---

① 天津市档案馆、天津海关编译：《津海关密档解译——天津近代历史记录》，中国海关出版社 2006 年版，第 213 页。

② 《津沽杂缀》，《申报》1892 年 3 月 28 日，第 2 版。

③ 派伦著、许逸凡译：《天津海关一八九二——一九〇一年十年调查报告书》，天津社科院历史研究所编印：《天津历史资料》第 4 期，1965 年，第 79 页。

④ 《津门纪事》，《益闻录》，1887 年第 9 册，第 147 页。

国青年人创办了一所私立学堂",①亦即设于英租界的中西书院。光绪十二年(1886)冬天津《时报》有告白称:"美国丁先生家立专授英文,月修仅收洋五元,现寓紫竹林海大道妇婴医馆院内,有愿来学者至馆面订可也。"②可知该书院是从光绪十三年(1887)开始运行的。当年末、次年初丁家立在《时报》刊登招生启事称:"本馆主人今年在海大道西戒酒楼创设英文学馆,学者接踵而至,今已岁暮,博文书院仍未告竣。议以明正照旧开馆,所有本馆生徒俟博文书院告成时,均可一并移往肄业,抑且可列于上等,特以布闻。"同时刊出该馆章程为:"一、本馆定以新正月初九日开馆;二、愿来学者定以正月为期,如逾二月初一日,初读英文者概不收录;三、每月修金原定英洋五元,今悉照旧,概不加增;四、本馆功课每日自早九点钟起读五点钟之久,永为常例;五、愿来学者其家属或先到本馆面订,或致信函均可。"③从上述内容看,中西书院以英文学习为主,其教读方式不同于书院的自修,更接近于学堂体制,但仍借用了书院的考课制度。根据光绪十八年(1892)丁家立在《时报》刊登的启事,丁氏曾与时任天津铁路公司总办杨谷山议定,以中西书院为"官铁路预储人才之基","所有本馆学生,每年由铁路总办考试一次,发给奖赏"。考试内容除英文外,还有算学,"英语须听说敏捷,句语通顺,字音玲珑","书写须笔画洁净,誊抄迅速,句读分明,字母之大小写亦要分别无讹。英文须浅白透澈,文法不差。考取第一名者,赏银二十两,第二名者赏银十两。考试算学必须敏捷有准,考取第一名者赏银二十两,第二名者赏银十两"。④ 其时天津各洋务学堂招生,往往需要有一定的英文基础,天津本地缺乏此类学生,不得不就香港、上海等地挑选。中西书院专门教读英文,也有为洋

---

① 派伦著、许逸凡译:《天津海关一八九二——一九〇一年十年调查报告书》,天津社科院历史研究所编印:《天津历史资料》第4期,1965年,第79页。

② 《教授英文》,《时报》(天津)1886年11月9日,第8页。

③ 《时报》(天津)1888年2月18日,第6页。

④ 《时报》(天津)1892年2月10号,第7页。

务学堂提供生源的考虑。光绪十九年（1893）李鸿章创设北洋医学堂，即拟从该书院挑选学生入读医学堂。①

按丁家立的设想，中西书院原本是博文书院正式开办前一个临时性的西学教育机构，但博文书院迟迟未能投入使用，中西书院也一直延续到光绪二十一年（1895）北洋大学堂成立。这年初天津《直报》有告白称："本书院设立跑马路，已历八年，前因新年放假，兹定于正月初十日开馆，拟招新学生一班，欲学者即来本书院报名可也。"②直到光绪二十二年（1896）《申报》还有报道称："天津西学，向未盛行，除机器局东局设立水师学堂，教习兵船驾驶管轮、武备学堂教习兵法外，惟美国丁君嘉利（丁家立）设塾一所，教聪颖子弟学习西国文字语言，造就人才，深堪嘉尚。"③

甲午之后，天津科举之士也提出过开设专门西学书院的建议。光绪二十一年（1895），曾肄业问津书院的举人陈骧禀请津海关道盛宣怀，建议设立时中书院，专课西学。④天津《直报》有消息称："今泰西格致之学，远胜空谈，实与中国圣贤之学异曲同工，且能补先圣所未及……卓识之人，可不先为提倡耶。津中绅民陈骧等禀请海关道宪盛杏荪方伯，创立制事书院，以开风气，方伯俯允其请，并捐廉银一万两，以为倡首，复筹拨公项银一万两，玉成众志。复以制事二字，嫌与湖南书院同名，改为时中书院，取君子时中之意。约计明春可以开办，将来黼华充实，风气大开，人才蔚起，谓非方伯一人具知几卓识之力乎。"⑤虽然这一计划并未实现，但已

①　《招集学生》，《申报》1893年10月9日，第2版。

②　《中西书院告白》，《直报》1895年2月1日，第4页。

③　《渔阳归雁》，《申报》1896年10月11日，第2版。

④　光绪十五年（1889）李慈铭在日记中提到陈骧等人揭发天津举人刘焘的枪替事件，可见陈骧在天津士子中的号召力。据李氏日记，刘焘在光绪十五年（1889）己丑恩科顺天乡试中请枪替中举，因"陈骧等合五书院诸生诘告"而事发，经御史崇龄奏请，着李鸿章查办而被斥革。张大仕在信中为李慈铭讲述此事，称刘焘为刘裕钧养子，刘裕钧曾充天津县门丁，靠捐资获三品职衔，并为刘焘捐纳监生同知。参见李慈铭：《越缦堂日记》，广陵书社2004年影印本，第12288—12289、12292—12293页。

⑤　《君子时中》，《直报》1895年12月11日，第2页。

可见部分天津士人对西学的态度。实际上,随着北洋大学堂等一批新教育机构在这一时期的设立,西学知识在天津教育中已占主体。

书院士子对西学的接纳

在开埠通商和西学东渐的影响下,甲午前天津书院与科举之士中,已不乏研习西学者。光绪二年(1876)丙子科举人高炳辰对算学即颇有研究。高撰有《代数便记》五卷,其自序略谓:"算之有代数,本非难为之事,自各书以华文译西语,文义不免艰涩,则算理反为文理所掩,因就所演习者,既布列其式,复申明其法,各以七言括之,但期理之易解,不嫌词之不文,题曰'便记',盖以矫算书难读之弊也。"①鉴于算学译本过于晦涩难读,高炳辰撰写了这部著作,可见高氏本人对当时的算学类译书应有广泛的研读。

涉足算学的天津士子还有不少。李慈铭在光绪十二年(1886)十一月的日记中曾提到,其时肄业问津书院的张大仕、陶喆甡"俱通算学"。②李曾为学海堂命题"今鲁方百里者五",其日记称:应课的陈鸿寿、赵士琛两人"皆能以算法和较数考鲁之方百里者五,陈生更为开方、长方两图以明之,极有心思",③可知二人也有相当的算学修养。在京供职的天津进士王文锦、华学澜对算学颇有研究。有资料称,王究心于天文历算,"素晓天文,善占验。两宫召对养心殿,尝出示内府仪器,命立御案前讲测候

---

① 高凌雯纂,民国《天津县新志》,天津市地方志编修委员会编著:《天津通志》旧志点校卷(中),南开大学出版社2001年版,第937页。高炳辰系光绪二年丙子科解元。
② 李慈铭:《越缦堂日记》,广陵书社2004年影印本,第11238页。
③ 李慈铭:《越缦堂日记》,广陵书社2004年影印本,第11322、11323页。

之术，并命进所用书籍"。① 光绪八年十二月初三日（1883 年 1 月 11 日），张佩纶在《敬举人才折》中推荐四人，首位即翰林院编修王文锦，称其"习于兵家之言，测候星文，讲求形势，皆今可施行而不泥于古"。② 至于华学澜，地方文献中称他"生平嗜算，所演细草率由冥思而得"，并完成了数种算书。③ 1936 年陶喆牲之子陶孟和为华学澜《辛丑日记》作序称："华瑞安先生自己对于西学如何研究、提倡，虽不可知，然其对于天算，则热心的追求，天算乃当时一般士大夫所认为西学的。"④

在 19 世纪 80 年代，天津科举之士中已经出现了一个对算学和西学充满兴趣的小群体，除王文锦、华学澜、陶喆牲等人外，其成员还有陈奉周、严修、陈骧等多位，他们之间有着密切的来往和联系。陶孟和称，"就我记忆所及的，天津在甲午之前即起始讲求西学的有三个人"，即陈奉周、陈骧和陶喆牲。陈奉周"是一个秀才，钻研'格致'之学，在大家都不知医学为何物，相信西医都是割取儿童眼睛的时候，他便会开西医的方剂，而且诊治有效。这位先生曾在严范孙先生家里，教过他的长子。他好像是在戊戌年前后故去的"。⑤ 陶孟和称陈骧"常专门研究化学""他不特将《化学鉴原》这部书读得熟透，还叫他的儿子读英文，买英文的化学书，

---

① 高凌雯纂，民国《天津县新志》，天津市地方志编修委员会编著：《天津通志》旧志点校卷（中），南开大学出版社 2001 年版，第 804 页。光绪十三年（1887）李鸿章给张佩纶的信中也提到："月前金星昼见，慈圣颇为心动，每召王云舫询休咎"。见《致张佩纶》（光绪十三年八月初一日夜），戴逸、顾廷龙主编：《李鸿章全集 34》，安徽教育出版社 2008 年版，信函六，第 247 页。

② 张佩纶：《涧于集》，上海古籍出版社 1995 年影印本，奏议三，第 4 页。

③ 高凌雯纂，民国《天津县新志》，天津市地方志编修委员会编著：《天津通志》旧志点校卷（中），南开大学出版社 2001 年版，第 805、937 页。

④ 华学澜：《辛丑日记》，陶孟和序，续修四库全书编纂委员会：《续修四库全书》第 583 辑，上海古籍出版社 2002 年版，第 457 页。

⑤ 华学澜：《辛丑日记》，陶孟和序，《续修四库全书》第 583 辑，上海古籍出版社 2002 年版，第 454 页。赵元礼记云："陈奉周（璋）、陈亚兰（珍），兄弟也。先世籍厦门，其尊人商于津，遂家焉。奉周博识通西学，善谈名理，亚兰则以诗画名。"见赵元礼：《藏斋诗话》，杨传庆整理：《津门诗话五种》，上海古籍出版社 2018 年版，第 168 页。

研究化学制造"。① 这里提到的《化学鉴原》,是同治年间傅兰雅(John Fryer)和徐寿合作翻译的一本著名的化学著述。陈宝泉记称,陈骧"生平最精格致之学,富于创造力,幼年用重学法发明磨墨机器,嗣又研究采矿之提水机器,张文襄公闻其名,聘为幕府,颇参与工艺制造诸政。逮北归,组织造胰公司,以机器不精,竟失败"。② 陶孟和之父陶喆牲,也对西书有广泛的研读。关于甲午前陶喆牲研读西书的情形,陶孟和回忆说:

> 我的父亲除了帖括以外,致力于经史及地理之学问,同时更讲求西学,我记得在我极小的时候,我的父亲便订阅傅兰雅所主编的《格致汇编》,此外如《天文须知》《地理须知》一类当时英国专家所写的科学入门书而译成汉文的小册子,也不断的购买。关于地理及数学的书籍,如海国图志、瀛环志略、几何原本,代数备旨,八线备旨(八线就是现在的三角)等书,他也常诵读、记忆、练习。在我八九岁的时候,他便用小纸条写出世界各洲各国的名称,或七十二种化学原质(当时还只有七十二种),叫我努力记忆。他读书认真从他圈阅所读之书可以看出,如《算学笔谈》《梅氏丛书》以及其他许多现在所谓国学的书籍,全写满了他的极齐整的硃笔的标点。③

热衷西书与西学的天津科举之士当然不止上述数人。王春瀛(字寅皆)也是一位。王春瀛早年曾参加问津书院课试,其名可见于李慈铭光绪十七年(1891)九月和十八年(1892)十二月的日记中,均记其被取为问津书院内课。王"文艺优美","庚子败后,时事趋新,春瀛习东文,开译书

① 华学澜:《辛丑日记》,陶孟和序,《续修四库全书》第583辑,上海古籍出版社2002年版,第454页。

② 参见陈宝泉:《退思斋诗文存》,文海出版社1970年影印本,第212页。按:陈骧为陈宝泉之叔祖。

③ 华学澜:《辛丑日记》,陶孟和序,《续修四库全书》第583辑,上海古籍出版社2002年版,第455页。

局，游历日本，天才踔厉，睥视等伦"，①为一时新学之士。陈宝泉称，王
"博识能文"，"吾乡之隽才也"。陈与其堂弟寰瀛幼时为同学，得识王春
瀛，"后在问津、辅仁两书院时遇之，闲与谈文，君论当代名流，皆余闻所
未闻，唯唯而已"。②严修后来亦称："吾乡通敏识时之俊，予所最心折者，
陈奉周、陶仲明并王寅皆而三"，③对王春瀛评价颇高。陶孟和在《辛丑日
记》序言中还提到，其时在京任职的华学涑（实甫，也作实斧）也是一位对
化学有研究的天津士人："华实斧也研究化学，日记中所称购买照相用
品，如干片、箬纸（晒像之纸畏见光亮，装置箬中，故名箬纸）、盐强水化学
药品等都是为他用的。"④

　　严修也在这一时期开始研读算学与西书。严修接触天文算学，始于
光绪六年（1880），并得到过陈奉周的帮助。"公习天文、算学，得陈奉周
之益甚多，第一次在光绪庚辰，公尚未领乡荐也。"⑤光绪九年（1883）严修
中进士后，次年大部分时间在天津自修，其时日记中多见"看算书""演数
学"之类的记述，以及勾股、弦率、积、率等算学知识，提到的算书则有梅
文鼎的《勾股举隅》《勿庵算书》（应即《勿庵历算书目》）《勾股四种》《勾
股六术》以及《白芙堂算书》（应即《白芙堂算学丛书》，湖南人丁取忠光
绪初年编成）等，并与陈奉周等数位天津士子多次共同研习算学。如二
月二十七日："奉丈来，谈兵及韵学，并示炮操演算法一则。"⑥三月初七

　　①　高凌雯纂，民国《天津县新志》，天津市地方志编修委员会编著：《天津通志》旧志
点校卷（中），南开大学出版社2001年版，第802页。
　　②　陈宝泉：《退思斋诗文存》，文海出版社1970年影印本，第211页。
　　③　陈涌洛辑：《蟫香馆别记》，《陈涌洛集》，广陵书社2011年影印本，第304页。
　　④　华学澜：《辛丑日记》，陶孟和序，《续修四库全书》第583辑，上海古籍出版社
2002年版，第455页。
　　⑤　严修自订、高凌雯补、严仁曾增修：《严修年谱》，齐鲁书社1990年版，第23页。
　　⑥　严修原著、陈鑫整理：《严修日记：1876—1894》，天津古籍出版社2015年版，第
85页。

日:"月波来谈《算法统宗》内'开方带和纵'一条。"①三月十七日:"借少南《城隍庙碑》一本、《勿庵算书》三本"。②五月二十一日:"继璞来谈算术。"次日:"与继璞试重测法。"五月二十四日:"奉周谈算术。"③闰五月初十日:"与继璞试笔算。"④闰五月二十七日:"借仲铭《白芙堂算术》一部。"⑤这里提到的"奉丈""奉周"即陈奉周,"继璞"即陈继璞,事迹待考。"月波"即尹湛,1873年举人,与严修有数十年之交,曾随严修赴贵州。"少南"即宋少南,严修表兄。"仲铭"即陶喆姓。从日记中可见,严修当年与数人来往极为密切。不妨推测,其中一个因素,就是他们对算学共同的知识兴趣。从严氏日记中可见,1884年严修还阅读过《海道图说》等西学书籍。

从光绪十二年(1886)到二十年(1894)出任贵州学政前,严修大部分时间在北京供职,期间颇致力于算学及各类西学著述。光绪十二年(1886)除了记算学各书外,还提到多种时务和西学著作。当年九月十三日记:"《平圆地球图》二张(二元)、《重学图说》(一角二)、又图一张(二元)、《心算初学》(二角)、《西算启蒙》(一角)、《乘槎笔记》",⑥应为严修购书记录。当年冬严修从天津带来的书籍中,也可见《瀛环志略》《天地图》《四裔年表》等书。1887年严修提到的西书有《汽机图》《万国史记》

---

① 严修原著、陈鑫整理:《严修日记:1876—1894》,天津古籍出版社2015年版,第96页。《算法统宗》是明代数学家程大位的一部数学名著,全称《新编直指算法统宗》,1593年刊行后,在民间流传颇广,对普及珠算和数学知识有重要贡献。

② 严修原著、陈鑫整理:《严修日记:1876—1894》,天津古籍出版社2015年版,第107页。

③ 严修原著、陈鑫整理:《严修日记:1876—1894》,天津古籍出版社2015年版,第141、142页。

④ 严修原著、陈鑫整理:《严修日记:1876—1894》,天津古籍出版社2015年版,第150页。

⑤ 严修原著、陈鑫整理:《严修日记:1876—1894》,天津古籍出版社2015年版,第157页。

⑥ 严修原著、陈鑫整理:《严修日记:1876—1894》,天津古籍出版社2015年版,第339页。

等,并阅读过《格致须知》《全体图说》等。光绪十四年(1888)严修读过《格物入门》。光绪十五年(1889)春,严修从他人处借阅过《金轺筹笔》《洋务新论》,还读过《格致启蒙》《天文启蒙》等。光绪十八年(1892)则记有《西画初学》(英国"浅巴司启蒙丛书"的一种)《华语考原》(艾约瑟稿)等书,并点读《化学卫生论》,等等。从中可见,严修的西书阅读已相当广泛。光绪十六、十七年(1890、1891)之际,严修寓居京师五老胡同,聘请陶喆娃在家中教读儿辈,"每夕与陶仲明、王荣卿同习毕,辄笔记之"。①

这些科举之士对西书与西学的热衷,既受到天津洋务氛围的影响,也是个人兴趣彼此感染与影响所致。但无论如何,他们为当地士人开创了新的知识风气。陈宝泉追忆其早年读书情形称:"予二十五岁以前,为时势所囿,不得不习时文,然殊非所好……十六岁从王菊舫师(讳廷瑜,天津人,己丑举人)学,与陶逸甫(善璐)、李琴湘(金藻)二君同学,相友善,始从事算学及古文学。丁酉之考取同文馆算学预备生,及在津应学海堂、稽古书院之经解古文试,均得力于此时。"②陈宝泉生于同治十三年(1874),少年时期购书已以史学为重,光绪十六年(1890)前后开始从事算学和古文学,又在天津书院应经古课,可见其读书内容与一般士子已有区别。

洋务时期的天津,既是迅速发展的通商口岸城市,也是各类新式事业的汇集之区,这一特定的社会文化环境为时务与西学知识的扩散提供了支持。特别是甲午之后,除了原有的洋务学堂外,官办的北洋大学堂、育才馆、俄文馆以及王修植主持的西学官书局等西学教育与传播机构在天津相继设立,民间亦有多处教读西学的书馆、书塾出现,城市的西学氛围得到明显提升。在此情形下,书院对西学的接纳已成自然。西学进入书院,打开了西学传播的新路径,是晚清天津书院知识变革的重要表现。

---

① 严修自订、高凌雯补、严仁曾增修:《严修年谱》,齐鲁书社1990年版,第23页。
② 陈宝泉:《退思斋诗文存》,文海出版社1970年影印本,第220、221页。

第七章

书院、科举与城市知识精英

清代书院与科举制度关系十分密切,书院教育以服务于科举考试为目的,多为科举文章的训练场所。自乾隆年间开始,天津科举呈现出持续发展的态势,科举功名数量长期保持了较高水平,格外引人注目。在天津科举功名繁盛的背后,是书院教育的支持。可以说,书院教育不仅是天津地方文化发展的象征,也促进了天津地域性知识群体的成长。在近代天津文化教育领域,出身书院与科举的知识精英是最具影响力的群体之一,在天津城市文化的演变中留下了独特的印记。

第一节　天津科举事业的兴起

科举功名数量的增长

在传统时代,科举功名的数量是衡量一个地区文化发达程度的重要标志。宋元开始,中国文化重心逐渐转移到南方,江南士人无论在数量规模还是文化成就上,都遥遥领先于其他地区。与此同时,北方除了京师因其政治地位而成为文人士大夫活动的一个中心之外,其他地区则相对沉寂,天津也不例外。不过,从乾隆时期开始,天津科举事业异军突起,获得了迅速发展,成为北方新兴的文教之区。有研究者指出,由《畿辅通志·选举表》统计可知,整个明代天津府只有进士八十三名,天津县进士十名,天津府举人三百二十二名,天津县二十五名;但到清代天津府进士达到二百九十五名,其中天津县一百二十三名,天津府的举人为一千四百多名,其中天津县为七百三十多名。天津科举及第数量增加之多、增幅之大不仅苏州、杭州这样的科举发达之地"望尘莫及""在全国各个地区的科举发展史上也是罕有匹敌的"。①

---

① 张森:《东南士子与清代天津科举的昌盛》,《文化学刊》2010 年第 3 期。乾隆天津县志所列明代进士,亦为十人。十名进士中,四人系嘉靖年间。

天津地方文献的记述可以印证这一点。光绪年间《重修天津府志》列出了籍属天津的进士、举人、贡生等类人员，据此统计可知，天津卫在清代顺治年间获进士者为五人，举人为八名，另有贡生四人；康熙年间有三人获得进士出身，举人二十五人，贡生则为五人。雍正年间天津相继设州立府后，获得功名的人数开始增加，但并不明显，雍正时期也仅有四名进士，二十二名举人和十二名贡生。地方文献的资料或有误差，①但大致仍可见这一时期天津士人在科举考试中并无突出表现。有限的功名数量，一定程度上表明天津士人群体尚处于较为寥落的状态。乾隆初年的《天津县志》在凡例中称当地"人物无多"，大致可印证其时天津地方文教的发展还较为薄弱。

不过，在随后的乾隆一朝，天津的科举功名数量出现了显著增长。根据光绪《重修天津府志》的统计，在六十年的时间里，天津县累计获得三十三个进士功名，在乾隆朝共计五千三百八十五名进士中，②所占比例约为0.56%。在全国一千七八百个县级行政区域中，已经达到了平均水平，

---

① 有关天津不同时期科举功名数量的统计，地方志中略有差异。按照乾隆初年《天津府志》所列统计，天津明代进士为10名，举人26名，民国《天津县新志》中则分别列出11人、27人；根据前者，顺治年间天津进士为5名，但乾隆《天津县志》和民国《天津县新志》均记为4人；康熙时期进士为2名，但民国《天津县新志》则列3人；雍正年间的进士，乾隆《天津府志》和民国《天津县新志》均记为4人，但乾隆《天津县志》则为3人，另外，关于举人的数量，乾隆《天津县志》所列康熙年间举人为24名，雍正时期为25名，其中包括商籍3人，康熙时期为24名，乾隆《天津府志》列顺治朝举人8名、雍正朝22名，与光绪《重修天津府志》一致，但康熙朝则为26名；民国《天津县新志》中，雍正朝举人则达到26名。

② 张仲礼：《中国绅士：关于其在十九世纪中国社会中作用的研究》，上海社会科学院出版社1991年版，第175页。关于乾隆时期天津县进士，光绪《重修天津府志》、乾隆《天津县志》和同治《续天津县志》（前志列至乾隆己未科共7人，后志续列26人，合计33人）、民国《天津县新志》所列，均为33名，但个别人员有出入。光绪《重修天津府志》、民国《天津县新志》乾隆四十年乙未科列有缪琪一名，同治《续天津县志》则未列入（该志将乙未科误为乾隆三十七年），光绪《重修天津府志》和同治《续天津县志》列有乾隆四十五年庚子恩科徐汝澜一名，民国《天津县新志》则未列入。民国《天津县新志》乾隆元年丙辰科列有郑毓善（后复改姓张），但光绪《重修天津府志》则将之列入沧州榜，未计入。

如果考虑到南方和北方文化发展的不平衡,天津的科举成就在北方地区已经处于领先水平。乾隆四年(1739)有四人同时获进士,乾隆十九年(1754)、二十六年(1761)、四十年(1775)三个年份,都有三人同时获得进士,另外四个年份则各有二名进士;总计举人则达到二百五十名,①乾隆九年(1744)、十五年(1750)、十七年(1752)、二十一年(1756)、二十四年(1759)、三十三年(1768)、四十二年(1777)、五十一年(1786)、五十九年(1794)共九个年份同时获得举人功名的人数均在十名以上,其中乾隆二十一年(1756)十六人为最高,乾隆四十二年(1777)十五人为次高,贡生则累计达到六十九人。另外,还有十二人分别在乾隆元年(1736)、二年(1737)、七年(1742)、十年(1745)和十九年(1754)获明通榜题名,二人题名乾隆三十四年(1769)的中正榜。

　　乾隆之后,在嘉庆、道光年间,天津获得进士、举人功名的数量延续了稳定增长的趋势。嘉庆年间天津共有十七人得中进士,②其中六个年份有二人同时获得。举人共一百零八人,③嘉庆十五年(1810)和二十三年(1818),均各有十三人同时获得举人功名,人数最少的嘉庆二十四年(1819)也有六人,贡生则有二十八名。道光年间共有十八人获进士,④最多的一次是道光三年(1823),共有五人。这一时期的诗人崔旭曾写道:"天津科第好文风,二百年来运人通;癸未春闱尤鼎盛,五人一榜捷南宫。"⑤其中的癸未春闱,即指道光三年癸未科而言。此外,举人为一百四十九名,⑥其中有九个年份人数达到十人以上,最多的道光二年(1822)和

----

① 民国《天津县新志》所列则为 265 名。
② 光绪《重修天津府志》和民国《天津县新志》所记一致,同治《续天津县志》列有19 人,多出的两人为查芮勤(嘉庆六年)和杨恒占(嘉庆十六年)。
③ 民国《天津县新志》所列为 110 名。
④ 光绪《重修天津府志》、同治《续天津县志》和民国《天津县新志》所记数量一致,但有个别人名出入。
⑤ 吴惠元总修,蒋玉虹、俞樾编辑,同治《续天津县志》,天津市地方志编修委员会编著:《天津通志》旧志点校卷(中),南开大学出版社 2001 年版,第 476 页。
⑥ 民国《天津县新志》列 150 人。

十九年(1839),均为十五名。另外,贡生为四十二人。

如果将顺治到道光年间天津获得进士、举人和贡生的人员进行比较,可以从一个侧面看到天津知识人群规模变化的大致趋势。从顺治元年(1644)到雍正十三年(1735)共九十二年时间里,天津累计获得进士十人,举人三十五人,贡生十五人;乾隆朝共计六十年间(1736—1795),三类功名的人数分别为三十人、二百五十人、六十九人,嘉庆和道光共计五十五年(1796—1850),进士、举人、贡生分别为三十五名、二百五十七名、七十人。这三个阶段天津累计获得进士功名的人数在全国范围所占比例,可以从下表中得到反映。①

表3 天津历朝进士人数在全国所占比例表

朝代	顺治、康熙、雍正	乾隆	嘉庆、道光
天津进士数(人)	10	33	35
全国进士数(人)	8551	5385	6090
比例(%)	0.12	0.56	0.57

说明:天津历朝进士人数,系依据民国《天津县新志》等地方志中的记述甄别统计形成;全国进士人数,系引用张仲礼著述中统计。

尽管嘉庆和道光时期天津进士人数所占比例略有下降,但天津进士以及举人、贡生等功名之士的绝对数量却仍处于增长过程。道光六年(1826)梅成栋在重修文昌宫《碑记》中写道:"津门文教之邦,登贤书而捷南宫者蔚然接迹而起。"②除了进士外,获得举人功名的人员一部分担任了官职,但也有一部分在当地沉淀下来。这些在天津城厢地区生活的举人、生员,以及为数当以千计的普通士子,是天津士人的主要构成部分。

张仲礼先生推算,太平天国兴起前夕,全国进士人数约两千五百人,

---

① 进士人数依据张仲礼著、李荣昌译:《中国绅士:关于其在19世纪中国社会中作用的研究》,上海社会科学院出版社1991年版,表27"清代会试授进士和贡士的人数"(见该书174-177页)统计。

② 高凌雯纂,民国《天津县新志》,天津市地方志编修委员会编著:《天津通志》旧志点校卷(中),南开大学出版社2001年版,第1015页。

而举人大约有一万八千人,后者包括后来中进士的两千五百人和或由捐纳或由拣选而步入仕途的六千人在内。① 进士与举人之比大约为1:7.2。这一比例大致与前面列出的乾隆、嘉庆、道光时期天津的进士、举人比例相吻合。如乾隆时期天津所获得的进士、举人功名比例为1:8.3,嘉庆、道光时期为1:7.3。根据张仲礼的估算,太平天国前文生员的数量大约是学额的21倍,②天津县太平天国前县学学额为18名,参照这一比例推算,当地在世的文生员人数应约为378名。另外,张仲礼依据这一比例推算太平天国前直隶文、武生员合计为83925名,在全省3690万人中所占比例为0.23%。③ 其中文生员59745人,在全省人口中所占比例约为0.16%。根据这一比例,其时约二十万人口的天津,文生员数量大约应为320人。两个数字比较,相差不大。不过,考虑到一部分生员会因为年龄等原因放弃乡试,加上其他一些因素,天津实际具有生员功名的人数肯定要高于三

---

① 张仲礼:《中国绅士:关于其在19世纪中国社会中作用的研究》,上海社会科学院出版社1991年版,第135、139页。

② 张仲礼:《中国绅士:关于其在19世纪中国社会中作用的研究》,上海社会科学院出版社1991年版,第106页。张仲礼先生假定,人们成为生员时的年龄为24岁,死亡年龄为57岁,在其作为绅士的33年生涯中,包括其本人取中的那一次院试在内,每个县还要举行22次文院试。当他目睹第22次文院试时,假定他将去世,而为本县第22次取中的新生员取代。因此,如果学额稳定不变的话,任何时候文生员的人数都将是学额的21倍。以太平天国前全国学额25089名乘以21,等于520869名文生员。

③ 参见张仲礼:《中国绅士:关于其在19世纪中国社会中作用的研究》,上海社会科学院出版社1991年版,第112页。

百多名的估算数。① 不妨推测,在乾嘉道的大部分时间里,同时生活在天津的功名之士,包括文武生员和举人、进士在内,也许应在一千人以上。

科举事业发展的因素

始于乾隆时期天津科举功名的迅速增长,其背后有多元的促成因素。天津作为运河贸易的重要节点,加上盐业的繁盛,使得移民在天津人口中占相当的比例。高凌雯称:"天津新造之邑,其地无崇峦邃谷,其川流受四方灌注,一泄而不可潆;人民大率由迁徙而集……今之所谓世家巨室,最远不过二、三百年。"② 与江南地区相比,天津科举考试竞争的激烈程度显然会低很多,在这一情形下,不排除江浙地区一些考生借各种机会流入天津,寄籍或冒籍参加考试。从明代开始,天津冒籍参加科举考试的现象就时有所见,并由此产生了不少纠纷。《天津卫志》中称:"天津一区,流寓错处者多,版籍不清则冒籍不明,冒籍不明则考试每多攻揭之扰。"③ 事

---

① 如果以张仲礼先生的估算为基础,即太平天国前全国生员约 52 万多名,举人约 1.8 万名,生员与举人的比例大约为 29∶1,按照天津在乾隆朝获得 250 个举人功名推算,天津在乾隆朝累计获得生员功名者应在 7000 人以上,嘉庆和道光时期合计也大体达到同样的规模。考虑到获得生员时平均尚有 33 年预期寿命,在乾嘉道的任何时期,天津的生员规模应保持在 3000 人到 4000 人之间。这一数字显然过于庞大。在清代的科举考试中,东南人士在天津冒籍考试是常见的现象,尽管缺乏可供参考的数字,但不妨认为,这一时期在天津获得举人、进士功名的人员中,有相当一部分是在原籍获得举人或秀才功名后迁居天津,并在此地获得更高一级的功名。因此,依照上述比例推算出的天津生员人数很可能远低于实际。同时,乾嘉道时期天津科举的发达程度,显然要超过北方乃至全国的平均水平。考虑到这些因素,天津生员的人数规模应超出按照平均水平估算的数字。

② 高凌雯纂,民国《天津县新志》,天津市地方志编修委员会编著:《天津通志》旧志点校卷(中),南开大学出版社 2001 年版,第 745 页。

③ 薛柱斗纂修,高必大协修,康熙《天津卫志》,天津市地方志编修委员会编著:《天津通志》旧志点校卷(上),南开大学出版社 1999 年版,第 34 页。

实上,乾隆时期是南方移民迁居天津的一个高峰期,这种现象应该不会少。与其在本籍参加考试相比,这些考生在天津参加考试的成功机会要高得多。虽然难以估算乾隆时期天津应考士子中这类考生占有多大比例,但对当地科举功名的数量增长应该有促进之功。

从另一个角度看,天津原本就属于移民城市。"津邑居民,自顺治年以来,由各省迁来者约十之七八。"①乾隆年间天津获得功名的士人来源,由于材料的缺乏,难以准确了解。但从晚清情形看,天津功名之士不少人系从他处迁移而来。《清代科举人物家传资料》收录的百余位天津科举人物的履历资料中,有五十余人提供了祖籍、家世等信息,大多是从明朝初年到清朝各时期迁移而来。如道光二十四年(1844)进士殷嘉树祖籍安徽合肥,同治十二年(1873)举人倪文焌祖籍安徽全椒,同治十三年(1874)进士辛家彦、光绪五年(1879)举人辛元炳祖籍山东即墨,韩金鳌祖籍山西洪洞,十九年(1893)举人郑德宝祖籍安徽凤阳,其先祖均系明永乐二年(1404)天津卫设立时从军迁入天津。陈骧原籍安徽当涂,光绪十二年(1886)进士姚学谦先祖原籍山西洪洞,均系永乐间迁来。光绪十七年(1891)举人阎炳章先祖也是明朝时即迁入天津。天津华氏家族有多名成员获得科举功名,其先祖一支是明朝嘉靖年间自江苏无锡迁来,一支则系康熙间迁来。清代迁居天津者也为数不少,如同治九年(1870)举人孔传勋祖籍山东曲阜,顺治年间迁居天津。光绪十八年(1892)进士赵鸾扬,其先祖永乐初定籍武清,顺治初年迁至天津。光绪三年(1877)进士卞翊清祖籍江苏武进,光绪九年(1883)进士曹寯瀛、光绪十五年(1889)举人田毓藻、祖籍同为浙江山阴的光绪十九年(1893)举人陈恩荣和二十三年(1897)举人胡家祺,以及同一年举人王新铭等,均是康熙年间迁入天津。

一些人物履历虽然没有说明其先祖迁居天津的具体时间,但会提及

---

① 徐士銮著、张守谦点校:《敬乡笔述》,天津古籍出版社 1986 年版,第 1、2 页。

在天津的居住世代。如光绪二十年（1894）副榜贡生李鹏池亦即李凤池祖籍安徽休宁，为居津第十四代。光绪二十三年（1897）举人陈文炳祖籍浙江山阴，为北迁第十代。光绪二十三年（1897）举人金恩科祖籍浙江会稽，为迁入天津第九代。咸丰五年（1855）举人李秉璋祖籍河南武安，咸丰十年（1860）进士王维珍祖籍江西南昌，光绪二年（1876）举人高炳辰祖籍江苏盐山，光绪十四年（1888）副榜贡生刘恩鸿祖籍静海，光绪二十三年（1897）举人詹荣麟祖籍安徽婺源，均为北迁第八代。光绪十七年（1891）举人金文彦亦即金文宣祖籍浙江山阴，十四世祖迁居天津，为居津第八代。同治六年（1867）举人孙星桥祖籍江苏金陵，陶喆甡祖籍浙江会稽，均系居津第七代。严修祖籍浙江慈溪，二世祖迁居天津，至严修时也是居津第七代。道光二年（1822）举人徐堉为北迁第六代，咸丰二年（1852）进士陶云升即陶执中祖籍浙江绍兴，光绪二十三年（1897）举人马梦吉祖籍沧州，也是迁入天津的第六代。同治十二年（1873）举人杨培之原籍浙江余姚，其高祖时迁居天津，为居津第五代。光绪二年（1876）举人陈宗凤祖籍江苏吴县，高祖时迁居天津，也是居津第五代。光绪十七年（1891）举人杜联陞祖籍浙江嵊县，曾祖入直隶总督方观承幕府，为居津第四代。就此推测，这些科举人物的家族大多系明朝至清朝乾隆年间迁居天津，经过长期的繁衍生息后，事实上已经成为扎根天津的本地社会成员。无论祖籍何在，其科场成就都可视为天津科举事业发展的重要表现。

推动天津科举事业发展的另一个重要因素，是盐业的繁荣。长芦盐业为当地文教和科举事业的发展提供了经济条件，诸如问津书院、三取书院，都是在长芦盐运使司的支持下建立和运行。同时，雍正年间天津设县升府之后，行政地位的确立也使天津的科举事业获得了更多的资源。无论如何，作为一个象征性的指标，科举功名数量的显著增加，表明乾隆时期天津士人群体的迅速成长和文化教育事业的长足发展。1935年天津《大公报》一篇介绍天津书院历史的文章称："天津自改为府，文风渐盛，往昔逐鱼盐什百之利者，皆乐弦诵，藏储书籍，延聘名儒，奖励文学，不百年,蔚成为一右文礼乐之邦,于是科第踵起,世家大族,礼教彬彬,每值乡举,津邑中式恒数十人,会试进士,历科皆有登第,官绅集资创立书院以教士,所延皆为宿学硕望,人才辈出。"①

　　科举出身的地方官员的努力倡导,也是天津举业迅速兴盛的一个推动因素。与其他地区一样,在天津地方志的记述中,不乏对地方官员们支持书院教育与科举事业的褒扬。如康熙二十五年(1686)任天津道的陕西富平举人石天枢,"奖掖后进,暇即课诸生以文艺"。② 雍正九年(1731)任天津知府的广西进士李梅宾,"每朔望集诸生于明伦堂,讲毕即讨论经史,士习蒸蒸日上,春秋两闱获售者,一时称盛"。③ 乾隆年间的几位官员尤其受到关注。如曾在乾隆三年(1738)任长芦盐运使的四川举人倪象恺,"立玉成文社,招集诸生按期试艺","士子经指授者,为文悉有程法"。④ 盐运使卢见曾创立问津书院后,"日集诸生课之"。⑤《续天津县志》中说,问津书院设立后,盐运使卢见曾本人"招集诸生,亲为课艺,优给膏火,培养人才,一时称盛"。⑥ 又称,乾隆四十四年(1779)任天津知府的浙江人孙泳,"自奉俭约,食无兼味,重修三取书院,加生童膏奖,一如问津(书院),士人德之"。⑦ 这些记述或者不无溢美之处,但多少可见这一时期天津官员发展本地文教的努力。

---

① 景颐:《天津三书院记》,《大公报》,1935 年 8 月 16 日,第 13 版。

② 吴惠元总修,蒋玉虹、俞樾编辑,同治《续天津县志》,天津市地方志编修委员会编著:《天津通志》旧志点校卷(中),南开大学出版社 2001 年版,第 348 页。

③ 沈家本、荣铨等修,徐宗亮、蔡启盛纂,光绪《重修天津府志》,天津市地方志编修委员会编著:《天津通志》旧志点校卷(上),南开大学出版社 1999 年版,第 1269 页。

④ 沈家本、荣铨等修,徐宗亮、蔡启盛纂,光绪《重修天津府志》,天津市地方志编修委员会编著:《天津通志》旧志点校卷(上),南开大学出版社 1999 年版,第 1267 页。

⑤ 沈家本、荣铨等修,徐宗亮、蔡启盛纂,光绪《重修天津府志》,天津市地方志编修委员会编著:《天津通志》旧志点校卷(上),南开大学出版社 1999 年版,第 1267 页。

⑥ 吴惠元总修,蒋玉虹、俞樾编辑,同治《续天津县志》,天津市地方志编修委员会编著:《天津通志》旧志点校卷(中),南开大学出版社 2001 年版,第 350 页。

⑦ 吴惠元总修,蒋玉虹、俞樾编辑,同治《续天津县志》,天津市地方志编修委员会编著:《天津通志》旧志点校卷(中),南开大学出版社 2001 年版,第 351 页。

　　对大多数都出身于科举的地方官员而言,对书院与科举事业的支持,既是为他们留下良好官声的一项政绩,也是交好本地士绅、从而为其施政提供便利的一种方式。对当地具有科举功名的士绅而言,地方功名的增长,既有助于其地方文化优越感的建立,也有助于其势力在当地社会的扩张。乾隆之后,地方官员一如既往地对天津的科举事业予以支持。如嘉庆年间任长芦盐政的李如枚,"培养人才,谊极优渥。生童肄业书院者,于常例膏奖外,益以廉俸,鼓舞振兴,文风蔚起";①道光二年(1822)担任长芦运使的浙江进士叶绍本,"重文爱士,整理问津、三取两书院,文化蔚然"。② 叶本人也是诗人,有记述称:"长芦旧有问津、三取两书院,先生诱掖奖劝,惟恐不至,有异能者辄置高等。久之,士各自矜奋。先生去任已九年,士尚思先生之所为,而称道之不容口"。③ 女诗人王韫徽在为叶氏诗集题词中称:"至今问津徒,四年犹不置"。④ 少年即有文名的天津士子樊彬颇受叶绍本的赏识,两人多有唱和之作,叶氏后来出任山西布政使时,还邀请樊彬入幕。不过,樊彬本人科场运气不佳,只在湖北担任过县丞之类的官职。樊彬也受知于曾任顺天学政的安徽泾县人吴芳培,樊彬称,吴在津提倡文风,"拔补弟子员,多士知趋向",带动了天津士子的文风转移:"时同试诗古才十余人,今十倍矣"。⑤ 此外曾任顺天学政的山东滨州人杜堮,也为天津书院命题课士。樊彬诗云:"巍巍文章伯,四海实

---

　　① 吴惠元总修,蒋玉虹、俞樾编辑,同治《续天津县志》,天津市地方志编修委员会编著:《天津通志》旧志点校卷(中),南开大学出版社2001年版,第352页。

　　② 吴惠元总修,蒋玉虹、俞樾编辑,同治《续天津县志》,天津市地方志编修委员会编著:《天津通志》旧志点校卷(中),南开大学出版社2001年版,第352页。

　　③ 叶绍本:《白鹤山房诗稿》,《清代诗文集汇编》(490),上海古籍出版社2010年版,第96页。

　　④ 叶绍本:《白鹤山房诗钞》,《清代诗文集汇编》(490),上海古籍出版社2010年版,第100页。

　　⑤ 樊彬:《问青阁诗集》,《清代诗文集汇编》(592),上海古籍出版社2010年版,第623页。

宗仰。三辅首善区,两度文衡掌"。① 杜堮对天津士人董怀新、高继珩等人十分欣赏,特别是董怀新,"嗣后学使按临津郡,必拔取以为诸生冠",不过董科场不利,十入乡试而不售,四十五岁即告去世。② 高继珩为宝坻人,馆于津门徐氏十余年,交游颇广,与梅成栋、崔旭等结梅花诗社,后主讲天雄书院。

这样的官员还有很多。道光十二年(1832)任河防同知的江苏人顾汝涛,"惠爱士民。公余之暇,集名宿会文于署中碧柳山房,三阅春闱,获售者四人,馆选者二人,艺林誉美。"③道光二十三年(1843)任天津知县的郭绍曾,以理学称于世,尽管任职仅一年时间,但仍然给当地社会留下了支持书院教育的印象,"值辅仁书院课士,书联语训之曰:《大学》修齐先格致,《中庸》明行在知能;又曰:《论语》开口言学,当思学是何事,《孟子》入手黜利,须知利之害人。"④郭绍曾系山东蓬莱人,《光绪蓬莱县志续》记称:郭系道光十六(1836)进士,分发直隶任职多处,1843 年在天津县令任上,捐廉倡修辅仁书院,"又筹款为诸生膏火费,所余生息,为岁修之用。虽公事纷繁,遇课期必亲赴书院,扃门课士,一时颂声载道。"此后郭任天津河防同知后,"暇则赴书院为肄业者详解学、庸义理……复取朱子白鹿洞书院条规,及陆文安公义理之辨,刻而悬示讲堂,使士子于根本之学知所观省。"⑤一些官员还对书院课试内容进行了改革。光绪年间杨光仪所撰问津书院学海堂碑记云:问津书院设立后,"惟肄业之士方专攻帖括,其力每有所不暇,自卢公雅雨后,如管公椒轩、伍公实生、叶公筠潭、

① 樊彬:《问青阁诗集》,《清代诗文集汇编》(592),上海古籍出版社 2010 年版,第623 页。

② 华鼎元:《津门徵献诗》,《清代诗文集汇编》(717),上海古籍出版社 2010 年版,第 788 页。

③ 吴惠元总修,蒋玉虹、俞樾编辑,同治《续天津县志》,天津市地方志编修委员会编著:《天津通志》旧志点校卷(中),南开大学出版社 2001 年版,第 352 页。

④ 高凌雯纂,民国《天津县新志》,天津市地方志编修委员会编著:《天津通志》旧志点校卷(中),南开大学出版社 2001 年版,第 600—601 页。

⑤ 《中国地方志集成山东府县志辑 50》,凤凰出版社 2004 年版,第 504、505 页。

杨公慰农,曾兼课以诗赋乐府"。① 上述诸人道光年间均曾出任长芦盐运使,参与问津书院的课士活动。管通群号椒轩,江苏武进人,道光三年(1823)进士,道光十五年到十七年(1835—1837)曾任长芦盐运使。伍长华字实生,江苏上元人,嘉庆十九年(1814)进士,道光九年(1829)曾任长芦盐运使。叶筠潭即前述之叶绍本,号筠潭,福建归安人,嘉庆辛酉(1801)进士,道光二年到五年间(1822—1825)任长芦盐运使。杨需字慰农,直隶奉天汉军镶黄旗人,道光九年(1829)进士,道光二十八年至咸丰四年(1848—1854)间任长芦盐运使。与高寄泉、边袖石并称畿辅三子的华长卿,在《梅庄诗钞》自序中称,他本人入泮后,"道光丙戌,郑梦白观察集合邑诸生月课以古文诗赋,予得与梧侯、文卿两先生常并列超等。"②其中郑梦白即曾任天津道的浙江乌程人郑祖琛,字梦白,梧侯即董怀新,文卿即樊彬。

除了地方官员外,本地士绅在塾学教育上的付出,也为书院教育与科举事业的发展提供了基础条件。在地方志的记述中,一些为当地教育做出贡献的人士也得到了表彰,如乾隆时期的举人栾立本,"教授乡里,门徒最盛"。③ 举人杨一崐鉴于"城东盐坨滨河朴陋,其人民逐末食力,不习诗书,一崐假馆其地十年,门徒日盛,遂使弦歌比户,由野而文,人谓一崐为盐坨开山之人焉"。④ 后来参与稽古书院创设的杨云章、杨耀曾都是杨一崐的后人。梅成栋称,杨"所起风楼书社,造就多人。"⑤他们的努力,为

① 高凌雯纂,民国《天津县新志》,天津市地方志编修委员会编著:《天津通志》旧志点校卷(中),南开大学出版社2001年版,第1031页。

② 华长卿:《梅庄诗钞》,《清代诗文集汇编》(620),上海古籍出版社2010年版,第580页。

③ 高凌雯纂,民国《天津县新志》,天津市地方志编修委员会编著:《天津通志》旧志点校卷(中),南开大学出版社2001年版,第768页。

④ 高凌雯纂,民国《天津县新志》,天津市地方志编修委员会编著:《天津通志》旧志点校卷(中),南开大学出版社2001年版,第780页。

⑤ 梅成栋纂,卞僧慧、濮文起校点:《津门诗钞》,天津古籍出版社1993年版,第508页。

当地书院教育的发展也提供了支持,进而为天津科举事业提供了助力。樊彬《津门小令》云:"津门好,礼乐化偏隆。榜揭问津开讲院,门临镇海耸黉宫,远近慕文风。"①马绳武在《建立会文书院碑记》中称,辅仁书院、问津书院、三取书院,"鼎峙为三,数十年来科第之胜甲于他邦"。② 正是在这一背景下,从乾隆时期开始,天津科举功名持续繁盛,促使天津成为北方新兴的文教之区。

　　功名之士数量的增长,促使天津士人阶层形成。根据道光二十六年(1846)刊《津门保甲图说》统计,其时天津县城内外共有绅衿五百九十三户(其中县城内二百二十八户,东门外一百二十九户,西门外三十九户,南门外二户,北门外一百零三户,东北城角三十六户,西北城角五十六户),城外东西南北四面村庄共有绅衿四百四十七户。城乡合计,该县当时共有一千零四十户绅衿。有谓"津邑城内外,诗书几于比户,号文数,科第不绝",③这一统计结果也大致可见当时天津士人的规模。

---

① 樊彬:《津门小令》,《清代诗文集汇编》(592),上海古籍出版社 2010 年版,第705 页。

② 沈家本、荣铨等修,徐宗亮、蔡启盛纂,光绪《重修天津府志》,天津市地方志编修委员会编著:《天津通志》旧志点校卷(上),南开大学出版社 1999 年版,第 1134 页。

③ 徐士銮著、张守谦点校:《敬乡笔述》,天津古籍出版社 1986 年版,第 17 页。

第二节 晚清举业之盛况

天津科举事业的高峰

道光之后,随着天津城市的发展,天津科举功名的数量仍然保持在一个较高的水平。咸丰年间,天津有五人获得进士出身,即陈骏、华镕、陶云升、张云辉和王维珍,另外还有五十三名举人,[①]以及二十一位贡生。同治年间,天津进士有七人,即李世珍、焦骏枫、王文锦、李锡朋、华金寿、武登第、辛家彦,举人则有五十一名,[②]贡生十六人。与此前及此后相比,这一时期天津士人获得高级功名的数量尽管并不十分突出,但仍然延续了天津在科举考试中的优势地位。

这一时期,随着政治地位的上升,天津已经成为直隶的文化教育较为核心的区域,为天津科举事业的发展提供了保障。一个例子是,由于直隶总督李鸿章驻扎天津,同治十二年(1873),直隶贡生的选拔改在天津举行,各属应试生员都需要到天津参加选拔。1885年乙酉科贡生选拔同样

---

① 民国《天津县新志》列 54 名。
② 民国《天津县新志》列 54 名。

在天津进行。① 光绪时期堪称天津科举事业最高峰。光绪年间《重修天津府志》提到，"邑中近年科第甲于三辅"。② 又称："天津士人工于应试文字，近年举人会试者，计逾百数，实为天下罕见。"③高凌雯记述称：天津在"同治末，士子应学政试者，不过四五百人，逐年渐加，至光绪中叶，乃近千人。其时应京兆试者多至四百余人，应礼部试者多至八九十人，可谓极盛。"④高凌雯编纂的《天津县新志》也说，天津建卫四十三年始有举人，又十九年始有进士，一直到清初，功名数量都属"寥寥"。"改县以后，文运日启，获第渐多，迨至光绪庚子以前，登乙榜者几占全省中额十分之二，甲榜则占全省中额四分之一，科名之盛，亦云极矣"。⑤ 按照这部志书所列统计，光绪时期天津共有四十人中进士，光绪三年（1877）、十二年（1886），十五年（1889）天津被授予的进士均达到五人，光绪九年（1883）、二十四年（1898）更分别达到六人；这几个年份全国授予的进士人数分别为三百二十八、三百零八、三百一十九、三百四十六人，⑥天津一县的进士功名在全国所占比例均在 1.5% 以上。高氏称："定例会试中额，视各省应试人数多寡，场前请旨。直隶不过二十二三名，而天津得其六，故余谓一县占全省中额四分之一"。⑦ 在科举制度最终废除前，天津的举业达到

① 李鸿章：《生员调津会考片》（光绪十一年二月初五日），戴逸、顾廷龙主编：《李鸿章全集 11》，安徽教育出版社 2008 年版，奏议十一，第 40 页。

② 沈家本、荣铨等修，徐宗亮、蔡启盛纂，光绪《重修天津府志》，天津市地方志编修委员会编著：《天津通志》旧志点校卷（上），南开大学出版社 1999 年版，第 1327 页。

③ 沈家本、荣铨等修，徐宗亮、蔡启盛纂，光绪《重修天津府志》，天津市地方志编修委员会编著：《天津通志》旧志点校卷（上），南开大学出版社 1999 年版，第 1024 页。

④ 高凌雯：《志余随笔》，天津市地方志编修委员会编著：《天津通志》旧志点校卷（下），南开大学出版社 2001 年版，第 732 页。

⑤ 高凌雯纂，民国《天津县新志》，天津市地方志编修委员会编著：《天津通志》旧志点校卷（中），南开大学出版社 2001 年版，第 608 页。

⑥ 张仲礼著、李荣昌译：《中国绅士：关于其在十九世纪中国社会中作用的研究》，上海社会科学院出版社 1991 年版，第 177 页。

⑦ 高凌雯：《志余随笔》，天津市地方志编修委员会编著：《天津通志》旧志点校卷（下），南开大学出版社 2001 年版，第 732 页。

了高峰。除了进士之外,按照《天津县新志》统计,光绪年间天津共一百六十七人获得举人功名。其中光绪元年(1875)十七名,光绪八年(1882)十九名,光绪十一年(1885)二十一名,光绪十九年(1893)为十八名,光绪二十三年(1897)为二十一名,堪称盛况。

光绪年间天津科举之盛,在其时人士及报刊的记述中,也可得到印证。张焘在《津门杂记》中说:"顺天乡试,津门得举孝廉者,每科不下二十名,科甲联翩,亦云盛矣。"并录唐尊恒(芝九)的诗云:"一枝文笔插云青,科第年年众若星。乾水汪洋巽水曲,由来地杰使人灵。"①严修光绪十五年(1889)三月初六日记当年参加会试人数称:"应试者六千余人,天津县九十余人。"②粗略推算,其所占比例约在1.5%左右,亦可印证当地科名之繁盛。同年上海《申报》有报道称:"北方文学,向以大宛为最优,宁宝次之,至天津则等诸自邻以下。自津城诸当道币聘绩学名儒主问津、辅仁、三取各书院讲席,认真课士,文风为之丕变,不特驾宁宝而上之,即大宛亦复瞠乎在后。科名之盛,遂视文学为转移,多士揣摩风气,力争上游,历科登上第者,不下十余人或十数人。"③光绪二十一年(1895)天津《直报》也有报道称:"天津文风甲于通省,每乡科中式总在二十人上下,会榜亦有五六人之多,不仅直隶一省所无,通天下二十一行省,亦所罕睹。"④

如《申报》所言,晚清天津科举功名的繁盛,与各书院山长及主课者的培植有直接的关系。李慈铭在学海堂和问津、三取书院主课期间,有多名门下士子在此期间或此后得中进士。有文章称:"光绪十年,合肥李文忠公,延会稽李越缦侍御慈铭,主讲问津三取育才取士,最为认真,士课文字,手批删削,密字细行,成就尤盛。"⑤如光绪十二年(1886)进士华学澜、

<hr />

① 张焘:《津门杂记》,文海出版社1970年影印本,第145页。
② 严修原著、陈鑫整理:《严修日记:1876—1894》,天津古籍出版社2015年版,第652页。
③ 《联翩登第》,《申报》1889年10月26日,第2版。
④ 《岁试有期》,《直报》1895年6月4日,第3页。
⑤ 景颐:《天津三书院记》,《大公报》,1935年8月16日,第13版。

光绪十五年(1889)进士陈泽霖,光绪十八年(1892)进士赵士琛等,都是问津书院的肄业生,其名字在李慈铭日记中多次出现。李氏日记中提到的天津门人中,后来获进士功名的还有姜秉善、陈骥、胡濬、杜彤、刘嘉琛、高桂馨、魏震,以及刘枟寿、林向滋、刘凤翰等多位。其中曾肄业问津书院的姜秉善、陈骥、胡濬均为光绪二十四年(1898)进士,杜彤为光绪十八年(1892)进士,刘嘉琛为光绪二十一年(1895)进士,高桂馨、魏震均为光绪二十四年(1898)进士。刘枟寿、刘凤翰、林向滋则为三取书院肄业生,刘枟寿、刘凤翰为光绪二十年(1894)恩科进士,林向滋为光绪二十一年(1895)进士,[①]等等。

晚清的这些天津进士,不少人后来都有所作为。陈泽霖后曾在陕西任葭州知州,并署米脂县知县。[②] 姜秉善中进士后,入翰林院为庶吉士,光绪二十九年(1903)任四川苍溪知县,在当地从事于新政,后在长宁知县任上去世。赵士琛中进士后,入翰林院为庶吉士,迁编修,曾任戊戌科会试同考官,并出任贵州思南府知府。[③] 胡濬则先后任刑部主事、法部主事等职。[④] 陈骥中进士后,历任翰林院编修、廷试游学生襄校官、候选道,并署贵州提学使兼署布政使。[⑤]

---

① 杜彤后来曾任翰林院编修、监察御史,甘肃、陕西提学使,署布政使。刘嘉琛历任国子监学正、翰林院编修、山西学政、四川提学使等职。高桂馨曾任翰林院检讨。魏震曾任刑部主事、商部主事,农工商部员外郎,湖南岳州府知府等职。刘枟寿在江西任知县,曾署新淦县、铅山县知县。刘凤翰任山西壶关县知县,并历署太谷、岚县、阳高等数县知县。林向滋曾任江西清江县知县,署铅山县知县。参见高凌雯纂,民国《天津县新志》,天津市地方志编修委员会编著:《天津通志》旧志点校卷(中),南开大学出版社 2001 年版,第 710——713 页。

② 高凌雯纂,民国《天津县新志》,天津市地方志编修委员会编著:《天津通志》旧志点校卷(中),南开大学出版社 2001 年版,第 710 页。

③ 高凌雯纂,民国《天津县新志》,天津市地方志编修委员会编著:《天津通志》旧志点校卷(中),南开大学出版社 2001 年版,第 711 页。

④ 高凌雯纂,民国《天津县新志》,天津市地方志编修委员会编著:《天津通志》旧志点校卷(中),南开大学出版社 2001 年版,第 713 页。

⑤ 高凌雯纂,民国《天津县新志》,天津市地方志编修委员会编著:《天津通志》旧志点校卷(中),南开大学出版社 2001 年版,第 713 页。

　　若以举人而论,则为数更多。光绪十一年(1885)九月,李慈铭记当年顺天乡试情形称:"今年天津一郡中式者二十一人,副榜四人,书院肄业者得正榜十六人,副榜一人",①包括李慈铭日记中提到的李家驹、于式珍等。光绪十四年(1888)天津有五人中举,李慈铭记称:"天津诸生中四人,陈泽霖、陈骧、郑文彩、朱懋昌。"②光绪十五年(1889)恩科天津获中十二名举人,其中杨凤藻、宋文滨、王恩澎、李士棻、刘凤翰五人,可见于李慈铭日记。光绪十七年(1891)顺天乡试发榜后,李慈铭九月十三日记称:"天津书院诸生张克家、刘嘉瑞、乔保衡、高桂馨、赵士琛、陈桂、王寿仁、常文寯、乔瑞淇、金文宣、陈锡年等皆得隽。又中副榜者数人。"③光绪十九年(1893)恩科,"天津书院生徒陶喆甡等中者十八人",④其中华世奎、陶喆甡、高凌雯、张灿文、刘枟寿、林向滋,李炜、黄葆和八人的名字,可见于李慈铭日记。光绪二十年(1894)天津获中十二名举人,其中李氏日记中曾提到的有沈耀奎、张昌言、高凌雯、黄耀庚、赵承恩、李秉元、姜择善七人。直到光绪二十三年(1897)天津二十三名新中举人中,仍有胡家祺、陈文炳、魏震、李耀曾四人名字曾出现在李慈铭此前的日记中。

　　当然,功名的繁盛,还与诸如科场惯例之类的其他因素有关。关于同治、光绪时期天津的举人功名,高凌雯曾说:

　　　　天津自同治癸酉,乡场中式必逾十人,逐次增加。至光绪乙酉,遂有二十一人之多。科场定例,士子交卷,由外帘糊名易书讫,送入内帘,内帘得卷,即分致各房考官评阅。凡送卷先后,以府为序,天津府纲在前,又多佳卷,故取中较易。光绪己丑,潘祖荫为监临,以天津科名太盛,故抑其卷,使不即送。及卷至,则中额将满,榜发,获隽者

---

① 李慈铭:《越缦堂日记》,广陵书社 2004 年影印本,第 10895 页。
② 李慈铭:《越缦堂日记》,广陵书社 2004 年影印本,第 11865 页。
③ 李慈铭:《越缦堂日记》,广陵书社 2004 年影印本,第 12999 页。
④ 李慈铭:《越缦堂日记》,广陵书社 2004 年影印本,第 13526 页。

较少。上科仅中五人，或亦此故，但不记监临为谁。①

据高氏所言，天津科举中式者多，与顺天乡试送卷先后次序有关，天津府送卷在前，且佳卷较多，故录取较易。他所说的光绪己丑科，即光绪十五年(1889)己丑恩科，天津共有十二人中举，但在他看来，已属于考官有意抑制所致。所谓"上科"者，则指光绪十四年(1888)戊子科，天津中举者仅为五人，亦与主考官员的这种做法有关。②

书院对科举的支持

问津书院设立后，对天津士人功名应有助力。但由于资料的缺乏，功名获得者的书院教育背景难以查证。乾隆庚寅年举人周光裕《贺董青岳先生已卯重宴鹿鸣》一诗中有云："问津曾共读书堂，风雨回思五十霜"，③应系指其与董青岳为问津同学。梅成栋《津门诗钞》曾提到，张模主讲问津书院时，其弟子有周光裕、佟大有、徐澜、金思义、张党民、张俊民、张治民、李玉溪、查奕俊、冯际盛、王启科、吴凤仪、包豫观、牛遵祖、吴廷玫、杨廷瑛、金坤等多人，其中不少人即为科场得意者。④ 如金思义、张俊民、查

① 高凌雯：《志余随笔》，天津市地方志编修委员会编著：《天津通志》旧志点校卷(下)，南开大学出版社2001年版，第732页。

② 光绪十四年天津中举者少，有谣言称因铁路损伤地脉所致。李鸿章在当年九月的一封信中提到本年天津科名时称："天津两生，今岁宾兴，并刊三等，殆是深沈学古之士，拔之重渊，登之闾阖，尘剑拂拭，便有光芒。津郡仅得四人，为向来所未有，造谣者归咎于铁路之戕地脉，殆是笑谭。捷者两陈生并在高等，则时文好手也。"见李鸿章：《复翰林张预》(光绪十四年九月二十六日)，戴逸、顾廷龙主编：《李鸿章全集34》，安徽教育出版社2008年版，信函六，第432页。

③ 梅成栋纂，卞僧慧、濮文起校点：《津门诗钞》，天津古籍出版社1993年版，第451页。

④ 梅成栋纂，卞僧慧、濮文起校点：《津门诗钞》，天津古籍出版社1993年版，第475页。

奕俊、冯际盛为乾隆三十三年(1768)戊子科举人,周光裕、徐澜为乾隆三十五年(1770)庚寅恩科举人,佟大有为乾隆三十六年(1771)辛卯科举人,李玉溪为乾隆四十五年(1780)庚子科举人,徐澜和金思义还分别在乾隆四十五年(1780)、四十六年(1781)获得进士功名。

光绪年间天津科举功名的获得者,几乎都出自当地书院。《清代科举人物家传资料汇编》中收有百余位天津籍科举人物的履历资料,大部分都提到其师承关系,以及其肄业师或课师的情况。如光绪二年(1876)进士王用钦,其课师中列有吴士俊、廉兆纶等人,前者曾主讲辅仁书院,后者主讲过问津书院,据此即可以了解其大致的书院教育背景,列为下表:

表4 晚清天津部分科举人物肄业书院表

姓　名	所获功名	肄业书院
王用钦	进士	辅仁书院,问津书院
曹寓瀛	进士	问津书院,辅仁书院
刘彭年	举人	辅仁书院,问津书院
华俊声	进士	问津书院,辅仁书院
赵士琛	举人	问津书院,辅仁书院
赵鸾扬	进士	辅仁书院,问津书院
韩荫桢	举人	辅仁书院,三取书院
倪文焌	举人	三取书院,辅仁书院
高炳辰	举人	三取书院,辅仁书院
张克一	举人	辅仁书院,问津书院

姓　名	所获功名	肄业书院
陈文炳	举人	三取书院,辅仁书院,学海堂
苏云龙	举人	三取书院
詹荣麟	举人	辅仁书院
王新铭	举人	辅仁书院,三取书院,学海堂
胡家祺	举人	问津书院,辅仁书院,学海堂
金恩科	举人	辅仁书院,学海堂,问津书院,稽古书院
陈骧	进士	辅仁书院,问津书院,学海堂
陈泽霖	进士	辅仁书院,问津书院,学海堂
朱懋昌	举人	问津书院,辅仁书院
辛元炳	举人	辅仁书院,问津书院
陈恩荣	举人	问津书院,辅仁书院
刘文治	举人	辅仁书院
杨培之	举人	问津书院
王铭恩	举人	三取书院,辅仁书院
李鹏池(凤池)	副榜贡生	问津书院,辅仁书院,学海堂
阎炳章	举人	辅仁书院,问津书院
魏震	进士	问津书院,辅仁书院
庞奎元	举人	问津书院,辅仁书院
陶喆甡	举人	问津书院,学海堂,辅仁书院
陈宗凤	举人	辅仁书院,问津书院
杜联陞	举人	辅仁书院,问津书院
韩金鳌	举人	辅仁书院,问津书院
华世奎	举人	辅仁书院,问津书院
姜择善	进士	问津书院,学海堂,辅仁书院,会文书院
解元书	举人	辅仁书院,问津书院
金文彦(文宣)	举人	三取书院,辅仁书院
孔传勋	举人	辅仁书院,问津书院

续表

姓　名	所获功名	肄业书院
李春棣	举人	辅仁书院
李春泽	举人	辅仁书院,问津书院
李士菜	举人	辅仁书院,三取书院
刘承荫	举人	辅仁书院,问津书院,学海堂,稽古书院
刘嘉瑞	举人	辅仁书院,三取书院
石作械	举人	辅仁书院
苏兆沄	举人	辅仁书院,三取书院
田毓藻	举人	三取书院,辅仁书院
徐景贤	举人	辅仁书院,问津书院
徐维域	举人	问津书院,辅仁书院
郑文彩	举人	辅仁书院,问津书院
杜彤	举人	崇文书院,问津书院,辅仁书院
华学淇	举人	问津书院
李铨	举人	问津书院
刘学谦	举人	崇文书院,辅仁书院,问津书院
沈士鑅	举人	辅仁书院,问津书院
严修	进士	辅仁书院,问津书院
赵新	举人	辅仁书院,三取书院

　　表中各人肄业书院多据其所列课师或肄业师推测,并不完整,如赵鸾扬除了辅仁和问津书院外,也曾肄业于会文书院,另外还有多人曾肄业学海堂等,但大致已可见这些功名之士的出身。问津书院和辅仁书院出现频率最高,表明其在天津书院教育中无可替代的地位,也说明两处书院是天津科举事业最重要的支持力量。显然,晚清天津科举事业的空前盛况,与天津书院事业的鼎盛有着密不可分的关系。与江南地区的著名书院相比,天津书院在规模和水准上仍有不如,但无论如何,书院的发展仍可视为当地科举功名繁盛的主要因素。

晚清天津书院考课以科举考试为目标，其日常课业训练也多循科考路径。高凌雯后来在分析晚清天津进士功名之盛的原因时，曾提到光绪年间天津书院的训练模式：

> 临轩策士，原以文字俱工者为上选，沿及末世，专重楷法。其试卷以细纸七层合成，每开十二行，无横阑，策文须满七开有半，端楷无错落，每策尾无空格，方合程式，其力不能七开半者亦可五开半，但不能前取耳。乡人从前多不习此，取办临时，生疏致败。光绪初，问津、三取书院试卷，官课改用殿试卷式，师课改用朝考卷式，然仅具体而已。其后会文书院于文课外增加字课，月一扃试，卷纸字数，俱与廷试无异，士子习之有素，故春榜入词林者络绎不绝也。①

高氏提到，此前天津士人平时不重楷法和试卷格式，是科场不利的一个原因。光绪初年问津、三取书院课卷开始采用殿试和朝考卷式，而会文书院则专门增加字课，卷纸字数，都与廷试一致，士子平日训练有素，故而中进士者络绎不绝。高氏所言，可见晚清天津书院对科举功名繁盛的作用。

科举事业的发展，与李鸿章等官员的支持有密切关系。李鸿章提倡西学，以洋务自任，但在科举制度尚存的背景下，他对功名也十分重视。根据光绪十六年（1890）五月李鸿章给王文锦的一封复信，其时天津士绅鉴于赴京参加乡试的天津士子人数众多，拟以三万金在京择地另建试馆，呈请李鸿章由运库拨款一万金支持。李鸿章在信中表示："天津文风为近畿邹鲁，科第仕宦列郡所推，近年应秋赋者，多至四五百人，旧有试馆既不能容，且距闱场较远，自应及时择地别建。"关于运库拨款，"拟于裁减项下及收回旧欠历年帑利款内，各拨银五千两，陆续汇京备用，业经批准

---

① 高凌雯：《志余随笔》，天津市地方志编修委员会编著：《天津通志》旧志点校卷（下），南开大学出版社 2001 年版，第 732 页。

照办,借慰群士观光上国之志,用副乡贤振兴后进之心。"李鸿章信中还称:"鄙人驻津以来,几二十载,喜见诸生濯磨向学,科甲联翩,书院书局,逐岁增设,都门试馆,尤为登进之阶,但使力尚可筹,自属地方官分所应为之事。"①

在天津地方志的记述中,同样表彰了这一时期地方士绅和官员为此付出的努力。咸丰初年,鉴于"津人士多好读书,赴春秋闱者,较府属各县不啻倍蓰,而京师向无馆舍",以善举出名的候选治中华光炜与其族叔华长祥倡议,在北京崇文门外创建了一所津邑试馆,"厅舍庖湢,焕然一新",较"外邑为盛"。②为试馆捐款的七十余人,主要是天津籍官员和部分本地举人、秀才等。地方官员对科举事业的支持同样得到了表彰。吴汝纶光绪五年(1879)署任天津知府,"下车观风,奖励实学"。③光绪十一年到光绪十六年间(1885—1890)曾三度任天津道的胡燏棻,"喜奖励后进,每书院课士必亲临之"。④为了促进当地文风,"每届大比之年,直隶督宪李傅相嘉惠士林,例有决科之举",外省寓津士子一般以集贤书院为试地,天津本地士子则在辅仁书院。⑤所谓决科,即在举人会试前举行的模拟考试。李鸿章主持的决科,一般都是由其幕府成员负责。张佩纶光绪十五年(1889)正月二十九日曾记其在总督署"晚阅书院决科卷",并称"幕府诸君阅定,余偶观之耳"。⑥决科名列前茅者可以获得较平时为高

---

① 李鸿章:《复国子监正堂王》(光绪十六年五月十七日),戴逸、顾廷龙主编:《李鸿章全集35》,安徽教育出版社2008年版,信函七,第78、79页。

② 吴惠元总修,蒋玉虹、俞樾编辑,同治《续天津县志》,天津市地方志编修委员会编著:《天津通志》旧志点校卷(中),南开大学出版社2001年版,第383页。

③ 高凌雯纂,民国《天津县新志》,天津市地方志编修委员会编著:《天津通志》旧志点校卷(中),南开大学出版社2001年版,第602页。

④ 高凌雯纂,民国《天津县新志》,天津市地方志编修委员会编著:《天津通志》旧志点校卷(中),南开大学出版社2001年版,第604页。

⑤ 《津郡决科》,《申报》1889年7月25日,第2版。严修记称:"己卯秋试前,公(李鸿章)试决科于辅仁书院,而余第一,因识余名"。见严修自订、高凌雯补、严仁曾增修:《严修年谱》,齐鲁书社1990年版,第23页。

⑥ 张佩纶著、谢海林整理:《张佩纶日记》,凤凰出版社2015年版,第196页。

的奖赏银,以鼓舞应试者。光绪二十一年(1895)为会试之年,其时署理
北洋大臣王文韶考试会文书院举人决科,"计开上取举人十六名:陈桂、
刘嘉琛、朱懋昌、姜秉善、刘忠源、王叔培、刘嘉瑞、凌云、王铭恩、徐煊、高
凌霨、宋文滨、孙星桥、胡濬、沈耀奎、王樾。第一名至五名各奖银十两,六
名至十名各奖银八两,十一名至十六名各奖银六两。次取举人五十五
名……每名各奖银三两。"①这一做法一直延续。光绪二十四年(1898)
《国闻报》曾报道说:"会文书院历届大比之年,由制军先行决科,本年乃
会试正科,业经院董禀请照办。闻督宪已批,饬二月初四日即在该院决
科。惟是日督宪公忙,照案札委运宪诣院代点,函题扃试。刻已知照该院
肄业之各举人云。"②类似这样的安排,实则都是围绕着科场功名展开。
总之,在书院教育空前发展的背景下,19世纪下半叶的最后数十年间成
为天津历史上科举事业最为繁盛的时期。

---

① 《督辕榜示》,《直报》1895年4月4日,第2页。
② 《会文决科》,孔祥吉、村田雄二郎整理:《国闻报》(外二种),第一册,1898年2
月20日,第469页。

第三节　书院精英与城市文化

书院教育与文人群体的形成

　　书院教育的发展和科举功名的繁盛,带来了天津士人数量的增长和社会影响力的扩大。乾隆、嘉庆时期,在功名数量显著增加的基础上,天津士人群体已颇具规模,一批科举家族和文人世家也随之出现。这些家族的成员往往多有功名在身,它们既代表着家族的文化声望,也是地方文教的重要象征。① 凭借其社会声望和号召力,他们带头举办各种文人活动,倡导地方教育事业,建构本土文化,并因此成为当地文人社会的根基和支柱。乾隆时期的张霖家族和查天行家族都是这样的例子。张霖本人对诗词古文均有造诣,从弟张霔(张霖叔父张闻予之子)也精于诗词歌赋,与张氏兄弟关系密切的梁洪则是张霔妻弟。张霖四个儿子中,张坦、张埴也是举人出身,并有诗名。康熙四十四年(1705),张霖在云南布政使任上被革职入狱,张氏家道中落,但其家族的诗书传统仍然在延续,乾

---

　　① 关于天津清代科举家族,张献忠在《清代天津科举家族与地方社会》(《山东社会科学》2016年第8期)一文中进行了初步介绍,并对其在天津城市发展史上的地位和作用进行了积极的评判。

隆年间创办思源庄的张虎拜即张霖曾孙张映斗之子。张虎拜于乾隆四十四年(1779)中进士后,曾任内阁中书,他在先祖张霖的一处园林——问津园的旧址修建了思源庄,成为这一时期天津文人聚会中心之一。水西庄查氏族家族中,查日乾除了是诗人外,也精于史事。其子查为仁为水西庄第二代主人,有诗名。查为仁的两个弟弟查为义、查礼也都精通诗画,并各有著述;查为仁之子查善长系进士出身,另一子查善和则为诗人;查善和之子查诚系举人,其孙查讷勤则为进士;查为义之孙查彬也是进士出身,并有著述数种;查礼之子查淳则曾官至大理寺少卿。① 梅成栋与庆云人崔旭、桐城人姚元之均出于嘉庆五年(1800)顺天乡试同考官张船山门下,被合称为"张门三才子"。其先祖自江苏常州迁居天津,"世为望族",梅之父"工书法,善画兰竹,不仕",其母则为水西庄宾客朱岷之女。梅成栋四子除早亡的宝严外,其余三子"皆有声庠序,以文学世其家"。② 华长卿祖父华兰为乾隆年间举人,华长卿本人是道光辛卯举人,舅父沈兆沄为嘉庆年间进士,华长卿曾入其幕中,纵游各地。华长卿长子光鼐也有诗名,辑有《津门文抄》;次子鼎元辑有《津门徵献诗》。其后人中还有天津著名的书法家华世奎。姚氏家族同样是兴起于天津的名门望族,姚氏家族以盐为业,姚逢年为乾隆四十六年(1781)进士,其子姚承恩为道光年间进士,另一子姚承丰为举人出身,"家居授徒"。天津人陶云升和直隶高阳人李鸿藻均为姚家戚,同出于姚承丰门下,并在同年中进士。③ 等等。有研究者指出,到嘉庆、道光年间,以梅成栋、华长卿为代表的津门世家"构成了真正具有地域文化自觉意识的士绅群体"。④ 这些文人世家的

① 高凌雯纂,民国《天津县新志》,天津市地方志编修委员会编著:《天津通志》旧志点校卷(中),南开大学出版社2001年版,第758、759页。

② 吴惠元总修,蒋玉虹、俞樾编辑,同治《续天津县志》,天津市地方志编修委员会编著:《天津通志》旧志点校卷(中),南开大学出版社2001年版,第448页。

③ 高凌雯纂,民国《天津县新志》,天津市地方志编修委员会编著:《天津通志》旧志点校卷(中),南开大学出版社2001年版,第777页。

④ 许哲娜:《清中后期津门地域文化意识的自觉与士绅社会的成熟》,《天津社会科学》2010年第4期。

出现,表明天津文人社会已经具有了深厚的本土根基。

在盐商的支持下,天津文人社会网络也逐渐形成。唱和、雅集、宴饮、交游是文人日常生活的重要方式,也是文人区别于其他社会成员的显著标志。借助于这些活动,文人之间形成频密的往来与互动,构建了他们的社会关系网络,成为文人社会重要的存在方式。乾隆时期,天津文人交游风气逐渐兴起,当地盐商建立了一批庄园别墅,成为文人交游的主要空间。父辈由直隶抚宁迁居天津从事盐业、曾官至布政使的张霖在康熙年间建成的遂闲堂,被认为开启了天津文人雅集之风,"诸名宿云集,文酒之宴无虚日,彬雅之风翕然丕振"。① 迁居天津的大同人梁洪、诗人龙镇(字文雷,号东溟)均为遂闲堂座上客,两人还与张霖一起被誉为"津邑诗教之源"。② 山东诗人和书法家赵执信、山西蒲州学者吴雯等人,也曾长期以遂闲堂为寄托。张氏在这里还结交了一批浙江、安徽等地的学者和文人,如藏书家朱彝尊,史学家姜宸英,桐城派创始人之一的方苞,精通天文算学的梅文鼎,著名画家石涛等。如前所述,雍正、乾隆年间天津最著名的文人集会场所,是盐商查天行和查为仁父子的水西庄。查氏由投靠张霖从事盐业而发达,是这一时期天津最有影响的盐商。水西庄位于天津城西运河南岸,是天津历史上最大的一家私人园林,面积达百亩之广,三面环水,其间树木葱茏,环境优雅,多处建筑掩映其中,园内收藏了大量的书籍、绘画、古玩,吸引了众多的文人墨客酬唱流连,被看成乾隆初期天津的文化中心。查为仁"喜交游,重然诺,凡四方士大夫以及文人名士偶有经过,周旋倾倒无倦色",③他本人也成为颇有名声的诗人和学者。查氏父子往来宾客数以百计,其中不少为江浙文人,声名较显者如海宁人陈

---

① 吴惠元总修,蒋玉虹、俞樾编辑,同治《续天津县志》,天津市地方志编修委员会编著:《天津通志》旧志点校卷(中),南开大学出版社 2001 年版,第 375 页。

② 沈家本、荣铨等修,徐宗亮、蔡启盛纂,光绪《重修天津府志》,天津市地方志编修委员会编著:《天津通志》旧志点校卷(上),南开大学出版社 1999 年版,第 1333 页。

③ 吴廷华总修,汪沆分修,乾隆《天津县志》,天津市地方志编修委员会编著:《天津通志》旧志点校卷(中),南开大学出版社 2001 年版,第 78 页。

元龙、山阴人刘文煊、钱塘人汪沆、嘉兴人万光泰、杭州人杭世骏、厉鹗、苏州人沈德潜、武进人朱岷等。尽管水西庄此后趋于衰败，但却是乾嘉时期天津文人社会趋于活跃的重要标志。

在水西庄的影响下，天津的文人交游传统绵延不衰。浙江人李承鸿来津后以盐业起家，筑寓游园，"有半舫轩、听月楼、枣香书屋诸胜，一时名下士如康达夫、郝石臞、金野田、吴念湖、冯昆山皆馆其家，文酒之会为一郡提倡"。① 一些地方官员也组织此类活动，如乾隆年间曾任天津河防同知的英廉，"从容大雅，当世词宗。喜奖掖后进，招致文士，为诗酒会"。② 道光初年，津门文人梅成栋成立梅花诗社，参加者先后有四十余人。这些文人交游活动，象征着天津文人社会网络的传承。

随着科举之士的兴起，他们在当地社会开辟了自身的活动领域和生存空间。除了支持书院这样的地方文教事业外，他们也致力于地方文化系谱的构建。乾隆时期栾立本编纂了天津第一部诗歌总集《津门诗汇》，而 1831 年梅成栋编成的《津门诗钞》，收录元代以来天津乡人、官宦及流寓之士四百余人、诗作近三千首，既是天津的诗歌总汇，也展现着天津地方文化的脉络。此后，郭师泰汇集的《津门古文所见录》收录清初至道光年间六十一位天津人士的一百二十四篇作品，也是一部重要的天津地方文献。这种自觉的编纂活动，是天津士人地方文化意识兴起的重要表现，在保存地方文化系谱的同时，也延续了天津的文化脉络。华长卿家族在这一方面颇有贡献。华本人撰有《畿辅人物表》《津门选举录》，其子光鼎编有《津门文钞》，另一子鼎元被称为"熟悉乡邦掌故"，其《津门徵献诗》《津门通典》《梓里联珠集》等，③都属于地方性的文献汇集。在乾隆初天

---

① 吴惠元总修，蒋玉虹、俞樾编辑，同治《续天津县志》，天津市地方志编修委员会编著：《天津通志》旧志点校卷(中)，南开大学出版社 2001 年版，第 387 页。

② 吴惠元总修，蒋玉虹、俞樾编辑，同治《续天津县志》，天津市地方志编修委员会编著：《天津通志》旧志点校卷(中)，南开大学出版社 2001 年版，第 350 页。

③ 高凌雯纂，民国《天津县新志》，天津市地方志编修委员会编著：《天津通志》旧志点校卷(中)，南开大学出版社 2001 年版，第 794 页。

津府志和县志修成后,廪生出身的天津士人蒋玉虹为续修县志进行了二十多年的文献搜集和整理,积稿数十帙。同治年间续修的天津县志即在蒋玉虹的遗稿基础上编成,本地文人吴惠元、沈兆沄在其中承担了大量的工作,这些活动都具有延续地方文化传统的意义。

与其他地方一样,日趋活跃的天津文人也将精力投入文艺领域。尽管光绪年间重修的府志在重修凡例中称"津郡艺文无多",但该志所录天津人著述题名仍有100多种,其中相当一部分是诗文之作。天津文人在易学、理学领域不无成绩。吴士俊所著《易学溯源》,"自庚戌创稿,积多至二千七百页"。① 华长卿则长于经史考证,留下了丰富的著述。诗歌是文人的固有喜好,抒发着他们的情绪和情趣,探究易学体现出学术追求和精神超脱的双重意义,在古典著作中拾遗补缺、考查释证则是传统文人展现和提升个人知识水准的主要方式。天津文人这些涉及经史疏解、诗词歌赋、道德修养等方面的作品,从一个侧面展示了他们的生活状态和精神世界。

到清朝中期,天津这一商贸之地已经成为文人的聚集地,立足于本土的文人社会趋于成熟。樊彬为宝坻高继珩(寄泉)《培根堂集》作序称,其时"天津文物之地,多江南北豪俊寓公"。② 天津文人们延续着传统的生活方式,相互砥砺学问和道德,醉心于学术爱好,以诗文自娱,交游唱和,构建了自身的社会关系网络,致力于推进当地文教事业,延续地方文化系谱。这一文人社会的形成,不仅是天津地方文化发展的象征,也成为地方文化自觉的传承主体。

---

① 高凌雯纂,民国《天津县新志》,天津市地方志编修委员会编著:《天津通志》旧志点校卷(中),南开大学出版社2001年版,第791页。

② 高继珩:《培根堂集》,《清代诗文集汇编》(600),上海古籍出版社2010年版,第2页。

科举之士与天津教育变革

　　在晚清书院教育鼎盛的背景下,天津科举之士更得到迅速增长和扩大。但与此同时,西学东渐和社会变革,也导致了 19 世纪末 20 世纪初成为新旧知识群体交替的时代。借助于传统教育向新式教育转轨的契机,留学归国和毕业于国内新式学堂的知识分子,开始取代科举和书院出身的传统士人,在文化教育乃至更广泛的社会领域确立了话语权。作为沿海通商地区,天津教育同样也经历了这一转型过程。不同的是,在清末民初的天津学界,主体力量是以严修为代表的科举出身的知识群体,而非新式学校的毕业生。借助于清末兴学这一契机,天津书院与科举之士完成了身份转换,成为颇具代表性和影响力的新型城市知识精英和地方文化领袖。

　　出现这种情形的原因可能是,尽管天津是晚清新式教育兴起较早的地区之一,但李鸿章开办的水师学堂等天津洋务学堂中,学生多来自南方地区。与之相比,天津各书院除了面向客籍子弟的集贤书院外,均以本地士子为对象。这种地域性特征,使得书院士子与本地社会的联系更为密切,也具有更积极的参与本地事务的意愿,进而使他们成为清末天津兴学进程的主导力量。另外,甲午战争失败后,随着李鸿章在北洋的失势,也导致了以李鸿章为中心的天津洋务知识群体社会网络的解体。[1] 20 世纪初担任直隶总督兼北洋大臣的袁世凯等人,与严修等天津科举出身的知识精英维持着良好的私人关系和密切的交往,成为其背后的支持者。当然,正如前面所提到的,天津科举之士的这一身份转换,与开埠通商后天津的社会氛围直接相关。西学东渐和洋务的兴起,导致了 19 世纪下半叶

---

　　① 关于洋务时期天津新知识群体,参见田涛:《洋务时期天津的新知识群体》,《天津师范大学学报》2016 年第 1 期。

中国社会知识取向的变化。传统知识的价值开始受到怀疑,西学、新学成为开明士子的追求。天津作为北方洋务中心,与内陆地区相比得风气之先,其社会文化氛围的变化也更为显著。晚清天津的科举之士尽管接受了传统教育,但其知识追求与传统士人相比已有不同,西学在其知识结构中已占有一席之地。天津书院与科举之士这一知识结构和价值观念的变化,也为其承担新角色做好了准备。及至 20 世纪初,随着新式教育在直隶的率先推行,严修、张伯苓、林墨青、温世霖、刘宝慈、郑炳勋等一跃成为天津学界最有代表性的人物。

在清末天津新式教育领域,最有影响力的莫过于严修。甲午之后,严修曾在贵州学政任上奏请开经济特科。光绪二十三年(1897)交卸回京后,又主张兴学自强,为掌院学士徐桐不满,只能告假出京。[1] 光绪二十四年(1898)严修回到天津后设立严氏私塾,聘请张伯苓以算术、英文教授子弟,成为其在天津兴办教育的起点。庚子之后,严修更致力于创建新学堂,与王寅皆、林墨青、张伯苓等"终日讨论学事"。[2] 1902 年 8 月到 11 月,严修首次赴日本考察教育。1903 年初,严修与著名的商界领袖王贤宾以及李宝恒、王文郁等创办民立第一小学堂,聘张伯苓任教员,这是天津民办新式学堂之始。当年严修还成立了严氏女学,并受袁世凯委派创办了城隍庙官立小学堂,袁为之书写"官立小学堂"匾额。次年,其余四所官立小学堂也相继开办。1904 年严修、张伯苓赴日考察后,将严氏私塾与盐商王奎章的私塾合并,[3]成立私立中学堂,校址位于严宅,不久改名私立敬业中学堂,1905 年秋改称私立第一中学堂。由严、王二人每月捐银 100 两为经费。以张伯苓任监督,华午晴、王锡瑜、李士楔为执事,另有教员吴芷洲、胡玉孙等,并延请天津基督教青年会干事饶伯森(C. H.

---

① 许姬传:《许姬传七十年见闻录》,中华书局 1985 年版,第 148 页。
② 严修自订、高凌雯补、严仁曾增修:《严修年谱》,齐鲁书社 1990 年版,第 7 页。
③ 王为盐商巨贾,曾任芦纲公所纲总,天津八大家之一。王及其子益孙乐于接受新事物,热心兴学。从 1901 年开始,张伯苓也受王奎章的邀请在其私塾任课。

Robertson)、霍克(Walker)等美国人任教科学、英文。1906 年,郑炳勋为学堂捐地十亩,王益孙、严修、徐世昌、卢木斋、严义彬等捐银二万六千两,在南开建新校,次年落成,名为"南开学校"。① 严修的兴学努力,在天津新教育的发展中起了重要的倡导作用。日本驻屯军编著的《天津志》将天津新教育的兴起归于三个因素,一是直隶总督袁世凯的政策,二是严修的热心,三是在津外国人的工作,②也可见严修在天津乃至直隶兴学过程中的角色。

在这些兴学领袖中,除张伯苓、温世霖有水师学堂等新式学堂教育背景外,其余多为科举教育出身。清末兴学开始后,为培养教员,直隶官方曾多次向日本派送师范留学生。1903 年直隶官方派二十人赴日入弘文速成师范学习,其中胡家祺、刘宝慈、陈恩荣、李金藻、刘宝和、徐蔚、陈宝泉、郑炳勋、华泽沅、俞明谦十名为天津人,这批由严修推荐的人选,基本上都是有书院教育的背景。胡家祺、刘宝慈、陈恩荣均系举人出身,李金藻、刘宝和的名字则出现在 1895 年辅仁书院肄业生员的名单中,陈宝泉早年也曾在辅仁、稽古等书院应课。他们于次年回津后,即投身天津教育领域,成为其中的骨干力量。如刘宝慈回国后担任天津官立模范两等小学堂(民国时改名模范小学校)校长,长期执掌该校。曾在天津武备学堂任教的卢木斋也是举人出身,历任直隶赞皇、南宫、定兴、丰润等县知县和多伦诺尔厅同知,1903 年任直隶学务处督办兼保定大学堂监督。1906 年任直隶提学使,三年后调任奉天提学使。卢木斋曾在天津办卢氏蒙养院、幼稚园、卢氏小学、木斋中学,对南开学校多次资助。此外,出生在 1862 年的林墨青(兆翰),少年即有文名。光绪十二年(1886)十一月其名字开始出现在李慈铭日记中,其时林以问津书院童生身份参加课试,被李慈铭

---

① 可参见来新夏:《天津近代史》,南开大学出版社 1987 年版,第 290 页。

② 日本中国驻屯军司令部编:《二十世纪初的天津概况》,侯振彤译,天津市地方史志编修委员会总编室,1986 年版,第 136 页。

取为第一。① 此后光绪十三年(1887)闰四月、十一月,林兆翰又两次被取为第一。② 庚子之后林墨青辅助严修兴学,参与了多处民立、官立学堂的创办,在天津兴学过程中贡献颇大。曾为天津县学廪膳生的郑炳勋除了为南开学堂捐助土地外,还担任过天津如意庵官立两等小学堂学监。等等。③

在清末兴学的进程中,天津的书院与科举之士完成了身份转换,并由此成为清末民国时期天津社会颇具号召力的一支力量。他们发起或参与各类新式社团,活跃于天津社会多个领域,通过不同的方式介入了天津本地乃至更大范围内的政治和社会事务,促进城市文化的发展和社会的文明化进程,成为这一时期天津社会变迁最重要的引导者之一。可以说,尽管科举制在20世纪初期被废除,但这些科举出身的知识精英借助于兴学这一契机得以脱颖而出,并由此开始在天津社会担当起重要角色,从而以这种方式延续了19世纪下半叶天津科举事业和书院教育的影响。

书院精英与城市文化性格

书院和科举出身的天津城市知识精英,具有自身的特征,并对近代天津城市文化性格产生了显著的影响。正如学者已经指出的,近代中国知识群体的新与旧往往不能截然两分,多呈现为新中有旧、旧中寓新的面貌。清末民初中国社会的知识阶层,在其成长历程中大多接受过新旧两种知识的熏陶,无论知识结构还是精神情怀,都表现出新旧交织的特征。在天津,以严修为代表的这些城市知识精英,一方面出身书院与科举,接

---

① 李慈铭:《越缦堂日记》,广陵书社2004年影印本,第11262页。
② 李慈铭:《越缦堂日记》,广陵书社2004年影印本,第11411、11625
③ 郑炳勋还主持过天津教育品陈列馆,后来担任京师学堂国文教员、北京高等师范学校教员,天津市立第二图书馆馆长、北洋大学教授等。

受过长期的旧学训练,对传统文化有很深的感情。另一方面,他们又具有开放的文化观念,是新文化、新教育的倡导者和推动者。新中有旧、旧中有新,以新知识行世,以旧道德立身,是他们共同的文化性格。

从这种文化性格出发,这些科举出身的城市知识精英一方面以传播新学自任,充当了新教育和新文化事业的倡导者和推动者;一方面又保持着对传统的关注与敬意,并努力继承和延续着固有的价值观念。民国建立后,新的政治与社会体制对传统文化带来了强烈的冲击,这使天津的知识精英形成了强烈的危机感。为了应对这一新格局,他们通过倡导一系列活动,努力维护传统的命脉。民国初年,天津恢复了清末中断的文庙祀孔活动,主其事者即包括严修、林墨青等人。他们以改良为指向,以祀孔为契机,将传统祀典与社会教育理念相结合,以促进社会的开通和进步。1916 年,林墨青鉴于"旧日之音韵等学均皆失传",组织音学会,自任主讲。① 到 20 世纪 20 年代,一批国学社团开始在天津出现。1921 年严修、王守恂等发起成立城南诗社,同年林墨青还创设存社,由严修捐资提倡,面向社会征求诗文之作,"专为提倡风雅"。② 1927 年,严修等人又发起崇化学会,"以研究中国历代学术,及经史古文之学为宗旨",其名为崇化,"盖取汉诏崇乡党之化,以砺贤才之意"。1928 年春开学,以严修斋之蟫香馆为讲习之所。聘请江苏硕儒章式之先生主讲,科目有义理、训诂、掌故各门。学员可分习,也可兼习。每月课文两次,以经史为内容,并根据学习心得的多少来定分数,酌予奖金,"以讲求国学,补学校之不足"。③ 被称为"华北唯一中国学术研究团体"。④ 同一年,林墨青还创办了国文

---

① 《音学会之开幕》,《益世报》1916 年 3 月 24 号,第 6 版。

② 《存社征诗》,《益世报》1921 年 3 月 9 日,第 10 版。

③ 《崇化学会成立》,《益世报》1927 年 8 月 20 号,第 16 版。

④ 宋蕴璞辑,《天津志略》,天津市地方志编修委员会编著:《天津通志》旧志点校卷(下),南开大学出版社 2001 年版,第 362 页。

观摩社,由严修等人主课,"研习国文,互相观摩"。① 该社每年课文24次,佳卷酌给奖金。学员前后数百人,成绩合格者得加入崇化学会讲习,以资深造。② 到1932年5月,李廷玉等人鉴于"废孔废经,恶潮汹涌"的情形,以为"非毅然提倡尊孔,不能挽四百兆既失之人心",成立了国学研究社,以"发挥旧时文化,振兴民族精神"为宗旨,以市立师范学校礼堂为社址。讲授易、书、礼诸经及孝经、论语、诗等。社员每月作文一次,每半年开验各科一次,成绩前列者给予奖状奖章笔墨书籍,"前后注册者千数百名"。③ 1937年,该社开始出版《国学》月刊。在这些科举出身的知识精英引导下,此类国学传承活动绵延不断,为民国时期天津学术文化的演变赋予了独特的色彩。

书院与科举出身的这些城市知识精英也承担了延续地方文化传统的责任。水西庄作为天津文化发展的一个高峰,寄托了天津文人的精神与情感。严修创建南开大学之后,一度谋求恢复水西庄昔日风貌。但直到去世,其重建水西庄的心愿也没有达成。其子严智怡继承父亲遗志,于1933年2月组织成立水西庄遗址保护委员会,发起对水西庄的保护、重建活动,并在当年联络津门文人,在水西庄故址举行展重阳雅集。此外,他们还组织了地方志书的纂修。早在1915年,徐世昌有感于乡里文献湮灭,倡议修志,经严修、华世奎、李士鉁、赵元礼等人筹商,1918年正式开始修纂志书活动。由高凌雯和当年从浙江解官回津的王守恂担任总纂,严修任鉴定。高凌雯负责的部分完成后,于1931年以《天津县新志》名义付印。王守恂负责的部分,后来则以《天津政俗沿革记》为名印行。

无论是发扬旧学,还是延续地方文化传统,其目的都在于匡扶社会。

---

① 宋蕴璞辑,《天津志略》,天津市地方志编修委员会编著:《天津通志》旧志点校卷(下),南开大学出版社2001年版,第363页。

② 宋蕴璞辑,《天津志略》,天津市地方志编修委员会编著:《天津通志》旧志点校卷(下),南开大学出版社2001年版,第363页。

③ 陈文彦:《述国学研究社艰难缔造之概况》,《国学月刊》第1卷第1期,1937年4月1日。

陈宝泉后来在严修追悼会上报告说，严修六十岁以后发扬国学的活动，
"盖鉴于国学日替，姑为补偏救弊之谋，与当年之提倡新学，其用心正无
以异"。① 这一理解应该是有道理的。与同时期北京、上海等地的知识群
体相比，天津知识精英的文化性格更多表现为持重与调和。一方面，他们
认同西方文化的价值，承认西学的意义，并身体力行地成为现代知识和思
想的接受者和倡导者；另一方面，他们又不以西学取代中学为当然，在坚
守传统文化精粹的同时，也传承着士大夫的学术志趣乃至生活方式。这
种新、旧互不偏废的态度，代表了中国近代文化转型中相当一部分知识人
的立场。提倡新学、新道德与坚守旧学、旧伦理，看似对立，实则有内在逻
辑的一致性。对趋新者而言，倡导新学新知新道德，是其借以重建社会的
手段，对守旧者而言，旧学与传统伦理同样是匡救人心、扶助社会的工具。
严修、张伯苓等人都是新知识与旧道德结合的典范。胡适称严修"为北
方学术界重镇，竭诚提倡新思潮新学说，不遗余力，而且德高望重，极受津
人的景仰"。② 曾在南开大学任教的蒋廷黻认为，"张博士在办南开时，他
又回到了中国的旧伦理。以中国旧道德来办学校，张博士终身致力于教
育，人们对他这一点无不推崇，很多人都捐款给该校兴学"。③ 新教育与
旧道德的结合，折射出天津知识精英调和新旧的文化立场。

　　19 世纪以来中国在现代城市兴起的过程中，不同城市呈现出不同的
文化面貌与精神特质，这与各自地域知识精英的性格特征有直接或间接
的关联。与上海、北京等地相比较，清末至民国天津的城市知识精英中，
书院与科举出身的传统知识分子占有更为突出的地位。他们虽然在思想
与学术的活跃程度上有所不如，但其文化立场与性格却具有自身显著的
特征，并为近代天津文化打上了特定的烙印。在以往有关中国近代文化

---

① 陈宝泉：《严先生事略》，《退思斋诗文存》，文海出版社 1970 年影印本，第 207
页。

② 胡适：《教育家张伯苓》，姜义华主编：《胡适学术文集（教育）》，中华书局 1998 年
版，第 289 页。

③ 蒋廷黻：《蒋廷黻回忆录》，岳麓书社 2003 年版，第 91 页。

的研究中,呈现出激进立场的知识精英和文化群体往往更受关注,也更容易得到肯定性评判,类似于天津这些书院和科举出身的知识人士则往往为人忽略。但如果转换视角,对近代天津城市知识精英的认识或者就会有所不同。在一定意义上,这些在传统书院变革时代成长起来的知识精英,其文化性格与行为方式,代表着其试图在传统与现代之间寻求沟通的努力,在近代纷纭复杂的新旧文化更替与变革的图景中,不失其独特的价值。在某种意义上,这是天津书院教育与科举事业的一份重要遗产。

结　语

　　以乾隆年间的问津书院作为开端,天津书院的历史不超过二百年。与不少地区相比,传统书院在天津的存续时间堪称有限,但在天津城市发展史上,书院的地位和影响却不容忽视。

　　天津城市起步于军事驻防。清朝雍正时期,天津改县设府,并随着漕运和盐业的发展,天津由昔日的"讲武之区"转变为区域行政中心和沟通南北的交通与商业中心,城市功能发生了显著变化。从乾隆到道光年间,在长芦盐运使司和地方士绅的支持下,问津书院、三取书院、辅仁书院相继出现,成为天津文教事业的重要组成部分,也是地方文化的重要象征。及至晚清,开埠后的天津由昔日的海陬之地,一跃而成北方的军政运作中心和洋务中心,城市空间的拓展,官绅人口的聚集,各式新政的实施,为天津文教事业提供了持续的发展动力。旧有书院的扩充和完善,新设书院的集中出现,使天津书院在晚清呈现出前所未有的盛况。在书院的支持下,天津科举功名领先直隶省乃至整个北方地区,是这一时期天津地方教育的重要成就,也是天津作为北方新兴文教之区的重要象征。

　　天津书院教育的鼎盛时代,恰是新式教育在天津的起步时期。第二次鸦片战争后,天津是新式教育率先兴起的地区之一,19世纪下半叶的洋务学堂和20世纪初期的新式学堂,在其时均开风气之先,使天津成为近代中国新旧教育转轨的先行之区。一般来说,新式教育可视为晚清以来城市文化转型的标志之一,但书院、科举所代表的传统教育,同样参与了这一转型过程,并成为塑造城市文化样貌的重要因素。就天津书院的功能而言,无论是早期的问津书院、三取书院、辅仁书院,还是晚清设立的会文书院、稽古书院、集贤书院,其目的都在于为科举考试服务,但在19世纪下半叶文化与社会的演变背景下,天津书院知识与学术取向的变动,也反映出近代书院教育的变革历程。学海堂经古课的开设,书院对时务之学与西学的接纳,带动了经世学风在天津士人中的兴起,也促进了现代知识在天津社会的扩散。这种变革是李鸿章等天津主政官员自觉引导的结果,也可以看作是天津书院在近代学术文化环境下的自我调适。无论从哪一个角度进行理解,其意义都值得重视。

科举时代的天津书院,为当地养成一批又一批文人学士,促成了天津文人社会的形成与发展。出身于书院的科举之士醉心于学术爱好,相互砥砺学问和道德,以诗文自娱,交游唱和,构建了自身的社会网络。他们投身地方教育,构建地方文化系谱,促进地方文化认同,是天津文化最主要的传承力量。到晚清时期,在书院变革和洋务文化氛围的影响下,以严修为代表的书院知识精英实践经世学风,积极接纳西学,借助兴学契机,成为清末民国时期天津最具号召力的本地知识群体。他们以匡扶社会为目标,坚守自身的文化立场,致力于传承旧学,延续地方文化传统,其新旧交融的文化性格,赋予近代天津城市文化以独特的色彩。在一定意义上,这可以看作是天津书院教育的余韵与回响。

主要征引文献

资料汇编

[1]中华书局.清实录[M].北京:中华书局,1987.

[2]赵尔巽等撰.清史稿[M].北京:中华书局,1977.

[3]黄掌纶等撰.长芦盐法志[M].嘉庆十年刻本.

[4]段如惠总纂.新修长芦盐法志[M].学生书局影印本.

[5]周家楣;缪荃孙等纂.光绪顺天府志[M].光绪十五年刊本.

[6]天津市地方志编修委员会编著.天津通志　旧志点校卷(上中下册)[M].南开大学出版社,1999,2001.

[7]日本中国驻屯军司令部编.二十世纪初的天津概况[M].侯振彤译.天津:天津市地方史志编修委员会总编室,1986.

[8]张格,张守谦点校.天津皇会考天津皇会考纪津门纪略[M],天津:天津古籍出版社,1988.

[9]宁河县志[M]//中国地方志集成(天津府县志辑):第六册.上海:上海书店出版社,2004.06.

[10]来新夏主编.清代科举人物家传资料汇编[M].北京:学苑出版

社,2006.

[11]天津市红桥区文化和旅游局编.天津市红桥区碑石铭刻辑录及释文[M].天津:天津社会科学院出版社,2011.

[12]天津市档案馆,天津海关编译.津海关密档解译——天津近代历史记录[M].北京:中国海关出版社,2006.

[13]徐士銮著,张守谦点校.敬乡笔述[M].天津:天津古籍出版社,1986.

[14]张焘.津门杂记[M].台北:文海出版社,1970.

[15]会文书院课艺初刻[M].光绪七年刊.

[16]关文斌,文明初曙.近代天津盐商与社会[M].天津:天津人民出版社,999.

[17]来新夏.天津近代史[M].天津:南开大学出版社,1987.

[18]田涛.洋务时期天津的新知识群体[J].天津师范大学学报,2016(1).

[19]许姬传.许姬传七十年见闻录[M].北京:中华书局,1985.

[20]张仲礼著;李荣昌译.中国绅士:关于其在19世纪中国社会中作用的研究[M].上海:上海社会科学院出版社,1991.

[21]张献忠.清代天津科举家族与地方社会[J].山东社会科学,2016(8).

[22]张正藩.中国书院制度考略[M].南京:江苏教育出版社,1985.

[23]张森.东南士子与清代天津科举的昌盛[J].文化学刊,2010(3).

文　集

[1]汪沆.津门杂事诗[M],清乾隆刻本.

[2]王又朴.诗礼堂全集[M],清乾隆诗礼堂刊本.

[3]卢文弨.抱经堂文集[M],嘉庆丁巳刊本.

[4]刘嗣绾.尚䌹堂诗集[M],道光六年刻本.

[5]汪鋆.扬州画苑录[M],光绪十一年刻本.

[6]陈诵洛编.陈诵洛集[M].扬州:广陵书社,2011.

[7]周馥.秋浦周尚书全集[M].台北:文海出版社,1970.

[8]吴闿生.吴门弟子集[M].北京:中国书店,2009.

[9]张佩纶.涧于集[M].上海:上海古籍出版社,1995.

[10]汪叔子编.文廷式集[M].北京:中华书局,1993.

[11]姚文田.邃雅堂集[M].上海:上海古籍出版社,1995.

[12]姜义华主编.胡适学术文集(教育)[M].北京:中华书局,1998.

[13]吴汝纶.吴汝纶全集[M].合肥:黄山书社,2002.

[14]戴逸,顾廷龙主编.李鸿章全集[M].合肥:安徽教育出版社,2008.

[15]刘家平,苏晓君.中华历史人物别传集[M],北京:线装书局,2003.

[16]范当世著;马亚中,陈国安校点.范伯子诗文集[M].上海:上海古籍出版社,2003.

[17]王襄著;唐石父,王巨儒整理.王襄著作选集[M].天津:天津古籍出版社,2005.

[18]严云绶,施立业,江小角主编.桐城派名家文集1姚范集方树东集吴德旋集[M].合肥:安徽教育出版社,2014.

[19]陈宝泉.退思斋诗文存[M].台北:文海出版社,1970.

[20]蒋廷黻.蒋廷黻回忆录[M].长沙:岳麓书社,2003.

[21]梅成栋纂;卞僧慧,濮文起校点.津门诗钞[M].天津:天津古籍出版社,1993.

[22]钱陈群.香树斋诗续集[M]//清代诗文集汇编:第261,262册.

上海:上海古籍出版社,2010.

[23]卢见曾.雅雨堂文集[M]//清代诗文集汇编:第268册.上海:上海古籍出版社,2010.

[24]方观承.述本堂诗续集[M]//清代诗文集汇编:第287册.上海:上海古籍出版社,2010.

[25]汪师韩.上湖纪岁诗编[M]//清代诗文集汇编:第308册.上海:上海古籍出版社,2010.

[26]英廉.梦堂诗稿[M]//清代诗文集汇编:第309册.上海:上海古籍出版社,2010.

[27]沈峻.欣遇斋诗集[M]//清代诗文集汇编:第409册.上海:上海古籍出版社,2010.

[28]张云璈.简松草堂诗集[M]//清代诗文集汇编:第422册.上海:上海古籍出版社,2010.

[29]叶绍本.白鹤山房诗钞[M]//清代诗文集汇编:第490册.上海:上海古籍出版社,2010.

[30]谭光祜.铁萧诗稿[M]//清代诗文集汇编:第506册.上海:上海古籍出版社,2010.

[31]陶樑.红豆树馆逸稿[M]//清代诗文集汇编:第507册.上海:上海古籍出版社,2010.

[32]梅成栋.欲起竹间楼存稿[M]//清代诗文集汇编:第518册.上海:上海古籍出版社,2010.

[33]樊彬.问青阁诗集[M]//清代诗文集汇编:第592册.上海:上海古籍出版社,2010.

[34]高继珩.培根堂集[M]//清代诗文集汇编:第600册.上海:上海古籍出版社,2010.

[35]华长卿.梅庄诗钞[M]//清代诗文集汇编:第620册.上海:上海古籍出版社,2010.

[36]廉兆纶.深柳堂集[M]//清代诗文集汇编:第639册.上海:上海古籍出版社,2010.

[37]杨光仪.碧琅玕馆诗钞[M]//清代诗文集汇编:第689册.上海:上海古籍出版社,2010.

[38]赵铭.琴鹤山房遗稿[M]//清代诗文集汇编:第706册.上海:上海古籍出版社,2010.

[39]李慈铭.越缦堂骈体文[M]//清代诗文集汇编:第713册.上海:上海古籍出版社,2010.

[40]华鼎元.津门徵献诗[M]//清代诗文集汇编:第717册.上海:上海古籍出版社,2010.

[41]来新夏主编.梓里联珠集[M].天津:天津古籍出版社,1986.

年　谱

[1]沈峻.沈丹崖年谱[M].道光十五年刻本.

[2]杨怿曾.杨介坪先生自叙年谱[M].道光间刻本.

[3]严修自订;高凌雯补;严仁曾增修.严修年谱[M].齐鲁书社,1990.

[4]卢坡.姚范年谱简编[J].古籍研究,2013(1).

[5]林子青编著.弘一法师年谱[M].北京:宗教文化出版社,1995.

[6]韩尌.韩桂舲先生自订年谱[M].清道光间刻本.

[7]王其慎编.质斋先生年谱[M].清末刻本.

[8]钱仪吉初编,钱志澄增订.文端公年谱[M]//北京图书馆藏珍本年谱丛刊:第93册.北京:北京图书馆出版社,1999.

[9]郑福照辑.姚惜抱先生年谱[M]//北京图书馆藏珍本年谱丛刊:第107册.北京:北京图书馆出版社,1999.

[10]章洪钧.泾舟老人洪琴西先生年谱[M]//北京图书馆藏珍本年谱丛刊:第166册.北京:北京图书馆出版社,1999.

[11]王迈常,王蘧常.部昀府君年谱[M]//北京图书馆藏珍本年谱丛刊:第181册.北京:北京图书馆出版社,1999.

[12]王守恂.阮南自述[M]//北京图书馆藏珍本年谱丛刊:第187册.北京:北京图书馆出版社,1999.

[13]王又朴.介山年谱[M].诗礼堂存版.

[14]周学熙著;文国明编.周学熙自述[M].安徽文艺出版社,2013.

日记,信札

[1]陈义杰.翁同龢日记[M].北京:中华书局,1989.

[2]叶昌炽.缘督庐日记[M].南京:江苏古籍出版社,2002.

[3]李慈铭.越缦堂日记[M].扬州:广陵书社,2004.

[4]陈鑫.严修日记:1876—1894[M].天津:天津古籍出版社,2015.

[5]谢海林.张佩纶日记[M].南京:凤凰出版社,2015.

[6]姜鸣整理.李鸿章张佩纶往来信札[M].上海:上海人民出版社,2018.

[7]顾廷龙.艺风堂友朋书札[M].上海:上海古籍出版社,1981.

[8]上海图书馆.汪康年师友书札[M].上海:上海古籍出版社,1989.

报　刊

因书中参考条目众多,本书中所引用报刊文章主要出自以下老报老刊。

[1]申报

[2]大公报

[3]时报(天津),天津图书馆藏缩微品.

[4]直报.天津:天津古籍出版社,2010.

[5]益闻录

[6]北洋官报

[7]万国公报

[8]益世报

[9]孔祥吉,村田雄二郎.国闻报(外二种),国家图书馆出版社,2013.

[10]国学月刊

[11]字林沪报

后　记

　　我在天津师范大学从事中国近代史的教学和研究,对天津地方史很早就产生了兴趣。大约十年前,我开始围绕近代天津知识人群的变迁问题做一些初步的考察,但感觉对其源流和脉络还缺乏了解。考虑到历史上书院与士人有密切关联,可以从天津城市书院史研究入手做一点梳理,我在2016年以此为题申报了天津市哲学社会科学基金项目并获得了批准。在随后几年间,这就成为我的一项主要研究工作。现在完成的这本书,就是在该项目研究基础上形成的。

　　这本书能够完成并出版,要感谢很多人的支持。书稿非常幸运地被天津市档案馆(天津市地方志工作办公室)列入"天津地方史研究丛书",予以资助出版。在项目研究阶段,当时随我攻读博士研究生的尹斯洋、郭四维参与了部分资料查找和整理工作。此后,王振良教授与我多次交流相关资料和研究信息,并把他发表的文章转给我参考。王振良教授主持的问津书院,是天津文史学者重要的联络平台,对天津书院史、文化史的研究起了很大的推动作用。这些学者对天津书院历史进行的大量钩沉,也为我的写作提供了不少参考和提示。天津社会科学院出版社副社长韩鹏予以大力帮助,他对天津历史文化研究的热情给我留下深刻的印象。责任编辑刘美麟对书稿中的资料逐条核对,悉心校正,避免了不少错漏和不当,严谨和细致的工作令我感动。还有不少人为本书写作和出版提供了帮助,借此机会一并表示深深的谢意。

　　前后算起来,我在天津学习和工作已将近四十年时间,和这里已经有了很深的情感联系。如果这本书能够对天津地方史研究有一点微薄的贡献,那就实现了我的愿望。

田涛

2024 年 12 月